KB110129

독일, 프랑스, 이탈리아 역사산책 1

독일, 프랑스, 이탈리아 역사산책 1

발행일   2019년 7월 24일

지은이   이기성
펴낸이   손형국
펴낸곳   (주)북랩
편집인   선일영   편집   오경진, 강대건, 최승헌, 최예은, 김경무
디자인   이현수, 김민하, 한수희, 김윤주, 허지혜   제작   박기성, 황동현, 구성우, 장홍석
마케팅   김회란, 박진관, 조하라, 장은별
출판등록   2004. 12. 1(제2012-000051호)
주소   서울시 금천구 가산디지털 1로 168, 우림라이온스밸리 B동 B113, 114호
홈페이지   www.book.co.kr
전화번호   (02)2026-5777   팩스   (02)2026-5747

ISBN   979-11-6299-776-5 04920 (종이책)   979-11-6299-777-2 05920 (전자책)
        979-11-6299-775-8 04920 (세트)

이 도서의 국립중앙도서관 출판예정도서목록(CIP)은 서지정보유통지원시스템 홈페이지(http://seoji.nl.go.kr)와
국가자료공동목록시스템(http://www.nl.go.kr/kolisnet)에서 이용하실 수 있습니다.
(CIP제어번호: CIP2019028445)

1

천 년 적敵과의 동침

독일, 프랑스, 이탈리아
역사산책

글·사진 이기성

북랩 book Lab

독일, 프랑스, 이탈리아 3국 역사산책 경로

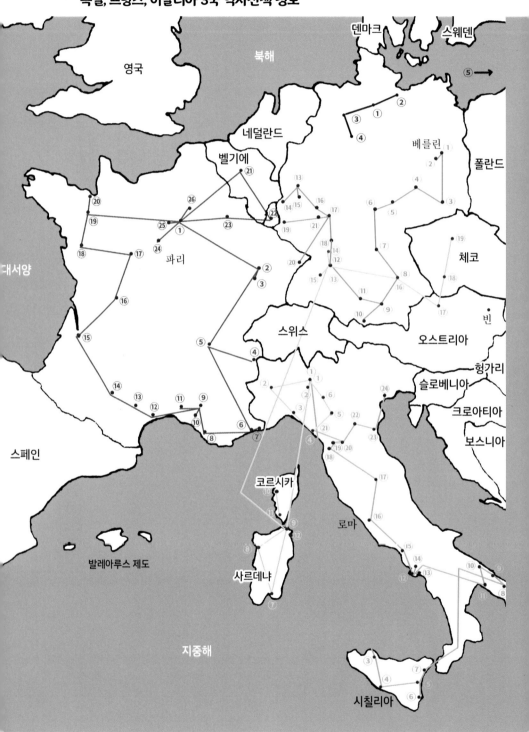

2013년
독일 여행:5/30~7/7

1. 베를린
2. 포츠담
3. 드레스덴
4. 라이프치히
5. 바이마르
6. 에르푸르트
7. 뉘른베르크
8. 레겐스부르크
9. 뮌헨
10. 퓌센
11. 아우구스부르크
12. 슈투트가르트
13. 쾰른
14. 아헨
15. 본
16. 코블렌츠
17. 프랑크푸르트
18. 하이델베르크
19. 트리어
20. 스트라스부르
21. 마인츠

2014년
이탈리아 여행: 3/28~5/7

1. 밀라노
2. 파비아
3. 팔레르모
4. 아그리젠토
5. 카타니아
6. 시라쿠사
7. 타오르미나
8. 레체
9. 브린디시
10. 바리
11. 타란토
12. 소렌토
13. 아말피

14. 폼페이
15. 나폴리
16. 로마
17. 아시시
18. 피사
19. 루카
20. 피렌체
21. 친퀘테레
22. 볼로냐
23. 라벤나
24. 베네치아

2015년
프랑스 여행:4/8~5/23

1. 파리
2. 디종
3. 본느
4. 샤모니
5. 리옹
6. 니스
7. 모나코
8. 마르세유
9. 아비뇽
10. 아를
11. 님
12. 나르본
13. 카르카손
14. 툴루즈
15. 보르도
16. 푸아티에
17. 투르
18. 낭트
19. 렌
20. 몽생미셸
21. 브뤼셀(워털루)
22. 룩셈부르크
23. 랭스
24. 오를레앙
25. 베르사유
26. 콩피에뉴

2016년
독일 여행: 5/20~5/27,
칼리닌그라드 여행:
6/27~6/29

1. 함부르크
2. 뤼베크
3. 브레멘
4. 하노버
5. 칼리닌그라드

2018년
이탈리아, 프랑스, 독일,
오스트리아, 체코 여행:
4/27~6/5

1. 밀라노
2. 토리노
3. 제노바
4. 친퀘테레
5. 파르마
6. 피아첸차
7. 칼리아리
8. 알게로
9. 산타 테레사 갈루라
10. 아작시오
11. 보니파시오
12. 올비아
13. 슈투트가르트
14. 슈파이어
15. 하이델베르크
16. 레겐스부르크(발할라)
17. 린츠
18. 체스키 크룸로프
19. 프라하

"그러나 과거사에 관해
그리고 인간의 본성에 따라
언젠가는 비슷한 형태로 반복될 미래사에 관해
명확한 진실을 알고 싶어 하는 사람은
나의 역사 기술을 유용하게 여길 것이며,
나는 그것으로 만족한다.

이 책은
대중의 취미에 영합하여 일회용 들을 거리로 쓴 것이 아니라
영구 장서용으로 쓴 것이기 때문이다."

투키디데스Thukydides의 『펠로폰네소스 전쟁사』 서문 중에서

차례

독일, 프랑스, 이탈리아
역사산책을 시작하며

1.

예나 지금이나 이웃나라와 사이좋게 지내기란 힘들다지만, 독일과 프랑스만큼 오랜 세월에 걸쳐 엎치락뒤치락해온 경우도 역사에서 찾아보기 그리 쉽지 않다. 중세 이래로 통일되기 전까지 독일은 수많은 영방領邦 중에서 전통적 강국인 오스트리아와 뒤에 출현한 신흥강국 프로이센이, 그리고 통일 후에는 독일 제국으로 대표선수를 바꾸어가며 프랑스와 다투었다. 콩피에뉴Compiègne 전쟁박물관은 과거 이들의 뿌리 깊은 적대감을 단적端的으로 보여준다.

✦ 콩피에뉴Compiègne 전쟁박물관에서

콩피에뉴Compiègne는 파리에서 북동쪽으로 70㎞ 떨어진 우아즈Oise 강 유역에 자리 잡고 있다. 이곳은 멀리는 백년전쟁 당시 잔 다르크 Jeanne d'Arc가 부르고뉴Bourgogne파에게 생포되어 잉글랜드군에게 넘겨진 비극의 현장이었고, 가까이는 나폴레옹이 오스트리아 공주 마리 루이즈Marie Louise와 화려하게 재혼식再婚式을 올렸던 콩피에뉴 궁전이 있는 곳이다. 하지만 나의 일차 관심사는 콩피에뉴 궁전이나 시청 앞 광장에 우뚝 서 있는 잔 다르크의 동상은 아니었다. 광활한 콩피에뉴 숲속에 있는 콩피에뉴 전쟁기념관을 보기 위해서였다. 시내에서 7㎞ 정도 떨어진 숲속 전쟁기념관으로 가는 대중교통수단은 없었다. 택시를 타자니 비용이 부담스럽던 차에 마침 기차역 옆에 자전거를 빌려주는 곳이 있었다. 우아즈강 변을 따라 전쟁기념관까지 이어지는 자전거

콩피에뉴 전쟁박물관의 전승기념탑

도로는 길 물어볼 필요가 없을 정도로 헷갈릴만하면 어김없이 표지標
識가 나온다. 자전거 길은 파종播種을 마친 드넓은 경작지와 온갖 봄
꽃이 흐드러지게 핀 들판을 가로질러 점점 깊은 숲속으로 들어간다.
굳이 전쟁박물관이 아니더라도 아름다운 봄 풍광에 취하다 보니 자전
거 페달이 절로 돌아가는 듯하다.

마침내 전쟁박물관에 도착하면 입구에 날개 꺾인 독수리가 거꾸로
매달린 전승기념탑이 제일 먼저 보인다. 이곳은 제1차 세계대전에서
승리한 프랑스가 패전국 독일과 1918년 11월 11일 연합국을 대표하여
휴전협정을 체결한 역사의 현장이다. 그러니 전승기념탑에 거꾸로 매
달린 독수리는 다름 아닌 패전한 독일을 상징함을 알 수 있다. 숲속
공터로 들어가면 제1차 세계대전 말기 연합군 총사령관이자 프랑스의
영웅이었던 포슈Ferdinand Foch 원수의 석상이 위풍당당하게 서 있다.
온통 프랑스 삼색기가 걸려있는 박물관 건물 안에는 열차 한 칸이 통

콩피에뉴 전쟁박물관에 전시되어있는 열차

째로 들어서 있다. 연합국을 대표한 프랑스와 패전국 독일 사이에 휴전협정이 체결되었던 열차를 재현해놓은 것이다. 프랑스에는 바로 이곳이 1870년 프로이센-프랑스 전쟁에서 패전한 지 반세기 만에 독일에 설욕한 곳이었다. 그렇기에 프랑스는 전승기념탑에 프로이센-프랑스 전쟁의 패전으로 빼앗겼던 알자스-로렌을 되찾은 기쁨을 새겨 두었다. 그리고는 휴전협정이 진행된 열차 한 칸을 통째로 박물관에 보존시켰다. 여기까지가 프랑스의 자랑이자, 지금 내가 보고 있는 전쟁박물관의 겉모습이다.

하지만 이곳은 프랑스가 보고 싶은 부분만 꾸며놓은 '영광의 현장'일 뿐, 프랑스가 보고 싶지 않은 나머지 반은 감춘 '치욕의 현장'이기도 하다. 1918년의 그 일이 있은 지 22년이 흐른 1940년 6월 22일, 거꾸로 이곳은 프랑스에 지옥보다도 못한 곳이 되어버렸다. 제2차 세계대전이 일어나자 손쉽게 프랑스를 격파한 히틀러가 이곳에 나타난 것이

콩피에뉴 전쟁박물관과 '평화의 링Ring'

다. '독일 제국의 범죄적인 오만'이란 문구가 새겨진 프랑스의 전승기념비를 본 그는 그야말로 더할 나위 없이 오만한 태도로 그 기념비를 갈아엎으라고 명령했다. 무슨 생각에선지 히틀러는 박물관에 보존되어 있다가 다시 이곳으로 끌려온 문제의 열차에 올라탔다. 그런 후 일부러 1918년 포슈 원수가 앉았던 바로 그 자리를 골라 앉았다. 양국 협상단의 자리도 1918년 휴전조약을 체결했던 자리를 맞바꾸었다. 22년 만에 승자와 패자가 뒤바뀌었음을 보여주고 싶었던 것이다. 히틀러는 이미 기진맥진한 프랑스에 이처럼 치졸해 보일 정도의 기발한 방법으로 보복했다. 그리고 콩피에뉴에서 벌인 히틀러의 정치 쇼는 그때까지 그를 따르지 않았던 계층을 포함한 대부분의 독일인들을 아우르는 전환점이 되었다.

도대체 프랑스는 왜 독일인들이 '모든 시대에 걸쳐 가장 깊은 치욕'으로 치를 떠는 1918년의 휴전협정을 앞장서서 강요하여 독일의 원한을 샀을까? 하지만 프랑스인들에게도 그럴만한 이유는 있었다. 1918년 이전까지 프랑스인들도 그 이후의 독일인들에 못지않은 씻지 못할 치욕을 안고 살아왔기 때문이었다. 1870년 프로이센-프랑스 전쟁에서 승리한 후 독일인들은 하필이면 파리 근교 베르사유 궁전에서 독일 제국의 성립을 선포하지 않았던가? 그야말로 남의 집 안방에서 분탕질을 쳐도 유분수지, 이는 패전으로 위축된 프랑스의 등에 대놓고 칼을 꽂은 것과 다름없는 폭거였다. 승전국勝戰國의 아량을 보일 수도 있었던 독일은 왜 그렇게 프랑스의 자존심을 짓밟았을까? 이는 다시 1806년의 나폴레옹 전쟁으로 올라간다. 당시 나폴레옹은 독일 영방領邦 중에서 신흥강국으로 떠오르던 프로이센을 격파했다. 이참에 잠재적인 적국

敵國의 기를 꺾으려고 했던 그는 보란 듯이 프로이센의 자존심을 뭉개 버렸다. 브란덴부르크 문을 장식하고 있던 콰드리가quadriga를 떼어내어 전리품으로 챙겨간 것이다. 승리의 여신이 모는 사두마차四頭馬車인 문제의 콰드리가는 나폴레옹이 몰락한 후인 1814년에 제 자리를 찾아갔지만, 이미 상처받은 독일인들의 마음까지 제 자리로 온 것은 아니었다. 이런 식으로 독일과 프랑스의 관계를 거슬러 올라가다 보면 한도 끝도 없을 정도다.

이렇게 독일과 프랑스 양국의 오랜 적대감을 상징했던 콩피에뉴 전쟁박물관이었지만, 최근엔 이들의 화해를 극적으로 연출한 장소로 바뀌기도 했다. 제1차 세계대전 종전 100주년을 맞이한 2018년, 독일과 프랑스 양국의 정상은 이곳에서 만나 전사자들에 대한 합동 추모식을 거행했다. 독일 총리로는 전후 최초로 콩피에뉴를 방문한 메르켈Merkel 총리가 마크롱Macron 프랑스 대통령과 문제의 열차에 올라 격의 없는 대화를 나누는 모습은 다시금 국제사회에서 영원한 적도, 영원한 친구도 없다는 말을 떠올리게 한다.

이와 같은 독일과 프랑스의 관계는 랭스Reims 대성당에서도 우연히 엿볼 수 있었다.

✦ 랭스Reims 대성당에서

　로마에 정복당한 갈리아 족의 일파인 레미Remi족에게서 도시 이름이 유래되었다는 랭스Reims는 프랑스 파리에서 북동쪽으로 130㎞ 떨어져 있다. 일찍부터 '대관戴冠의 도시la cité des sacres' 또는 '왕들의 도시la cité des rois'로 불리었지만, 사실 랭스는 그 명성에 비해 대성당 외에는 볼거리가 별로 없다. 두 차례의 세계대전으로 인해 도시 전체가 거의 파괴되었기 때문이다. 하지만 유일하게 남은 대성당의 역사적 의미를 안다면, 단지 이 성당이 이곳에 있다는 이유만으로도 기꺼이 랭스를 찾을 것이다. 멀리 떨어진 교외에서도 가물가물하게 보일 정도로 홀로 우뚝 서 있는 랭스 대성당, 일명 노트르담 대성당은 프랑스 역사를 지켜본 산증인이다.

프랑스 국왕들의 대관식이 거행되었던 랭스 대성당

랭스 대성당의 '웃는 얼굴의 천사 상'

13세기에 건축된 대성당은 100년 이상 걸려 지은 고딕식 건물로 전면 파사드Façade와 외부 벽을 장식하고 있는 수많은 조상彫像들이 압권이다. 그중에서도 해맑게 웃고 있는 얼굴의 천사 상像은 자칫 무거울 수도 있는 성당 분위기를 반전시킨다. 성당 안으로 들어서면 이곳이 성당이라기보다는 프랑스 역사박물관이라는 생각이 든다. 양쪽 벽면에 프랑스 역사를 담은 차트chart가 줄줄이 걸려있기 때문이다. 갈리아-로마 인들의 생활사부터 시작되는 차트는 프랑크 왕국을 창건한 클로비스Clovis의 세례식, 샤를 7세의 대관식에 참관한 잔 다르크Jeanne d' Arc, 아데나워와 드골의 독불獨佛 정상화해 등 시대별로 굵직굵직한 역사적 사실을 담고 있다.

프랑크족 최초의 왕이었던 클로비스는 496년 이 성당에서 세례를 받고 로마 가톨릭으로 개종했다. 또한 그를 따르던 프랑크족 용사 3,000명도 그와 함께 프랑크식 다신교를 버리고 개종했다. 그 이후부터 역대 프랑크 왕국의 왕들과 그를 이은 프랑스 국왕들은 이곳에서 대관식을 거행했다. 그리고 랭스 대성당에서 대관식을 올리지 못한 국왕은 국왕으로서의 정통성을 인정받을 수 없었다. 랭스가 '대관의 도시' 또는 '왕들의 도시'로 불린 이유가 바로 여기에 있었다. 또한 이곳은 잉글랜드와의 백년전쟁에서 다 망해가던 프랑스가 국면을 반전시킨 곳이기도 하다. 잔 다르크의 도움으로 프랑스 땅을 점령하고 있던 잉글랜드군의 저지를 뚫고 샤를 7세가 이곳에서 보란 듯이 대관식을 거행했기 때문이다. 프랑스 국왕으로서의 정통성을 확보한 샤를 7세는 그때부터 잉글랜드군을 격파하여 최후의 승리를 얻을 수 있었다. 랭스 대성당은 이를 기리기 위하여 성당 안팎으로 잔 다르크의 동상을 세웠다. 밖에는 한 손에 장검을 높이 든 기마상이 대성당을 응시하고 있고, 안에는 프랑스 왕실 문장인 백합 문양을 새긴 갑옷을 입은 입상 立像이 있다. 그녀를 마녀로 몰아세워 화형에 처하는데 앞장섰던 교회

랭스 대성당 앞에 서있는 '잔 다르크 동상'

가 지금은 이처럼 성녀로 받들고 있는 모습에서 역사의 패러독스가 보인다.

　지금은 프랑스 도시지만 사실 랭스는 서부 독일의 트리어Trier나 마인츠Mainz와 같은 도시와 그 뿌리를 같이 하고 있다. 로마시대에는 같은 벨기카Belgica 속주에 속했었고, 프랑크 왕국이 분할되었을 때에는 같은 중中프랑크 왕국에 속해 있던 도시였기 때문이다. 그런 랭스에서 우연치 않게 현재의 독일과 프랑스 양국 관계를 엿볼 수 있었다. 랭스 시내에서 대성당을 찾아가는 길은 어려울 게 없다. 잠시 시내를 걷다 보면 오래된 여느 성당처럼 거무튀튀하게 변색된 대성당이 금방 눈에 띈다. 별생각 없이 성당 쪽으로 다가갔지만 그날따라 전혀 프랑스답지 않은 경직된 분위기에 썰렁해졌다. 무장경찰로는 부족했던지 중무장 군인들까지 합세하여 성당을 철통같이 에워싸고 있기 때문이다. 요즘 들어 한참 심해지는 테러 때문인가 했지만, 경찰과 군인들뿐만 아니라 법복을 차려입은 고위 성직자와 프랑스 국장을 걸친 고위 관료들까지 눈에 띈다. 잠시 후 독일 국기를 단 검은 세단을 필두로 한 관용차들이 줄줄이 들어오면서 취재진들이 바삐 움직인다. 차에서 내린 사람들은 프랑스 측 고위층 인사들의 영접을 받으며 성당 안으로 들어간다. 그동안 일반인들은 일체 접근을 금지시키고 있다. 궁금증이 더해가는 중에 성당 안에서 장중한 합창 소리가 새어 나온다. 프랑스의 정신적 요람인 랭스 대성당에서 독일 정신의 진수인 베토벤의 〈환희의 찬가〉를 듣다니 요즘 말로 기막힌 컬래버레이션collaboration이다. 알고 보니 전쟁으로 파괴된 성당 스테인드글라스 복원사업이 끝난 것을 축하하는 자리에 독일 재무장관이 참석한 것이다. 지금이야 서로 화해했다지만 그래도 과거 천 년을 넘게 싸웠던 적국의 정신적 요람을 찾은 독일의 배려심도 돋보였고, 자신들의 소중한 성당을 파괴한 과거의 적국을 받아들이는 프랑스의 여유 또한 보기 좋았다.

우리의 처지와는 사뭇 다른 독불獨佛 양국의 화해장면을 부러운 마음으로 지켜본 뒤에 기차역으로 발길을 돌리다가 그와는 또 다른 모습을 보았다. 랭스 기차역 앞 가로로 길게 뻗은 광장에는 제2차 세계대전 당시 조국을 지키다 희생된 레지스탕스Résistance들을 기념하는 공원이 조성되어있다. 그런데 하얀 대리석으로 만든 노천 기념관 앞에는 이들을 기리는 화환이 수북이 놓여있다. 전쟁이 끝난 지가 언젠데, 아직도 추모 화환이 끊이지 않다니 대단하다 생각하며 다가가 보니 그해가 바로 제2차 세계대전이 끝난 지 70주년이 되는 2015년이었다. 기념관 앞 화단은 1939년 발발하여 1945년 끝난 제2차 세계대전을

제2차 세계대전 종전 70주년 기념 화단

뜻하는 '1939~1945'란 숫자가 꽃 글씨로 단장되어있다. 전쟁이 끝난 지 이미 70년이란 세월이 지났어도 이들은 조국을 위하여 스러져간 선조들을 잊지 않고 있구나. 문득 랭스 대성당에서의 〈환희의 찬가〉가 중첩되어 떠올랐다. 프랑스인들에게 예전의 적국이었던 독일을 용서하고 화해하는 일과 조국을 지키다 죽어간 선조를 잊지 않고 기리는 일은 전혀 별개의 일이었다. 과연 독일과 프랑스 사이의 불화의 뿌리는 언제부터 시작되었으며 무엇에서부터 연유되었을까?

2.

　한편 중세 이래로 독일과 프랑스가 끊임없이 티격태격하고 있을 때 그들의 틈새에 끼어있던 이탈리아의 사정은 어땠을까? 사실 476년 서西로마 제국이 멸망한 후 1861년 이탈리아 왕국으로 통일되기 전까지 '이탈리아'란 명칭은 '국명國名'이라기보다는 '지명地名'에 가까웠다. 이는 이탈리아가 반도의 중앙을 차지한 교회국가인 교황령을 중심으로 그 이북에는 베네치아, 밀라노, 피렌체를 비롯한 수많은 도시국가들이, 그 이남에는 시칠리아와 나폴리 왕국으로 난립亂立해 있었기 때문이었다. 나폴리 왕궁은 당시 남부 이탈리아가 처했던 처지를 말해준다.

✦ 나폴리 왕궁Palazzo Reale di Napoli에서

2,500여 년의 역사를 자랑하는 나폴리는 서유럽 도시들 중에서는 매우 특이한 도시다. 질서정연하고 반듯반듯한 게르만적인 서유럽 도시들과는 달리, 나폴리는 어딘가 산만하고 무질서해 보이는 라틴적인 도시의 전형이라고나 할까? 특히나 스파카 나폴리Spacca Napoli로 대표되는 구시가지의 뒷골목은 지저분하기까지 하다. "나폴리를 보고 죽어라!Vedi Napoli e poi muoia!"는 이탈리아 사람들의 말은 정녕 허황된 것일까? 하지만 나폴리의 매력은 이런 겉모습에 있지 않다. 현재와 과거가 서로 어울리어 공존하고, 이탈리아적인 색깔과 비非이탈리아적인

스파카 나폴리의 뒷골목

색깔이 자연스레 뒤섞여 있는 도시가 바로 나폴리다. 말하자면 나폴리는 서유럽의 어느 도시에서도 찾아보기 힘든 풋풋한 인정이 배어있는 도시다. 구시가지에는 어렸을 때 동네 뒷골목에서나 볼 수 있는 구멍가게가 있는가 하면, 신시가지에는 초현대적인 쇼핑센터가 병존並存해 있다.

시내 곳곳에서는 신성로마 제국의 쌍두 독수리 문장이 보이고, 프랑스와 스페인의 발자취가 새겨져 있다. 톨레도 거리는 스페인의 톨레도 출신 총독이 개발했기에 그 이름을 땄다. '새로운 성城'이란 뜻의 프랑스풍 성채인 카스텔 누오보Castel Nuovo는 그 이름만으로는 부족했던지 스페인의 아라곤 왕국이 덧붙인 개선문이 있다. 이만큼 외세에 시달렸으면 더블린이나 베오그라드처럼 어딘가 어두운 면도 보일만 하

외국 출신 군주 석상들로 장식된 나폴리 왕궁

건만 나폴리의 모습은 마냥 밝기만 하다. 그런 중에서 나폴리 왕궁 Palazzo Reale di Napoli은 중세 남부 이탈리아의 처지를 한눈에 보여주는 곳이다.

나폴리 시내에서 가장 넓은 플레비시토 광장Piazza del Plebiscito을 끼고 있는 왕궁은 광장 건너편으로 반원형의 주랑柱廊으로 둘러싸인 산 프란체스코 디 파올라 성당Basilica di San Francesco di Paola과 마주 서 있다. 판테온을 닮은 웅장한 성당에 비해 왕궁은 오히려 소박해 보인다. 별다른 장식이 없는 왕궁의 정면 파사드façade에는 작은 아치형 문들이 나 있고, 문과 문 사이 아치에는 나폴리와 시칠리아 왕국을 통치했던 여덟 명의 군주들 석상이 서 있을 뿐이다. 그런데 나폴리의 역사를 대표하는 이들 석상 중에 정작 이탈리아 출신은 단 한 명밖에 없

노르만족 출신인 루지에로 2세의 석상

다. 이탈리아 통일의 주역이자, 통일 이탈리아 왕국의 초대 국왕인 비토리오 에마누엘레 2세Vittorio Emanuele Ⅱ가 바로 그다. 그를 제외한 나머지 일곱 명은 모두 외국 출신 군주들로서 그 면면面面을 살펴보면 다음과 같다. 시칠리아를 정복한 노르만족 출신의 루지에로 2세Ruggeru Ⅱ di Sicilia, 독일 호엔슈타우펜 왕조 출신의 프리드리히 2세, 프랑스 왕가의 방계傍系인 앙주Anjou 가문의 샤를Charles d'Anjou, 스페인 아라곤 왕국의 알폰소 5세, 신성로마 제국 황제이자 스페인 국왕인 카를 5세, 그리고 나폴레옹 휘하의 장군으로 나폴리 왕이 되었던 뮈라Murat 등이 바로 그들이다. 이는 서西로마 제국이 멸망한 다음 동東고트 왕국과 동東로마 제국의 지배를 받다가 이후 온갖 외세들이 각축을 벌였던 나폴리의 진면목을 적나라하게 보여주는 장면이다.

이렇게 나폴리란 한 도시만 봐도 당시 교황청 이남의 남부 이탈리아 사정이 짐작되듯이, 교황청 이북의 북부 도시국가들의 사정을 꿰뚫어 볼 수 있는 곳이 있다. '꽃의 도시'로 불리는 피렌체의 베키오 궁전이 바로 그곳이다.

⊛ 피렌체의 베키오 궁전Palazzo Vecchio에서

'꽃 피는 마을'이라는 뜻의 플로렌티아Florentia에서 도시 이름이 유래된 피렌체는 그 이름에 걸맞게 무척이나 화사한 도시다. 피렌체는 두오모Duomo를 비롯하여 산타 마리아 노벨라 성당Chiesa Santa Maria Novella이나 산타 크로체 성당Chiesa di Santa Croce 등이 있기에 더욱 화사하다. 특히 두오모의 화사한 외관은 타 도시들의 성당과는 전혀 다른 분위기를 자아낸다. 성당 안팎의 하얀 대리석 벽에 붉은색과 초록색 돌로 상감象嵌한 아름다운 무늬들은 가히 꽃보다 더 화사하다. 세월이 흘러 많이 퇴색된 지금 봐도 그럴진대, 이 성당이 처음 지어졌을 때에는 어땠을까? 아마도 피렌체란 도시 전체를 환하게 비추었을 것 같다. 피렌체 두오모를 보면 그와 연관되는 두 개의 건축물이 생각난다. 하나는 대표적인 고딕 양식의 쾰른 대성당이다. 멀리서 보면 검은 산이 웅대하게 솟아오른 모습인 쾰른 대성당은 흡사 검은색 정장으로 온몸을 감싼 근엄한 중년 신사를 연상시킨다. 이에 반하여 피렌체 두오모는 한껏 성장盛粧한 귀부인의 모습이다. 가무퇴퇴하고 우중충한 고딕 양식의 성당과는 달리 산뜻하고 화사한 모습을 보노라면 절로 기분이 좋아지고 설레는 그런 느낌이랄까? 그렇다면 피렌체 두오모와 가장 닮은 건축물은 어디에서 찾아볼 수 있을까? 엉뚱하게도 유럽에서 멀리 떨어진 인도의 아그라에서 찾아볼 수 있다. 타지마할Tāj Mahal이 바로 그러한데, 하얀 대리석으로 지은 이 영묘靈廟는 온갖 문양의 꽃을 상감해 놓아 피렌체 두오모와 비슷한 분위기를 풍긴다. 이는 타지마할을 지을 때 참여했던 이탈리아 장인들이 피렌체 두오모와 같은 상감pietra dura 기법을 사용했기 때문이리라.

한편, '피렌체의 영혼'으로 불리는 베키오 궁전Palazzo Vecchio은 피렌체의 성당들과는 또 다른 모습이다. 피렌체의 성당들이 '피렌체의 꽃'이라면, 베키오 궁전은 '피렌체의 요새'다. 거친 돌로 벽을 쌓은 건물 위 옥상에는 비대칭형의 탑이 마치 음울한 감시탑처럼 우뚝 서 있다. 입구에 서 있는 두 점의 조각상 - 그중 하나는 유명한 미켈란젤로의 다비드 상像 복제품이다 - 만 없다면 삭막한 교도소 건물로 오인하기 쉽다. 하지만 이렇게 딱딱하고 검박한 겉모습과는 달리 궁전 안으로 들어서는 순간 이번에는 그 화려함에 놀라게 된다. 황금빛이 가득한 내실內室을 지나 오른쪽 입구의 계단으로 올라가면 일명 '친퀘첸토Cin-

꽃처럼 화사한 피렌체 두오모

quecento(500인의 방)'라 불리는 커다란 방이 나온다. 가로 52m, 세로 23m 크기의 장방형 홀Hall에 들어서면 그 화려함에 어디부터 눈길을 두어야 할지 모를 지경이다. 금박으로 장식된 격자형 천정에는 메디치 가家의 코시모 1세Cosimo I de' Medici가 치른 전투장면을 묘사한 그림들이 빽빽이 채워져 있다. 특히 친퀘첸토의 양쪽 벽면을 장식하고 있는 전투장면을 그린 장대한 벽화는 보는 사람을 압도한다. 그중 한쪽 벽화는 바사리Vasari의 '마르시아노 전투Battaglia di Marciano'인데, 벽화 뒤에 레오나르도 다빈치Leonardo da Vinci의 미완성 작품이 숨어있다고 해서 최근 더 유명해진 그림이다. 그리고 양쪽 벽화 앞에는 조각상들이 줄줄이 서 있다. 헤라클레스의 열두 과제를 모티브로 한 조각상들과 함께 중앙에는 근육질의 중년 남자를 굴복시킨 젊은 남녀가 그들

베키오 궁전의 '500인의 방Cinquecento'

을 짓밟고 서 있는 조각상이 양쪽에 있다. 그중 승리한 청년을 묘사한 조각상은 미켈란젤로의 '승리의 수호신Genio della Vittoria'이다.

친퀘첸토를 장식하고 있는 천장화와 벽화, 그리고 조각상들을 뜯어 보면 한 가지 공통점이 있다. 누가 승자勝者고 누가 패자敗者인지를 명확히 알 수 있다는 점이다. 물론 여기서 승자는 당연히 피렌체를 말한다. 따라서 친퀘첸토는 피렌체의 영광을 자랑하는 공간이자, 피렌체의 자존심을 과시하는 공간이기도 하다. 그런데 문제는 패자에 있다. 피렌체를 상징하는 잘생긴 젊은 남녀의 발밑에 꿇어앉아 치욕에 떠는 패자는 프랑스나 독일 같은 외국인이 아니다. 그들은 바로 이탈리아인들, 그중에서도 같은 토스카나 지방의 유력한 도시국가였던 피사Pisa와 시에나Siena를 상징한다. 그러고 보면 양쪽 벽에 있는 벽화도 피렌체가

아르노강 가에 걸려있는 피렌체의 베키오 다리Ponte Vecchio

피사와 시에나에게 승리한 전투를 묘사하고 있다. 물론 당시 이들 간의 관계를 지금의 현대 국가란 개념에 빗대어 예단豫斷할 수는 없겠다. 하지만, 정복자처럼 패한 이웃 도시국가들을 대했던 피렌체의 모습에서 그 당시 이탈리아 북부 도시국가들 사이의 항쟁이 어떠했는지 짐작할 수 있다. 친퀘첸토를 돌아보며 문득 엉뚱한 생각이 들었다. 피사나 시에나 출신의 이탈리아인들이 이 방에 들어와서 느끼는 감정은 어떨까? 아무리 지나간 옛일이라지만 기분이 좋을 리는 없을 것 같다.

3.

　필자는 이 책에서 유럽의 전통적 강국強國인 독일, 프랑스와 이탈리아 세 나라를 중심으로 한 역사산책에 나서려 한다. 유럽의 수많은 국가들 중에서 이 세 나라를 꼭 집어 살펴보려는 이유는 다음과 같다. 근세 이래로 세계 역사에서 유럽 역사가 차지하는 비중은 아무리 강조해도 지나치지 않다. 그리고 유럽 역사에서의 주류세력이 범凡게르만족이었음도 부인할 수 없다. 대표적으로 영국을 위시하여 오스트리아를 포함한 독일과 프랑스, 북부 이탈리아 등지가 그들에 해당된다. 그중에서 영국을 제외한 나머지 세 나라는 지금으로부터 1,200여 년 전쯤엔 게르만족의 일파인 프랑크족이 세운 프랑크 왕국에 속해 있었다. 당시 이들을 통합하여 프랑크 왕국의 영역을 최대한 넓힌 사람은 바로 샤를마뉴 대제Charlemagne/Karl der Große(?742~814년)라는 걸출한 영웅이었다. 샤를마뉴 덕분에 프랑크 왕국은 서西로마 제국 멸망 이후 최초로 그에 버금가는 대제국大帝國이 되었지만, 지속적이고 안정적인 제국으로 남는 데에는 실패했다. 이는 프랑크 왕국 내 유력 부족들이 화학적인 융합을 통하여 국가 체계로 흡수된 게 아니라, 샤를마뉴의 개인적인 카리스마에 눌려 마지못해 복속되었기 때문이었다. 따라서 이들은 장차 샤를마뉴란 권위가 사라지는 순간에는 독자 세력으로 출현할 터였다. 여기에 더하여 장자상속長子相續이 아닌 균등상속均等相續을 고집한 게르만족 특유의 전통이 왕국을 더욱 약화시켰다. 통치자가 바뀔 때마다 상속자 수數만큼 왕국이 분할되었기 때문이었다. 결국 몇 번의 분할과 통합을 거듭하던 프랑크 왕국은 843년, 최종적으로 동東프랑크(독일), 서西프랑크(프랑스), 중中프랑크(이탈리아 북부와 로트링겐, 부르군트 등)의 세 왕국으로 갈라섰다.

프랑크 왕국이란 동일한 뿌리에서 갈라져 나온 세 나라는 이후 오랜 세월 서로 엎치락뒤치락하면서도 지금까지 각자 유럽의 중심세력으로 남아있다. 여기서 분리된 지 1,200여 년이 지난 지금도 계속해서 이들이 강국強國의 면모를 지키고 있는 내·외부 요인이 무엇인지 궁금해진다. 물론 미국이란 초강대국의 출현으로 국제사회에서 이들이 차지했던 비중이 예전에 비해 많이 감소했다지만 말이다. 사실 이들은 근세 이래 항상 국제사회의 주역主役으로 남아 왔다. 이 책은 서西로마 제국이 멸망한 476년부터 나폴레옹이 퇴장하는 1814년까지 약 1,300여 년간을 시대 배경으로 독일, 프랑스, 이탈리아를 대표하는 군주들에 대한 이야기를 썼다. 여기서 군주란 세속군주뿐만 아니라 교황으로 대표되는 교회군주도 포함된다. 이 책은 한 나라를 일으켜 세웠거나 근간을 마련했던 군주들, 국난國難을 극복해나간 군주들, 동시대를 살아가면서 치열하게 경쟁했던 군주들, 그리고 십자군 원정이나 종교전쟁과 같은 격변기를 살았던 군주들을 선별하여 그들의 대처방법과 그 결과를 비교해보고, 그에 따라 우리가 얻을 수 있는 교훈이 무엇인지를 따져보았다. 이들의 발자취를 따라 필자는 몇 년에 걸쳐 독일, 프랑스, 이탈리아 세 나라를 돌아다녔다. 이제 독자 여러분과 함께 본격적인 역사산책을 떠나기 전에 '장님 코끼리 만지기'식으로 필자가 여행길에서 만난 세 나라 사람의 기질이 어떻게 다른지 대표적인 사례를 소개해본다.

테겔베르크Tegelberg 산길에서 만난 독일 등산객

독일 바이에른주州 퓌센Fussen의 테겔베르크Tegelberg 산자락에는 너무도 아름다운 모습이 현실과 동떨어져 보이는 몽환적인 성城이 있다. 아름다운 성이라면 투르Tours의 루아르Loire강 변 여기저기에 들어서 있는 프랑스 성채들을 빼놓을 수 없다. 하지만 푸른 산자락 안에 눈부시게 새하얀 석회암으로 지은 이 독일 성채는 그들 중에도 가히 군계일학群鷄一鶴처럼 빼어나다. 이 성은 다름 아닌 '새로운 백조의 성'을 뜻하는 노이슈반슈타인성Schloss Neuschwanstein으로 디즈니랜드 성의 모델이 되면서 유명세를 얻기도 했다. 이 아름다운 성의 전모全貌를 제대로 감상하기에는 성채 뒤편 계곡 사이에 걸려있는 마리엔 다리Marien Brücke만큼 좋은 곳이 없다. 다리 위에서 바라보는 노이슈반슈타인성은 그야말로 독일적 미학을 한껏 뽐내고 있다. 한 치의 흐트러짐도 없

테겔베르크 등산길에서 본 노이슈반슈타인성城

는 기하학적인 아름다움은 독일인 특유의 치밀함을 보여준다. 이 성이 야말로 자연만 아름다운 것이 아니라 사람의 솜씨도 이렇게나 아름다울 수 있음을 말해준다.

다리 위에서 한참을 넋 놓고 있다가 발길을 돌리던 참에 뒤늦게 이 정표가 눈에 들어온다. 여기서 테겔베르크산까지 2¾시간이 걸린단다. 지금 시간이 오후 2시경이니 서두르면 오후 다섯 시 안에는 오를 수도 있을 것 같다. 하지만 아무런 산행 준비 없이 무작정 산을 타려니 불안하기 짝이 없다. 더구나 시간으로 봐서는 내려올 때 정상에서 케이블카를 타야 할 텐데 몇 시까지 운행되는지도 모르는 상태다. 잠시 갈등하다가 스스로 정당화해본다. 일단 올라가면서 내려오는 사람에게 물어본 후 산행을 계속할 것인지는 그때 결정하자. 이렇게 시작한 산행은 갈지자-之字로 낸 가파른 산길을 오르면서 점점 멀어져 가는 노이슈반슈타인성을 뒤로 한다. 호젓한 산길을 오른 지 반 시간쯤 지나서야 겨우 하산하는 한 등산객을 만날 수 있었다. 반가운 마음에 별생각 없이 정상까지 가는 데 얼마나 걸리겠냐고 물었다. 그런데 잠시 나를 위아래로 훑어보던 등산객에게서 생각지도 못한 답변이 튀어나온다. 사람마다 각자 조건이 다르기 때문에 당신이 거기까지 가는데 시간이 얼마 걸릴지는 자기도 모르겠다는 것이다. 그것참, 틀린 말은 하나도 없지만 기분은 썩 좋지 않다. 이 양반이 내 차림새를 보고 시비를 거는 건 아닌가 하는 생각도 든다. 하긴 양복바지에 티셔츠 입고, 샌들까지 신은 사람이 1,700m 높이의 산을 오르겠다니 제정신인가 할 수도 있겠다. 은근히 약이 오른 나는 그럼 당신은 여기까지 내려오는 데 얼마나 걸렸냐고 다시 물었다. 그제야 깐깐한 등산객은 여기서부터 600m 이상은 더 올라가야 하니 잘 요량해서 가라며 작별인사를 하고는 휙 내려가 버린다. 그때부터 허겁지겁 서둘러 산길을 올라 케이블카 정류장이 있는 산봉우리에 도착하니 오후 네 시경이 되었다. 그곳에서 정상까지는 그리 멀지 않았지만, 오후 다섯 시에는 케이블카 운행이 끊어지기에 참았다.

지금도 그때를 되돌아보면 참 무모했다는 생각이 든다. 2013년 봄 여행길에서 일어난 일이니까 그때만 해도 젊어서였을까? 하지만 꼭 그렇지만은 않았을 것이다. 거우 한 달 남짓한 독일 여행이었지만, 여행 중에 나도 모르게 생긴 독일의 인프라Infra에 대한 믿음이 그런 무모함을 가능케 했을 것이다. 어쨌건 케이블카가 오후 다섯 시까지 운행된다면 기차역으로 가는 버스도 틀림없이 있을 것 같았다. 또한 그 시간에 버스가 있다면 뮌헨으로 가는 기차와도 연계될 것 같았다. 걱정이 들 만하면 틀림없이 해결책을 마련해 놓는 사람들이 독일인이 아니던가? 실제로 그날 오후 다섯 시에 케이블카를 타고 내려오니 20분 만

테겔베르크 산에서 바라본 퓌센의 풍경

에 시내버스가 들어왔다. 그 버스를 타고 기차역에 도착하니 잠시 후 뮌헨행 기차가 기다리고 있었다. 흡사 물 흐르듯 연결되는 교통편은 독일이란 나라에 대한 신뢰감이 절로 들게 만들었다. 비록 정확하기는 했지만 인간미 없었던 독일 등산객은 별로였지만 말이다.

몽블랑 샤모니Mont Blanc Chamonix에서 만난 프랑스 신사

2015년 봄, 프랑스의 도시들을 한 바퀴 돌 때의 일이다. 중세 부르고뉴 공국의 수도였던 디종Dijon에서 몽블랑Mont Blanc이 있는 샤모니 Chamonix로 가려면 리옹Lyon을 거쳐야 한다. 디종에서 리옹까지는 포도밭과 밀밭이 시원하게 펼쳐져 있는 평지로 TGV로는 한 시간 반 거리에 불과하다. 하지만 리옹에서 안시Annecy를 거쳐 샤모니로 들어가는 길은 갈수록 산과 호수가 많아지면서 길이 험해진다. 덕분에 아침 일찍 출발했지만 샤모니에 도착하니 오후 다섯 시가 되었다. 새로운 곳에 도착한 여행자의 급선무는 숙소부터 찾는 일이다. 예약한 숙소가 시내에 있다면야 그리 어렵지 않지만, 시내에서 좀 떨어져 있을 경우엔 문제가 다르다. 달랑 '펠르랭Pèlerins'이란 주소만 들고 지나가는 사람들에게 물어보았지만, 유명 관광지답게 그들도 나와 같은 여행객이어서 별 도움이 안 된다. 사실 그때는 '펠르랭'이란 곳이 시내에서 얼마나 떨어져 있는지도 모르는 상태였다. 다시 길 물어볼 사람을 찾는 중에 이번에는 점잖게 생긴 신사가 지나가기에 주소를 내밀었다. 그는 "펠르랭? 펠르랭?" 되뇌면서 고개를 갸웃하더니 어찌어찌 가라며 알려준다. 이제는 되었다 싶어 그가 가르쳐 준 길을 따라 가보았지만 무언가 이상하다. 갈수록 인가人家가 없어지면서 숲으로 들어가는 것이다. 아무래도 아니다 싶어 발길을 돌려 나오는 길에 마침 집 앞에 앉아있는 부인이 보인다. 다시 그녀에게 길을 묻자 이번에는 아까 그 신사가 말해준 것과는 다른 방향을 가리킨다. 결국 그녀가 알려준 길을 따라가니 비로소 펠르랭 길Route des Pèlerins이 나온다. 한참을 헤맨 끝에 제 길을 찾고 보니 새삼스럽게 신사가 원망스럽다. 모르면 모른다고 할 일이지 왜 엉뚱한 길을 알려줬는지 정말 모를 일이다. 길 입구 집들의 주소가 10~20번지부터 시작되는데 어느 세월에 숙소 주소인 1869번지까지 걸어간단 말인가. 그렇다고 다시 시내로 돌아가서 택시를 탈수도 없는 노릇이니 말이다. 중얼중얼 혼잣말로 불평을 늘어놓으며 걸어가는 중에 문득 건너편 길에서 허겁지겁 뛰어오는 아까 그 신사가 보인다. 저 양반이 왜 저리 뛰어오는지 금방 짐작한 나는 그가 저러다가 넘어질까 걱정스럽다. 이마에 땀까지 송골송골 맺힌 신사는 미안하다며 몇 번을 사죄한다.

사람 마음이란 참 이상하다. 그를 만나기 전까지는 아득하게 멀어 보여 짜증스럽던 길이 갑자기 비단길로 바뀌니 말이다. 조금 전까지도 눈에 들어오지 않던 설산이 길 따라 병풍처럼 늘어서 있으니 더욱이나 걷기에 그만이다. 테겔베르그 산에서 만났던 독일 등산객이라면 어땠을까? 절대로 쓸데없는 몸 고생은 안 했을 것이다. 조금이라도 불확실할 경우에는 딱 부러지게 모른다고 말했을 것이기 때문이다. 하지만 그에게서는 몸 고생은 없겠지만, 이런 마음 호강도 기대할 순 없으리라. 내게는 가끔은 빈틈이 있어도 사람 냄새가 나는 프랑스 신사가 마음에 더 다가왔다.

팰르랭 길목에서 본 몽블랑 연봉

팔레르모의 몬레알레Monreale에서 만난 이탈리아 노인

몬레알레 성당Monreale Duomo은 시칠리아의 팔레르모 시내에서 남쪽으로 15㎞ 정도 떨어져있는 카푸토Caputo 산기슭에 있다. '왕의 산 Royal mountain'이란 뜻의 '몬레알레'란 지명은 노르만족 출신으로 시칠리아 국왕이었던 굴리엘모 2세Gugghiermu II di Sicilia(재위: 1166~1189년)와 관련이 많다. 노르만족이 시칠리아를 지배하던 아랍인들을 쫓아낸 지 백 년이 되던 해인 1172년부터 그는 이곳에 몬레알레 성당을 짓기 시작했다. 1182년에 완공된 이 성당은 지중해의 양대 문화인 기독교 문화와 이슬람 문화가 뒤섞인 가운데 노르만 양식까지 가미된 매우 독특한 성당이다. 성당의 외관은 노르만 양식을 닮아 강건해 보인다. 특히 회색 돌로 쌓아 올린 성당 정면의 왼쪽 탑은 화살 구멍이 나 있는 성채의 방어 탑을 연상시킨다.

하지만 이 성당의 백미白眉는 내부에 있다. 온통 비잔틴 양식의 모자이크화로 장식되어있는 성당 내부는 황금빛으로 가득하다. 스물여섯 쌍의 돌기둥이 늘어서 있는 사이로 앞의 벽면에는 창세기부터 시작되는 구약성서 내용이, 그리고 뒤의 벽면에는 예수님의 공생활公生活을 담은 신약성서 내용이 모자이크화로 표현되어있다. 그림만 봐도 신·구약 성서의 주요 내용은 다 읽은 느낌이 든다. 그중에서도 압권은 제대祭臺 위 반원형의 앱스apse를 장식하고 있는 예수님의 모자이크화다. 황금색 배경을 바탕으로 감색 속옷 위에 푸른색 겉옷을 걸친 절대자의 형형한 눈길은 보는 사람을 압도한다. 하지만 성당에 딸린 중정中庭인 파티오Patio로 나오면 이번에는 홀연 이슬람의 세계로 바뀐다. 사면을 아랍풍의 화려한 주랑柱廊으로 돌린 파티오는 안달루시아의 어느 이슬람 사원에서 본 그것과 닮았다. 이렇듯 한 성당에서조차 서로 다른 여러

팔레르모 몬레알레 성당의 외관

세계가 공존한다는 것은 그만큼 시칠리아의 역사가 파란만장했다는 증거이리라.

2014년 봄, 팔레르모의 인디펜덴차 광장Piazza Indipendenza에서 버스를 타고 몬레알레로 가는 길에서였다. 이탈리아어를 한마디도 모르는 승객과 영어를 한마디도 못 하는 기사 사이에 의사소통이 될 리 없다. 두오모Duòmo에 간다고 했더니 기사가 무언가 되풀이해서 묻는데 도통 알아들을 수 없다. 서로 답답해하던 차에 마침 젊은 승객이 도와준다. 말인즉 버스가 몬레알레 마을까지는 들어가지 않으니 입구에서 내려야 한단다. 몬레알레로 가는 길은 다니는 차량도 그렇게 많지 않건만 이상하게 막힌다. 차창 너머로 봤더니 왕복 2차선 도로에 길 양쪽으로 차선 하나씩은 주차된 차량들이 점거하고 있다. 정식 주차선이 없는 것으로 봐서는 모두 불법주차지만 여기선 그냥 통용되는 모양이다. 얼마 후 내 행선지를 기억하고 있던 기사가 싱그럽게 웃으며 내

모자이크화로 장식된 몬레알레 성당 내부

리란다. 확실히 빡빡했던 동부 독일 여행보다 남부 이탈리아 여행은 어딘가 마음이 편하다. 버스에서 내리니 두 갈래 길이 보인다. 길가 카페에 앉아있던 노인에게 길을 묻지만 역시나 말이 통하지 않는다. 아는 말이 '두오모'밖에 없기에 이번에도 어느 쪽이 두오모 가는 길인지 물었더니 '두오모'만 알아들은 노인은 내 손을 꼭 잡아끈다. 노인이 이끄는 대로 잠시 걸었더니 오른쪽 오르막길 끝으로 성당이 아스라이 보인다. 고맙다는 인사를 하며 걷겠다는 시늉을 하는 나에게 노인은 고개를 설레설레 젓는다. 그리고는 두 손으로 핸들을 돌리는 시늉을 한다. 처음엔 노인네가 직접 운전하여 데려다주려나 하는 생각에 사양했지만, 노인은 어딘가로 전화를 한다. 잠시 후 택시가 오자, 나에게 두 손가락을 들어 "Two Euro!"하면서 타라고 한다. 어제 팔레르모 기차역에서 인근 숙소로 갈 때는 협정가격처럼 10유로를 주었는데, 그보다 훨씬 먼 거리인데도 2유로밖에 되지 않는다. 남의 일을 자기 일처럼 챙겨주는 이탈리아 노인의 마음 씀에 여행길에 쌓인 피로가 말끔히 풀리는 듯했다.

II

유럽에서 만나는 로마의 발자취

유럽 여러 나라를 여행하다 보면 로마 제국 - 정확히 말하면 서西로마 제국 - 이 멸망한 지 1,500여 년이 훌쩍 지났음에도 불구하고 아직도 곳곳에 로마의 흔적이 남아있는 것을 보게 된다. 아니, 남아있는 정도가 아니라 '로마'란 아이콘에 집착하며, 어떻게 해서든 '로마'와 연관시켜 보려는 모습이 엿보인다. 몇 가지 사례를 들어보자.

1.

터키의 이스탄불은 본래 동東로마 제국의 수도인 콘스탄티노플로서, 로마시대에는 '신新 로마', 또는 '제2의 로마'란 별칭으로 불렸다. 이는 324년 콘스탄티누스 대제가 제국의 수도를 로마에서 콘스탄티노플로 옮긴 데에 기인한다. '제2의 로마'는 1453년, 흔히 비잔틴 제국으로 칭하는 동東로마 제국의 멸망과 함께 사라졌다. 그러자 러시아의 전신인 모스크바 대공국이 모스크바를 '제3의 로마'로 칭하고 나섰다. 이는 당시 모스크바 대공이 비잔틴 제국의 마지막 공주와 결혼했고, 자신들이 비잔틴 제국의 국교인 동방정교를 계승했음을 근거로 내세운 것이다. 그뿐만이 아니었다. 심지어는 비잔틴 제국을 멸망시킨 오스만 제국의 술탄 메흐메드 2세도 자신을 로마 황제로 자처하고 나섰다. 비잔틴 제국을 계승한 자신이 로마 황제란 주장이었다. 한편 당사자인 비잔틴 제국은 망하기 전까지 줄곧 자신들의 정체성을 '로마 제국'과 '로마인'에 두었다.

이에 대해 서방세계는 러시아인의 로마도, 투르크인의 로마도, 그리스인의 로마도 모두 무시해버렸다. 여기서 유일한 예외는 독일인의 '로마'만이 성공적으로 인정받았다는 사실이다. 중세를 거쳐 1806년까지 무려 천년을 버텨 온 신성로마 제국이 바로 그것이다. 이름만 봐서는 이탈리아의 어느 나라쯤으로 오인하기 십상인 신성로마 제국은 사실은 '로마'란 이름을 차용한 독일인의 제국이었다. 그렇다면 게르만족인 그들은 왜 그렇게나 자신들이 정복한 '로마'에 집착했을까?

2.

유럽의 도시 중에는 일곱 개의 언덕을 가진 도시들이 심심치 않게 눈에 띈다. 대표적인 예로 유럽의 서쪽에는 포르투갈의 리스본Lisbon이, 동쪽에는 불가리아의 플로브디브Plovdiv가, 북쪽에는 노르웨이의 베르겐Bergen이, 남쪽에는 터키의 이스탄불Istanbul이, 그리고 중앙엔 벨기에의 브뤼셀Brussels이 그런 도시들이다. 그렇다고 이 도시들이 모두 정확하게 일곱 언덕 위에 있는 것은 아니다. 다만 구릉이 많은 곳에 자리 잡은 도시일 뿐이다. 그렇다면 실제로는 다섯 언덕일 수도 있고 열 언덕일 수도 있는 이 도시들이 굳이 일곱 언덕을 내세우는 저의는 무엇일까? 아마도 일곱 언덕에서부터 출발하여 세계 제국이 된 로마를 닮고 싶어서일 것이다.

일곱 언덕의 도시, 노르웨이의 베르겐 전경

3.

독일 남서부 도시로 룩셈부르크와 인접한 트리어Trier는 로마시대에 제국의 서쪽 지역 중심으로 '제2의 로마'로 불리던 도시였다. 도시의 역사는 기원전 16년까지로 거슬러 올라간다. 로마 황제 아우구스투스가 건설한 트리어에는 원형극장과 목욕탕, '검은 문'이란 뜻의 포르타 니그라Porta Nigra와 같은 로마시대 유적이 많다.

그중에서 '황제 목욕탕Kaisethermen'으로 알려진 욕장浴場 터를 찾았을 때의 일이다. 4세기 후반 콘스탄티누스 대제 시절에 만들었다는 욕장의 지상 구조물은 대부분 무너져 내렸지만, 지하 구조물은 비교적

로마시대 성문 중 유일하게 남은 포르타 니그라Porta Nigra

온전히 남아있었다. 더운 날씨임에도 불구하고 미로迷路 같은 아치형
의 지하 통로로 들어서면 서늘한 기운이 가득하다. 그런데 어두컴컴
한 지하 통로를 더듬어가는 내 앞에 고대 로마 시민들의 겉옷인 토가
toga를 걸쳐 입은 사람이 나타난다. 욕장 유적지를 설명해주는 안내원
이었는데, 본고장인 이탈리아 어디에서도 토가 입은 안내원을 본 적이
없다. 로마 제국의 직계후손인 이탈리아인보다도 더 로마를 지향하는
독일인을 보는 느낌이 묘했다.

　프랑스 남부 프로방스 지방의 도시인 아를Arles의 역사는 기원전 2
세기에 로마군의 기지가 들어서면서부터 시작되었다. 지금도 아를은
프랑스 도시라기보다는 스페인풍이 뒤섞인 로마 도시 같은 분위기를

트리어의 황제 목욕탕 가이드

간직하고 있다. 로마 제국이 건설한 도시들이 통상 그렇듯이 아를에도 원형극장과 원형경기장 등의 로마시대 유적이 많다. 본래의 모습이 잘 보존되어있는 원형경기장에서는 지금도 투우경기가 벌어진다. 제국 내에 건설된 원형경기장들 중에 규모로는 21위에 불과했던 아를의 원형경기장이지만 수용인원은 2만 5천 명이나 되었다고 한다.

구시가지에서 제일 높은 곳에 위치한 원형경기장에 갔을 때의 일이다. 원형경기장 입구를 지키고 있는 로마시대의 검투사 차림을 한 사람들 모습이 이채롭다. 안으로 들어서니 시간이 거꾸로 흐른 것 같은 느낌이 든다. 한쪽에는 로마시대 옷을 차려입은 꼬마들이 검투사의 시범에 따라 칼을 휘두르고 있었다. 또 다른 쪽에는 원반던지기와 창던지기를 하고 있었다. 이런 모습은 원형극장에서도 보였다. 짧은 튜니카Tunica를 입은 남학생과 긴 스톨라Stola를 차려입은 여학생이 야외무대에 올라 선생님의 지도에 따라 연극 연습을 하고 있었다. 이들에게 로마시대의 유적지는 박물관의 박제품이 아닌 살아있는 교육장이었다.

로마 제국 내에서 21위 규모였던 아를의 원형경기장

4.

이런 식으로 '로마'와 관련된 아이콘을 찾자면 밑도 끝도 없을 것이다. 율리우스 카이사르에서 유래되어 '황제'란 의미로 전이된 독일의 '카이저Kaiser'나 러시아의 '차르tsar'도 그렇고, 수많은 국기國旗나 문장紋章에 즐겨 쓰이는 독수리도 로마의 엠블럼emblem이다. 현대의 루마니아는 자신들의 정체성을 로마에서 찾는다. 이렇게 1,500여 년 전에 사라진 로마 제국이지만, 아직도 유럽은 로마의 그림자가 짙게 드리워져 있다. 그래서 필자는 이 책에서 다소 거친 방법이지만 유럽의 역사를 로마 제국 이전以前의 역사와 로마 제국 이후以後의 역사로 대별해 보고자 한다. 여기서 말하는 로마 제국이란 476년 게르만 용병대장 오도아케르Odoacer에게 멸망하기 전까지 1200여 년의 장구한 역사를 자랑하던 서西로마 제국을 말한다. 물론 1453년까지 존속했던 동東로마 제국, 즉

아를의 원형극장에서 연극 연습 중인 학생들

비잔틴 제국도 당연히 로마 제국이긴 하다. 하지만 어느 때부턴가 유럽 역사의 주류에서 비켜난 이 제국은 이 책에서는 논외로 한다.

그렇다면 로마 제국 이전以前의 역사와 이후以後의 역사는 본질적으로 무엇이 달라졌을까? 유럽의 역사를 이끄는 주인이 바뀌었다는 점이다. 즉, 유럽 역사의 주류세력이 지중해 중심의 라틴족에서 라인강 중심의 게르만족으로 바뀌었다는 사실이다. 그리고 여러 게르만 부족들 중에서도 최후의 승자가 된 프랑크족이 유럽 역사의 중심에 섰다는 사실이다. 이는 중세 유럽 역사의 요체를 이루는 독일, 프랑스, 이탈리아로 접근하려면 프랑크족에서부터 출발해야 함을 뜻한다. 따라서 우리의 역사산책은 프랑크족이 세운 프랑크 왕국에서부터 시작한다.

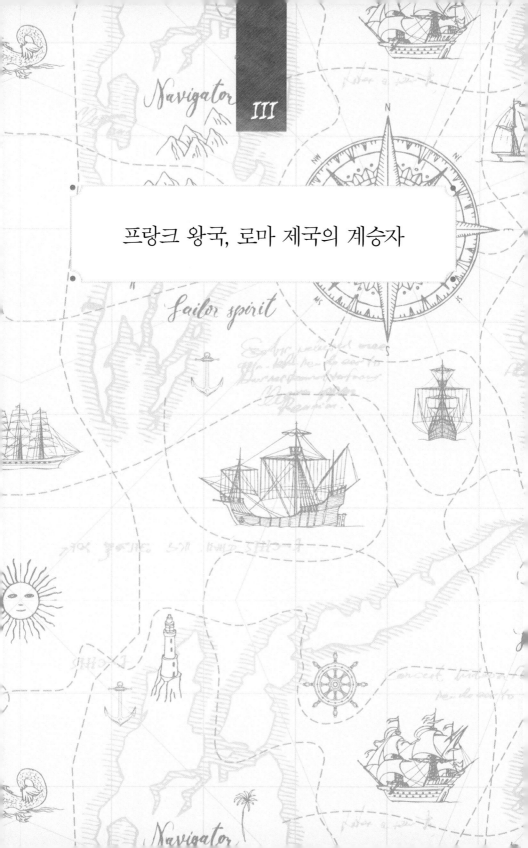

프랑크 왕국, 로마 제국의 계승자

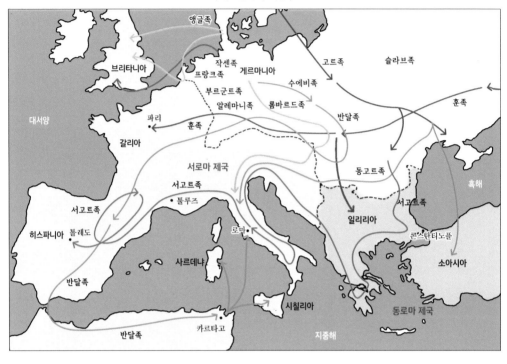

제1장

클로비스 1세Clovis I, 프랑크 왕국의 개조開祖

1.

476년, 게르만족 용병대장 출신인 오도아케르Odoacer에게 노쇠한 서西로마 제국이 멸망당했다. 주인 잃은 땅에는 게르만 부족들이 벌떼처럼 몰려들어 제멋대로 왕국을 세웠다. 그로부터 5년 뒤인 481년, 게르만족의 일파인 프랑크Frank족은 후일 이들에게 크나큰 영광을 안겨 줄 나이 어린 새 족장을 맞이했다. 당시 프랑크족은 서西로마 제국의 북쪽 변경지대로 지금의 네덜란드와 독일 서북부 지방에 거주하던 군소 부족이었다. 새로운 족장은 '위대한 전사'라는 뜻인 클로비스Clovis(재위: 481~511년)라는 이름을 가진 열다섯 살 애송이에 불과했다. 하지만 나이가 어리다고 생각도 어리란 법은 없다. 족장이 된 클로비스는 나이에 걸맞지 않게 야심만만했다. 그는 프랑크족을 통합하려 했던 아버지의 숙원을 가슴 깊이 새기고 있었다. 그리고 아버지가 못다 이룬 숙원에 더하여 보다 더 큰 꿈을 꾸었다. 프랑크족을 하나로 묶은 후, 지금의 프랑스에 해당하는 갈리아 지방 전체를 통합하겠다는 것이 그의 야망이었다. 이를 달성하기 위해서 클로비스가 해결해야 할 난제는 산적해 있었다. 그가 족장이 된 해인 481년을 기준으로 본 서방세계의 형세는 지도2와 같았다.

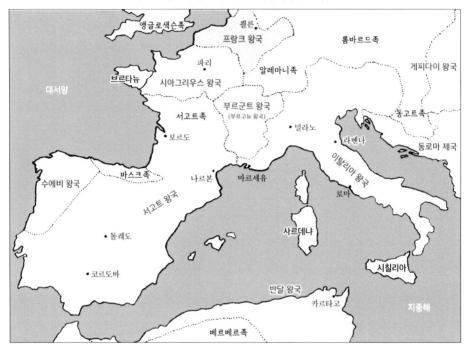

당시 서西로마 제국이 사라진 자리엔 게르만 왕국들이 우후죽순雨後
竹筍처럼 들어서서 그야말로 춘추전국시대를 방불케 했다. 대표적인
게르만 사촌들은 오도아케르의 이탈리아 왕국을 비롯하여 서西고트
Visigoth족, 동東고트Ostrogoth족, 반달Vandal족, 부르군트Burgundi족, 수에
비Suebi족, 알레마니Alemanni족 등이었다. 특히 그들 중에서도 지금의
스페인과 남부 프랑스 지역을 차지한 서西고트족과 후에 오도아케르
를 제거하고 이탈리아를 차지한 동東고트족, 그리고 스페인을 가로질
러 북아프리카로 넘어간 반달족이 가장 강력한 부족이었다. 반면 그
들 3대 부족에 비하여 프랑크족의 세력은 미미하기 짝이 없었다. 당시

상황으로만 봤을 때 프랑크족은 갈리아 지방을 통합하기는커녕 다른 유력 부족에게 흡수당하기 십상이었다. 하지만 클로비스는 30년간의 재위기간 동안 마술사처럼 프랑크족의 내부통합을 이루어냈고, 갈리아 지방의 상당 부분을 점유하여 프랑크 왕국을 창건했다. 그리고 그가 세운 프랑크 왕국은 향후 다른 게르만 사촌들을 물리치고 서방세계의 주역主役이 되었다.

그렇다면 프랑크족은 어떻게 훗날 서방세계의 주역이 될 수 있었을까? 당시 게르만 부족의 규모나 세력으로 볼 때 그 주인공은 당연히 고트족이 돼야 했다. 그들은 수백 년 동안 여러 게르만 부족들이 넘지 못했던 로마 제국의 벽을 무너뜨린 장본인이었다. 막강한 그들은 로마 제국을 휘젓고 다니면서 마음에 드는 땅을 자기 마음대로 차지한 정복자였다. 그들의 성공사례를 지켜본 많은 게르만 부족들이 이후 그들을 따라 로마 제국의 국경선을 넘어왔다. 군소 부족에 불과했던 프랑크족은 그런 고트족에 비할 바 아니었다. 얼마나 고트족을 선망했던지 초기 프랑크족은 아무런 연관도 없는 고트족의 발상지를 자신들의 발상지로 바꾸어 놓았을 정도였으니 말이다. 하지만 결과적으로 훗날 수많은 게르만 부족들 중에서 최강자로 거듭난 부족은 다름 아닌 프랑크족이었다. 당시로선 자신도 예상 못 했을 프랑크족의 부상 요인은 무엇이었을까?

2.

　게르만족의 일파인 프랑크족은 이미 3세기 중엽부터 로마 문헌에 나타날 정도로 로마 제국과 오랜 인연이 있었다. '프랑크Frank'란 이름은 원래 '강인한 자' 또는 '용감한 자'를 의미하다가, 후에는 프랑크족이 가장 좋아했던 '자유민'을 뜻하게 되었다. 어쩌면 그들은 그만큼 로마 제국의 속박에서 벗어나고 싶었던 것이 아니었을까? 그러나 부족 이름과는 달리 초기 프랑크족은 전혀 자유롭지 않았다. 로마 제국의 북쪽 변경지역에 인접해 살았던 그들은 5세기 이전까지는 로마에 실질적으로 복속되어있거나, 또는 국경인 리메스limes 내에서 로마 제국의 병사로 살아갔다. 로마 제국과 프랑크족과의 관계는 그들보다 먼저 비슷한 길을 갔던 갈리아 부족들에게서 엿볼 수 있다.

✪ 님Nimes의 메종 카레Maison Carre에서

샘의 요정 니마우수스Nemausus에서 그 이름이 유래되었다는 님Nimes
은 프랑스 남부 프로방스 지방에 있는 도시다. B.C. 16년 아우구스투
스 황제 때 군사식민지로 건설되었다는 님 또한 앞에서 말한 일곱 언덕
의 도시들과 같이 일곱 개의 언덕을 가지고 있다. 기차역에서 시내로
들어가는 길로 접어들면 대번에 이 도시의 특징이 눈에 띈다. 한적한
길 한편으로 반듯한 대리석을 깐 도랑에는 맑은 물이 넘쳐흐른다. 샘이
많은 곳이라더니 과연 그 이름에 걸맞게 시내 곳곳에는 크고 작은 샘
과 실개천이 흐른다. 지금도 프랑스의 도시라기보다는 로마의 도시로
보일 만큼 도시 분위기는 상당히 로마적的이다. 원형경기장과 메종 카
레Maison Carre 같은 로마시대의 유적들은 본고장에서도 찾아보기 힘들
정도로 보존상태가 좋다. 일찍이 로마시대부터 로마인보다 더 로마화化
되었다는 이 지방의 전통이 지금까지도 내려오는 것일까?

빼곡한 골목 사이로 눈부신 아침 햇살을 받으며 서 있는 메종 카레
는 순백의 상아탑을 연상시킨다. 높은 대臺 위에 원주가 하늘을 찌르
는 메종 카레는 영락없이 고대 그리스 신전을 빼닮았다. 신전으로 올
라가는 가파른 계단에 걸터앉아 까마득히 솟아오른 원주를 찬찬히 뜯
어본다. 멀리서 보기엔 말끔한 신전이었지만 가까이 다가갈수록 세월
의 때가 두껍게 쌓여있다. 원주에 새겨진 장식 문양은 닳아서 희미해
졌고, 원주들은 군데군데 깨어져 나가버렸다. 원주 사이 건너편으로는

메종 카레를 현대화하여 유리 건물로 지은 카레 다르Carre d'Art(종합문화센터)가 대칭으로 서 있다. 고대와 현대의 만남을 형상화한 프랑스인의 미적 감각이 절묘하다.

메종 카레에서는 신전의 연원을 말해주는 영화가 상영되고 있었다. 지금의 프랑스에 해당하는 갈리아 지방을 정복하려는 카이사르Caesar는 님 지방의 갈리아 부족장에게 500명의 지원병을 내어놓으라고 강압한다. 이미 남부 갈리아를 평정한 카이사르가 북부 갈리아마저 정복하려는 것이다. 그의 요구는 오랑캐로 오랑캐를 치는, 로마인들이 즐겨 쓰던 이이제이以夷制夷 수법에 다름 아니었다. 자신을 방패막이로 삼으려는 로마군의 수작을 뻔히 알면서도 그 제안을 거절할 수 없는 것이 이들의 비극이었다. 고뇌를 거듭하던 족장은 차출된 500명의 용사를 이끌 후보자 다섯 명을 니마우수스 샘가로 소집한다. 족장은 샘의 신에게 제물을 바친 후 향을 피운다. 향 연기가 자욱하게 퍼지면서

메종 카레의 기둥 사이로 보이는 카레 다르

한 사람에게로 흘러간다. 샘의 신이 그를 선택한 것이다. 지도자로 뽑힌 젊은이는 500명의 용사를 거느리고 카이사르의 휘하로 들어간다. 그 후 오랫동안 북부의 동족과 싸움을 거듭한다. 카이사르가 암살당한 후 가까스로 살아남은 이들은 마침내 고향으로 돌아가도 좋다는 승낙을 받는다. 고향으로 돌아온 이들은 메종 카레를 지어 로마 황제의 은총을 기렸다는 내용이다.

영화를 보고 나니 길이 25m, 너비 12m인 장방형의 아름다운 신전이 실상은 피눈물 나는 사연을 품고 있다는 사실에 숙연해졌다. 그들은 새로 지은 신전을 전장에서 개죽음당한 전우들에게 바치고 싶었으리라. 하지만 그들은 그런 사치를 부릴 처지가 아니었다. 전사한 동료들은 가슴에 묻고 신전은 초대 로마 황제 아우구스투스의 양자養子들에게 바쳐졌다. 약소민족의 비애가 스며있는 메종 카레를 보면서 나는 또 다른 생각이 들었다. 이렇게 남쪽의 갈리아 부족들이 로마 제국에

님의 메종 카레

당했던 것과 똑같은 방법으로 얼마 뒤에는 북쪽의 게르만 부족들도 당했을 것이란 생각 말이다. 그들 중에서도 특히 프랑크족은 오랜 세월 동안 로마 제국으로부터 그야말로 온갖 단맛 쓴맛을 보며 살아남은 게르만 부족이었다. 로마군 병사였던 어느 프랑크족의 무덤에 세운 비명碑銘은 당시 이들의 정체성을 잘 말해준다.

"나는 프랑크 시민이지만, 무기를 들었을 때는 로마 병사다. Francus ego vives, miles romanus in armis."

3.

　오랫동안 로마 제국에 기대어 살면서 프랑크족은 자연스럽게 로마의 문화와 전통에 익숙해져 갔다. 그 결과 훗날 프랑크족은 로마 제국으로 부터 뜻밖의 선물을 받았다. 몇 세대에 걸쳐 자연스럽게 로마 제국의 조직과 통치술을 배운 것이다. '말 위에서 세상을 얻을 수는 있어도, 말 위에서 세상을 통치할 수는 없다.'라는 말이 있지 않던가. 고트족을 비롯한 여타 게르만 부족들은 무력은 강했지만 통치에는 약했다. 그들은 통일된 국가체제 안에서 살아본 적이 없었다. 그저 때려 부수고 약탈한 후 또 다른 곳을 찾아 떠돌던 그들은 정착하여 국가를 운영하는 데에는 서툴렀다. 다시 말해 고트족은 창업創業에는 능했을지언정 수성守成에는 약했다. 하지만 프랑크족은 로마 제국으로부터 수성守成의 기술을 전수받았다. 바로 이 점이 프랑크족이 다른 게르만 부족들과 다른 점이었다. 여러 게르만 부족들 중에서 프랑크족이 두각頭角을 나타내게 된 데에는 그때까지 쌓아온 그들의 경험에 힘입은 바 컸다.

　하지만 보다 결정적인 요인은 역시 사람 문제로 귀결된다. 로마 제국에게 핍박받은 게르만족이 어찌 프랑크족뿐이겠는가? 지금도 프랑스인은 독일을 'Germany'나 'Deutschland'가 아닌 '알레마뉴Allemagne'라 부른다. 이는 프랑스인의 조상 프랑크족 옆에 있던 독일인의 조상 알레마니Alemanni족에서 유래된 이름이다. '모든 사람'이란 뜻을 가진 알레마니족도 사실은 프랑크족처럼 로마 제국에게 수없이 깨지면서도, 로마 제국의 국경을 넘나들었던 게르만 부족이었다. 라인강 중류에 거주했던 알레마니족은 이동경로도 짧고 자신들의 정체성을 지킨 점에서는 라인강 하류에 거주했던 프랑크족과 마찬가지였다. 하지만 지금의 프랑스 동부지방인 알자스-로렌 지방에 정착한 그들은 유럽의 중심지이면서 가장 비옥한 땅을 차지한 프랑크족에게는 비할 바 못 되었다. 신이 영국인에게는 바다를, 독일인에게는 두뇌를, 그리고 프랑스인에게는 땅을 주었다고한 유럽의 전설이 있듯이, 프랑크족은 농경에 적합한 땅을 차지했다. 그렇다고 이런 지리적 이점이 프랑크족을 역사의 주인공으로 만든 것은아니었다. 정작 결정적인 요인은 다른 데 있었다. 그것은 프랑크족이 알레마니족과는 달리 걸출한 인재人材, 즉 '새로운 피'를 배출했던 것이다. 그 '새로운 피'는 다름 아닌 프랑크 왕국을 창건한 클로비스Clovis였다.

클로비스가 족장이 되었을 때 프랑크족은 여러 소규모 부족들로 구성된 엉성한 연합체였다. 그런 프랑크족 내에서 클로비스가 속한 살리Salier족과 경쟁부족인 리부아리Ribuaria족이 가장 강력한 부족이었다. 하지만 두 소小 부족은 항상 서로 다투었기에 프랑크족은 힘을 모을수 없었다. 이런 프랑크 부족들을 통합해나가는 과정에서 클로비스가쓴 방법이 얼마나 잔인하고도 교활했는지는 다음의 일화가 말해준다. 재위 말기에 클로비스는 "나는 외로운 방랑객처럼 이방인들 사이에서살고 있다. 만약에 내게 재앙이 닥친다 해도 의지할 친척이 하나도 없으니 너무나 슬프다."라고 말했다고 한다. 그러나 그의 말은 살아있는친척이 없음을 한탄해서 한 말이 아니었다. 그의 말을 듣고 아직까지도살아있을지 모를 친척이 안심하고 나타나면 마저 죽이려고 한 말이었다. 어린 나이에 부족장에 오른 이후로 그는 오직 자신의 지위를 강화하기 위해서 대부분 자신의 친족인 다른 프랑크 부족장들을 제거해 나갔다. 이를 보면 동서고금을 막론하고 권력의 속성은 똑같은 모양이다.

4.

클로비스는 재위에 오른 지 불과 5년 만에 아버지가 평생을 바쳤지만 실패한 부족 통합을 이루어내었다. 그리고 일차 내부통합을 끝낸 클로비스는 그때부터 이웃을 넘보기 시작했다.

클로비스의 첫 번째 목표는 프랑크 왕국의 서쪽에 인접한 시아그리우스Syagrius 왕국이었다. 시아그리우스 왕국은 서西로마 제국이 붕괴된 후, 갈리아 주재 로마 총독이었던 시아그리우스(430~487년)가 스스로를 '로마인의 국왕'이라 칭하며 자립한 왕국이었다. 486년, 클로비스

|아우스트라시아와 네우스트리아|

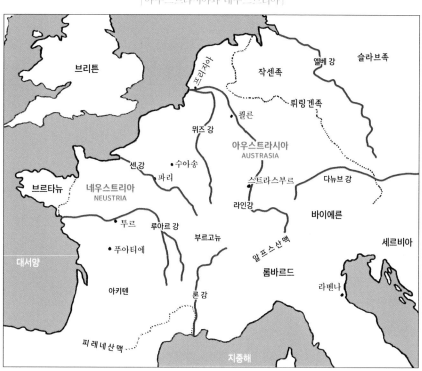

는 리부아리족을 구슬려 힘을 합한 후 서西로마 제국이 갈리아 지방에 남긴 유일한 잔재殘在였던 시아그리우스 왕국을 멸망시켰다. 이로부터 프랑크 왕국의 중심은 기존의 동북부지역에서 새로 편입된 파리와 루아르강 북쪽 지방을 포함하는 서부지역으로 옮겨가게 되었다. 후에 프랑크족은 자신들의 원 거주지였던 동쪽 땅을 아우스트라시아Austra-sia로, 새롭게 얻은 서쪽 땅을 네우스트리아Neustria로 불렀다.

클로비스의 다음 목표는 인근 게르만 부족인 알레마니족과 부르군트족이었다. 하지만 그들과의 전쟁에서 클로비스는 별 재미를 보지 못했다. 496년, 클로비스는 평생의 숙적 알레마니족과의 악전고투 끝에 그들을 격파했지만 왕국 안으로 복속시키지는 못했다. 더욱 실망스러웠던 건 부르군트족과의 싸움이었다. 500년경에 클로비스가 부르군트족을 공격하자 힘에 부친 부르군트족은 가까운 친척에게 도움을 청했다. 그들이 도움을 청한 곳은 오도아케르Odoacer를 몰아내고 이탈리아 전역을 차지한 동東고트 왕국이었다. 프랑크 왕국이 강해지는 것을 꺼린 동東고트 왕국은 클로비스에게 공격을 멈추라고 강압했다. 이에 이들이 합세할 경우 승산이 없다고 판단한 클로비스는 눈물을 머금고 원정을 중단할 수밖에 없었다. 그러나 클로비스는 이 일을 결코 잊지 않았다.

알레마니족 및 부르군트족과의 전쟁이 마무리되자 클로비스는 갈리아 남부지방으로 세력을 확대하기 위하여 서西고트 왕국으로 눈을 돌렸다. 당시 서西고트 왕국은 스페인 대부분 지역과 프로방스를 포함한 갈리아 남부지방을 차지하고 있었다. 507년, 클로비스는 갈리아 남부지방으로 진격했다. 그는 부르군트족과의 싸움에 간섭했던 동東고트 왕국에 대한 방비책으로 '적의 적은 친구'라는 철칙에 따라 동東로마

제국과 동맹을 맺었다. 당시 동東로마 제국은 예전 서西로마 제국의 영
역인 이탈리아반도를 점거하고 있는 동東고트 왕국과 적대관계였다.
이렇게 동東고트 왕국을 견제한 후 클로비스는 508년 서西고트 왕국
의 수도인 툴루즈Toulouse를 함락시켰다. 프랑크족에게 참패한 서西고
트족은 피레네산맥 북쪽 지방, 즉 오늘날 프랑스의 아키텐 지방을 포
함한 대부분의 영토를 상실하고 이베리아반도로 밀려났다. 이로써 클
로비스는 앞으로 고트족이 아닌 프랑크족이 서방세계의 주역이 될 수
있는 전환점을 마련했다.

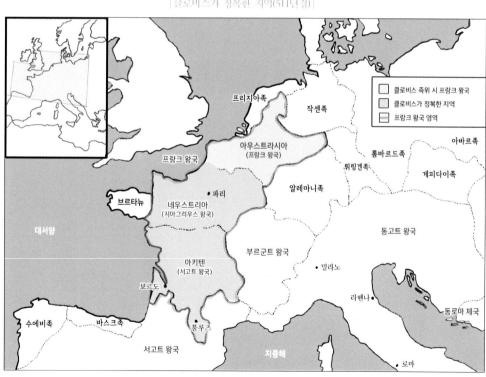

|클로비스가 정복한 지역(511년경)|

5.

클로비스는 영토 확장뿐만 아니라 향후 프랑크 왕국의 기반을 구축할 두 가지 대표적인 치적을 남겼다. 기독교로의 개종과 살리카 법전 Lex Salica 편찬이 그것이다.

옛 서西로마 제국의 영내에 정착한 게르만 부족들은 점차 기독교로 개종해나갔다. 하지만 대부분의 게르만족은 아리우스Arius파派를 선택했다. 아리우스파는 예수의 신성神性을 부인하며, 성자聖子는 모든 피조물과 같이 창조되었을 뿐이라고 주장하는 종파였다. 반면 로마인들은 예수의 신성을 인정하여 삼위일체三位一體를 신봉하는 아나타시우스Anatasius파派였다. 사정이 이렇다 보니 같은 기독교도라 해도 종파가 다른 게르만족과 로마인들 사이에는 동질감이 별로 없었다. 이는 이교도異教徒보다 이단자異端者를 더욱 용납 못하는 기독교의 특징 때문이었다. 하지만 프랑크족의 클로비스는 다른 게르만 부족들과 달리 아나타시우스파, 즉 로마 가톨릭을 선택했다. 가톨릭을 믿는 갈리아 지방 로마인들의 자발적인 협조를 이끌어내기 위한 고도의 정치 감각을 발휘한 것이다. 이 때문에 그들은 클로비스를 이단인 아리우스파로부터 해방시켜주는 통치자로 환영했다.

클로비스가 기독교로 개종한 데에는 다음과 같은 일화가 있다. 496년, 알레마니족과 싸울 때였다. 초반부터 알레마니족에게 밀려 악전고투하던 클로비스는 너무나 다급한 나머지 그때까지 외면했던 하느님을 찾았다. 평소엔 기독교도였던 아내가 아무리 권해도 듣지 않던 그였지만, 이번에는 회생의 기회를 준다면 개종하겠노라고 약속했다. 그런데 정말 기적이 일어났다. 무슨 이유에선지 알레마니족이 갑자기 혼란에 빠지면서 도주하기 시작한 것이다. 하느님의 도움으로 승리한 클로비스는 그해에 약속대로 랭스 대성당에서 세례를 받았다. 그가 세례를 받을 때 하늘에서 비둘기 한 마리가 성유 병을 입에 물고 나타났다고 한다. 성령聖靈이 발현한 것이다. 이로부터 랭스의 도유식塗油式은 대대로 프랑크 왕국과 뒤를 이은 프랑스 왕국 국왕들에게 정통성을 부여하는 상징성을 갖게 되었다.

그런데 클로비스의 일화는 최초로 기독교를 인정한 로마황제 콘스탄티누스를 연상시킨다. 그보다 180여 년 전인 312년, 콘스탄티누스는 사두四頭정치체제를 타파하고 단독으로 황제가 되고자 했다. 하지만 그에 반대하는 정적들이 들고일어나 양측은 밀라노 인근에 있는 밀비우스Milvius 다리를 사이에 두고 대치했다. 반대파의 전력은 콘스탄티누스를 압도했고, 궁지에 몰린 콘스탄티누스는 하느님의 힘을 빌렸

클로비스의 세례식/브뤼셀 왕궁박물관

다. 그는 저녁 하늘의 석양 위로 빛나는 십자가를 보았다고 말했다. 더구나 십자가에는 "이것을 가지고 정복을 끝내라."라는 글자가 새겨져 있었다고 주장했다. 다음날, 십자가 문양을 그려 넣은 방패로 무장한 그의 부대가 크게 이겼다. 그 후 콘스탄티누스는 약속대로 기독교로 개종했지만 그리 신실하지는 않았다. 그에게 기독교란 종교가 아닌 정치였기에 죽기 직전인 337년에야 겨우 세례를 받았을 뿐이었다. 클로비스도 콘스탄티누스와 마찬가지였다. 클로비스에게 개종은 로마교회의 지원을 얻어 갈리아에서 통치권을 굳히려는 정치적 수단일 뿐이었다.

클로비스의 또 다른 치적으로는 살리카 법전Lex Salica의 편찬이다. 게르만족의 여러 부족 중에서 최고지배계층이 된 살리Salier족의 관습법들을 최초로 성문화한 살리카 법전은 주로 형법과 소송법에 관한 법전이었다. 그런데 이 법전에는 향후 유럽의 왕위 계승문제가 발생될 때마다 종종 인용되곤 하던 규정이 하나 있었다. '딸은 토지를 상속받을 수 없다'라는 규정이 바로 그것으로, 이는 앞으로 두고두고 문제가 된다. 아무튼 살리카 법전은 중세를 거쳐 근세에 이르기까지 오랫동안 영향력을 미치면서, 게르만족에게 가장 근간이 되는 법전이었다.

6.

508년, 프랑크 왕국의 수도를 파리로 옮긴 클로비스는 그로부터 3년 뒤인 511년 세상을 떴다. 그는 로마 제국의 속주였던 갈리아, 즉 지금의 프랑스지역에서 할거하던 알레마니족, 부르군트족, 서西고트족 등 여러 게르만 부족들을 물리치고 메로빙거Merowinger 왕조를 세운 최초의 게르만족 왕이었다. 클로비스가 세운 메로빙거 왕조는 카롤링거Carolinger 왕조가 출현하는 751년까지 270년 동안 지속되었다. 메로빙거란 이름은 클로비스의 할아버지인 메로비치Merovech의 이름에서 따왔다고 한다. 게르만족 전체를 대표할 정통성이 부족했던 클로비스의 후손들은 자신들의 조상인 메로비치가 신비스러운 바다 괴물을 타고 하늘로 올라가 신이 되었다고 주장했다. 또한 자신들은 예수의 혈통을 이어받았다고도 자랑했는데, 사실은 이 모든 것이 그들의 열등감을 감추기 위한 수단에 불과했다.

한편 클로비스가 창건한 메로빙거 왕조는 처음부터 구조적으로 허약한 체제였다. 클로비스란 영웅의 개인적 카리스마에 눌려 복속된 게르만 제 부족들은 그와 같은 걸출한 후계자가 나오지 않으면 언제라도 독자적인 세력이 될 수 있었다. 이런 터에 장자長子 상속제가 아닌 균등분할 상속제를 따르는 게르만족의 전통이 이들에게 더없이 좋은 빌미를 제공했다. 클로비스가 죽은 뒤 왕국은 전례에 따라 네 아들에게 분할되었다. 이들은 주요 도시를 거점으로 삼아 각각 자신의 궁정과 고문들을 갖춘 왕국을 세웠다. 하지만 분가分家한 형제들이 계속 좋은 관계를 유지하란 법은 없다. 균등분할 상속제가 해를 거듭할수록 왕국을 분리시켰기 때문이다. 주기적으로 계속되는 왕국의 분리는 결국엔 왕국의 분열을 가져왔다. 왕국의 분열은 왕권의 약화를 초래 했다. 왕권이 약화되자 상대적으로 강력한 지방 호족세력이 등장했다. 특히 프랑크 왕국에 새로 편입된 알레마니족, 부르군트족, 서西고트족 등이 웅거했던 지역을 중심으로 예외 없이 강력한 지방정부가 들어섰 다. 이런 상황이 계속되자 왕권은 유명무실有名無實해지고, 지방 호족세 력들 중에서 세력이 가장 강한 각 분국分國 궁재宮宰Major Donus가 자연 스럽게 실권을 잡았다. 메로빙거 왕조를 폐하고 카롤링거 왕조를 세운 피핀 3세Pippin Ⅲ는 바로 프랑크 왕국의 분국인 아우스트라시아Austra-sia의 궁재 출신이었다.

|메로빙거 왕조 시대 프랑크 왕국의 영역(536년경)|

제2장

메로빙거 왕조에서 카롤링거 왕조로

클로비스 이후 프랑크 왕국의 메로빙거 왕조가 근근이 명맥을 이어가고 있던 중에 서방세계는 외부로부터 중대한 도전을 받게 된다. 게르만족의 일파인 롬바르드Lombards족의 출현과 신흥 이슬람 세력의 침입이 바로 그것이다.

1.

527년, 동東로마 제국에서는 '로마 제국 최후의 황제다운 황제'로 불리는 명군名君이 출현했다. 너무 부지런해서 '잠이 없는 사람'이란 뜻의 '아코이메토스Akoimetos'로 불린 유스티니아누스Ustinianus(재위: 527~565년) 대제가 바로 그였다. 이탈리아 본토를 되찾고 지중해 세계를 통합하여 옛 로마 제국의 영광을 재현하려는 꿈에 불탄 유스티니아누스는 534년 반달족이 세운 반달 왕국을 멸망시키고, 북아프리카 일대와 시칠리아 및 사르데냐 등지를 회복했다. 또한 이탈리아를 점유하고 있던 동東고트 왕국에서 내분이 발생한 틈을 이용하여 554년에는 동東고트 왕국을 멸망시켰다. 이로써 동東로마 제국은 옛 로마 제국 전성기의 판도를 거의 회복했고, 그동안 잘 나갔던 동東고트족과 반달족을 역사의 무대에서 밀어냈다.

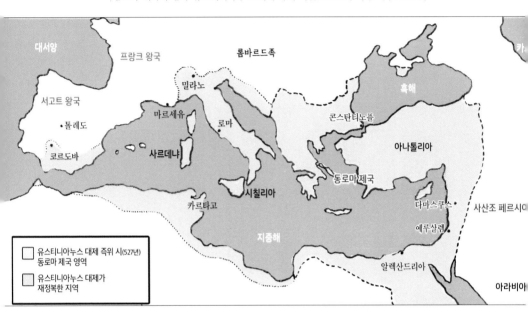

하지만 유스티니아누스가 건설한 동東로마 제국 또한 565년에 그가 죽으면서 곧바로 무너지고 만다. 유스티니아누스란 개인에게 전적으로 의존했던 동東로마 제국이었기에 그가 없이는 제국을 유지할 힘이 없었기 때문이다. 유스티니아누스가 죽자 동東고트 왕국과의 오랜 전쟁Gothic War(535~554년) 끝에 되찾은 이탈리아 본토는 곧바로 방치되다시피 했다. 그리고 이런 기회를 이용하여 또 다른 게르만 부족인 롬바르드Lombards족이 568년에 율리안 알프스를 넘어 북부 이탈리아 지방으로 들어왔다. 무방비 상태인 북부 이탈리아 지방으로 손쉽게 들어온 롬바르드족은 순식간에 밀라노와 토스카나, 베네치아와 베네벤토 지방을 차지했다. 이탈리아로 들어온 지 4년 후인 572년, 티치노Ticino 강 유역에 위치한 파비아Pavia를 수도로 한 롬바르드 왕국은 이렇게 출

현했다. 오늘날 이탈리아 북부 밀라노를 중심으로 하는 롬바르드 지방은 이들 부족 이름에서 유래한다.

　이탈리아로 들어올 때는 파죽지세였던 롬바르드 왕국이었지만, 그들은 전全 이탈리아를 장악하지는 못했다. 이탈리아로 들어오자마자 내분內紛이 발생했기 때문이었다. 왕국에서 떨어져 나온 두 명의 유력한 귀족들은 로마 남쪽으로 내려가 각각 스폴레토Spoleto 공국과 베네벤토Benevento 공국을 세웠다. 이렇게 되자 로마를 중심으로 한 교황의 영지는 남북으로 롬바르드족에게 포위되었다. 하지만 8세기 초까지만 해도 이들은 자기들끼리 싸우느라 정신이 없었기에 교황에게 큰 위협이 되지는 않았다. 이러한 상황이 바뀐 것은 712년 롬바르드족 역사상 최고의 명군인 리우트프란트Liutprand(재위: 712~744년)가 왕이 되면서부터였다. 롬바르드족의 독립 공국인 스폴레토 공국과 베네벤토 공국과의 관계를 개선한 롬바르드 왕은 이탈리아반도 내에 남아있던 동東로마 제국의 영토를 야금야금 점령해갔다. 또한 교황의 영지에도 눈독을 들였고, 이를 눈치챈 교황의 불안은 날로 커져만 갔다. 불행하게도 시간이 지남에 따라 교황의 불안은 현실로 나타났다. 리우트프란트 왕 이후로 강대해진 롬바르드 왕국이 수시로 교황의 관할지를 침범하기 시작한 것이다.

⊛ 롬바르드 왕국의 수도 파비아Pavia에서

572년부터 774년까지 롬바르드 왕국의 수도였던 파비아Pavia는 밀라노에서 남쪽으로 35㎞ 떨어져 있다. 인구 7만에 불과한 소도시지만, 파비아의 중심인 비토리아 광장Piazza della Vittoria 옆에는 이탈리아에서 로마의 성 베드로 성당, 피렌체의 산타 마리아 노벨라 성당에 이어세 번째로 큰 돔을 자랑하는 파비아 대성당이 있다. 또한 시내에 있는파비아 대학교는 유럽에서 가장 오래된 대학 중 하나로 1361년 설립되었다. 파비아에서 롬바르드 왕국의 발자취를 찾아볼 수 있는 곳은 '황금 하늘의 성 베드로 성당Basilica of San Pietro in Ciel d'Oro'이다. 황금빛

파비아의 비스콘티성城

모자이크가 휘황찬란한 정면 앱스apse에서 그 이름이 유래된 성 베드로 성당에는 롬바르드 왕국의 최고 명군인 리우트프란트Liutprand가 묻혀있었다 한다. 지금은 시립 박물관Musei Civici으로 쓰이고 있는 비스콘티성Castello Visconteo은 초대 밀라노 공작인 갈리아조 비스콘티Galeazzo Visconti가 1361~1366년에 걸쳐 지은 거성居城이었다.

이렇듯 도시의 규모에 비해 유서 깊은 건축물들이 많은 파비아는 몇 번에 걸쳐 중요한 역사의 무대가 되었다. 첫 번째는 774년 샤를마뉴의 롬바르드 왕국 정벌 때였다. 교황의 요청에 따라 정벌에 나선 샤를마뉴는 그해에 롬바르드 왕국을 멸망시킨 후 파비아로 입성했다. 아헨 시청사 벽화에는 그때의 장면이 묘사되어 있다.

샤를마뉴의 파비아 입성/아헨 시청사 벽화

두 번째는 951년 신성로마 제국 황제 오토 1세가 이탈리아 정벌에 나섰을 때였다. 당시 선봉에 나선 오토 1세의 장남인 슈바벤 공작은 이탈리아 측에 패하여 아버지의 질책을 듣게 된다. 이에 앙심을 품은 아들이 아버지에게 반란을 일으킴으로써 내전으로 비화되는데, 이에 대한 내용은 V-제1장 샤를 3세와 오토 1세 편에서 다시 보기로 하자.

세 번째는 1525년 프랑스와 신성로마 제국 간에 벌어진 파비아 전투였다. 이 전투의 패배로 프랑스 왕 프랑수아 1세는 신성로마 제국 황제 카를 5세의 포로가 되었는데, 자세한 내용은 VI-제3장 카를 5세와 프랑수아 1세 편에서 보기로 한다.

파비아 시내를 가로질러 흐르는 티치노Ticino강에는 코페르토 다리 Ponte Coperto가 걸려있다. 로마 제국 시절부터 있어왔던 자리에 1354년

코페르토 다리에서 본 파비아 대성당

축조했던 다리는 1945년 연합국의 공습으로 무너졌고, 지금의 다리는 1949년에 다시 놓은 새 다리다. 코페르토 다리를 건너 티치노강 변에서 파비아 시내를 바라보면 97m 높이의 팔각 돔이 높이 솟아오른 파비아 대성당이 제일 먼저 눈에 들어온다. 지붕까지 갖춘 코페르토 다리에는 중세시대부터 내려오는 설화가 깃들여있다. '다리가 없던 어느 날 밤, 순례자들이 강을 건너 미사에 참여하려 했지만 너무 짙은 안개 때문에 배를 탈 수 없었다. 그때 악마가 나타나 다리를 놓아주는 대가로 첫 번째로 강을 건너는 영혼을 달라고 유혹했다. 악마의 제의에 동의한 순례자들은 새로 놓인 다리를 건널 때 사람보다 염소를 먼저 건너게 했다. 악마는 이를 갈았지만 순례자들의 기지를 이기지 못했다.'라는 내용이다.

그런데 재미있는 사실은 이와 비슷한 설화가 여러 곳에 있다는 것이다. 그것도 같은 이탈리아가 아닌 독일 바이에른 지방의 레겐스부르크 Regensburg의 로마식 돌다리Steinerne Brücke에 얽힌 내용이 그렇다. '도제관계인 두 장인이 있었다. 스승은 성당을 짓고 제자는 다리를 놓는데 누가 먼저 끝낼지 내기했다. 성당이 다리보다 빨리 진척되자, 다급해진 제자는 악마와 계약을 맺었다. 악마의 도움을 받아 다리가 완성되면 제일 먼저 건널 세 영혼을 악마에게 바치기로 한 것이다. 결국 성당보다 다리가 먼저 완공되었고, 제자는 약속대로 수탉과 암탉 그리고 개를 먼저 건너보냈다. 격분한 악마는 다리를 무너뜨리려 했지만 실패했고, 그 때문에 다리 중간이 휘어졌다.'라는 내용이다. 이런 설화들은 롬바르드 지방을 중심으로 한 북부 이탈리아가 남부 이탈리아보다는 오히려 남부 독일과 보다 더 밀접한 관계에 있음을 말해준다.

레겐스부르크의 슈타이네르네 다리

한편 지금의 스페인 지역인 이베리아반도를 차지했던 서西고트 왕국도 그리 오래가진 못했다. 통치에 미숙한 서西고트 왕국은 빈번히 왕위 계승문제가 발생했고, 그 틈을 이용해서 지방 호족들이 세력을 강화하려고 했기 때문이었다. 이런 서西고트 왕국에게 신흥 이슬람 세력의 출현은 치명적이었다. 711년, 서西고트 왕국은 북아프리카를 휩쓴후 이베리아반도로 넘어온 이슬람 세력에 완패했고, 그로부터 겨우 7년만인 718년에는 반도 북서쪽의 고산지대를 제외한 전 국토를 빼앗긴채 멸망했다. 순식간에 이베리아반도를 석권한 이슬람 세력은 이번에는 북쪽에 이웃한 프랑크 왕국으로 눈길을 돌렸다. 720년에 이르러그들은 벌써 프랑크 왕국과의 접경지대인 나르본Narbonne까지 치고 올라와서는 국경 지역을 침범하기 시작했다. 이제 프랑크 왕국과 이슬람세력과의 일전一戰은 시간문제일 뿐이었다.

2.

두 갈래의 위협에 직면한 프랑크 왕국과 교황의 입장은 서로 달랐다. 교황은 자신의 영지를 탐내는 롬바르드족이 제1의 적이었고, 프랑크 왕국은 자신의 변경지역을 위협하는 이슬람 세력이 발등의 불이었다. 이런 상황에서 위기는 남쪽에서부터 먼저 왔다. 732년, 피레네산맥을 넘은 이슬람 세력이 프랑크 왕국의 아키텐 지방을 가로질러 지금의 파리에서 남서쪽으로 300㎞ 정도에 위치한 푸아티에Poitiers와 투르Tours까지 쳐들어온 것이다. 하지만 이런 위급한 상황에서 메로빙거 왕조는 무능하기 짝이 없었다. 이미 오래전에 실권을 빼앗긴 메로빙거 왕들은 '무위왕無爲王'으로만 존재할 따름이었다. 프랑크 왕국은 '새로운 피'가 절실히 필요했고, 그 '새로운 피'는 공교롭게도 예전 살리족Salier의 경쟁자였던

투르-푸아티에 전투도/ 베르사유 궁전 '전쟁의 방'

리부아리족Ribuaria에서 나왔다. 그가 바로 카를 마르텔Karl Martell(Charles Martel, 680~741년)이었다. 샤를마뉴의 할아버지이기도 한 카를 마르텔은 자신의 적들을 망치로 때려 부수듯 무자비하게 제거했다 해서 프랑스어로 '망치'를 의미하는 '마르텔Martell'이란 별명을 갖게 되었다고 한다.

732년 10월, 푸아티에와 투르를 가로지르는 로마시대의 포장가도에서 3만 명의 프랑크군軍과 그와 비슷한 수의 이슬람군軍이 격돌했다. 기마병이 주축인 이슬람군軍은 뛰어난 기동력을 앞세워 그동안 유럽군軍에게 연전연승했기에 자신만만했다. 하지만 이번에는 달랐다. 프랑크족의 뛰어난 전사 카를이 새로운 전술을 들고나왔기 때문이다. 그는 이슬람 기병들의 기동력에 대항하여 두꺼운 갑옷과 긴 창으로 무장한 창기병을 내세웠다. 이렇게 중무장한 창기병들은 밀집대형으로 긴 창을 수평으로 들고는 적진의 한가운데를 돌파했다. 듣도 보도 못한 전술 앞에 그동안 무적을 자랑하던 이슬람군軍이 괴멸적인 타격을 받으면서 승부는 순식간에 끝났다. 카를의 새로운 전법은 이후 수백년 동안 중세 유럽을 대표하는 군사 전술이 되었다고 한다.

투르-푸아티에 승전은 이슬람으로부터 중세 기독교 세계를 지켜 낸 중요한 전투였다. 이베리아반도의 이슬람 세력을 몰아낼 수는 없었지만, 그들이 더 이상 피레네산맥 이북지역을 넘볼 수 없게 만들었기 때문이었다. 생전에 카를 마르텔은 비록 허수아비에 불과했지만 메로빙거 왕조를 전복하고 새로운 왕조를 세우지는 않았다. 또한 자신도 왕위에 오르라는 주위의 권유를 물리치고 평생 '무관無冠의 왕'으로 남았다. 741년, 숨을 거두면서 카를은 메로빙거 왕조가 명목상으로 통치하던 왕국을 둘로 나누어 두 아들에게 넘겨주었다.

한편 롬바르드 왕국은 751년, 교황의 관할지인 라벤나Ravenna를 함락시켰다. 다급해진 교황은 먼저 동東로마 제국에 도움을 요청했다. 하지만 동東로마 제국은 롬바르드 왕에게 편지만 보냈을 뿐 실질적인 도움을 줄 수 없었다. 신흥 이슬람 세력의 공세를 막아내느라 제 코가 석자였기 때문이었다. 이에 교황은 할 수 없이 롬바르드 왕국의 수도 파비아Pavia를 찾아갔다. 그러나 침략을 멈추어 달라고 간청한 교황에게 돌아온 것은 롬바르드 왕의 냉정한 거절뿐이었다. 이제 교황이 찾아갈 곳은 한 군데밖에 없었다. 교황의 눈길은 자연스레 롬바르드 왕국의 북쪽에 위치한 프랑크 왕국으로 향했다.

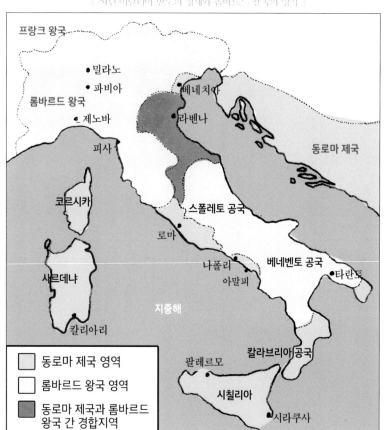

| 751년 이탈리아 반도의 정세와 롬바르드 왕국의 영역 |

◈ 서로마 제국의 마지막 수도 라벤나Ravenna에서

이탈리아 동북부 아드리아해Adriatic Sea에 면해있는 라벤나Ravenna
는 서西로마 제국 최후의 수도(402~476년)였다. 라벤나는 바다로의 진
출이 용이한 양항良港이면서, 늪으로 둘러싸여 방어하기에 적합한 곳
이었다. 이 때문에 서로마 제국이 멸망한 후에는 오도아케르Odoac-
er(476~493년)와 오도아케르를 제거한 동東고트 왕국(493~540년) 또한
라벤나를 수도로 삼았다. 그 후 751년 롬바르드족에게 빼앗기기 전까
지 라벤나는 동東로마 제국 라벤나 관구Exarchate of Ravenna의 중심이
기도 했다. 그런 역사적인 배경으로 인해 도시 분위기는 이스탄불의
성 소피아 사원을 옮겨놓은 것 같은 느낌을 준다. 도시 전체가 박물관

라벤나의 산 비탈레 성당

이라 할 정도로 초기 기독교 건축물의 보고寶庫인 라벤나는 제2차 세계대전 중 영국군이 점령할 때에도 거의 피해를 입지 않았다 한다.

라벤나에는 유네스코 세계문화유산으로 지정된 건축물이 여덟 군데 있는데, 그중에서도 백미는 산 비탈레 성당Basilica of San Vitale이다.

초기 비잔틴 양식으로 지은 산 비탈레 성당 건물은 '바실리카Basilica 건축양식'이 아니지만, 가톨릭에서는 '주교관主教館'을 뜻하는 바실리카 Basilica'란 명예로운 명칭으로 예우하고 있다. 성당 안으로 들어서면 제일 먼저 정면 세례당Baptistry의 화려함이 눈길을 끈다. 황금색 바탕에 온갖 색깔의 돌들을 보석처럼 박아 넣은 모자이크화는 비잔틴 예술의 진수를 보여준다. 그중에서도 앱스apse의 양쪽 벽을 장식한 모자이

유스티니아누스 대제의 모자이크화

크 패널은 역사책에서 봤던 낯익은 그림이다. 오른쪽 그림의 중앙에는 머리 뒤에 후광을 그려 넣은 유스티니아누스Iustinianus 대제가 서 있다. 그의 양쪽에 시립해 있는 군인들과 성직자들은 황제가 국가와 교회 모두를 지배하고 있음을 상징한다.

왼쪽 그림의 중앙에 서 있는 테오도라Theodora 황후의 머리 뒤에도 후광이 있다. 시녀들과 환관들을 대동한 그녀는 성배聖杯를 들고 있다. 앱스의 천정에는 예수와 제자들의 승리를 찬양하는 아치 모양의 모자이크화가 있다.

또한 앱스 쪽을 제외한 나머지 성당 내부는 18세기 후반에 그린 바로크 양식의 프레스코화로 장식되어있다. 그런데 재미있는 건 1,500년

산 비탈레 성당의 앱스 부분

된 모자이크화가 컬러 사진을 보는 느낌이라면, 이제 200년밖에 안 된 프레스코화는 우중충한 흑백사진을 보는 느낌이 든다. 여기서는 시간이 거꾸로 가고 있는 것일까?

라벤나의 두 번째 명소는 동東고트 왕국의 명군 테오도릭Theodoric 왕(재위: 488~526년)이 504년 왕궁예배당으로 지은 산 아폴리나레 성당 Basilica of Sant' Apollinare Nuovo이다. 이 성당도 안으로 들어서는 순간 눈이 황홀해진다. 성당 안에는 본당 회중석nave을 중심으로 양쪽 벽면에 사람들의 행렬을 담은 장대한 모자이크화가 펼쳐진다. 왼쪽은 22명의 처녀들이 동방박사의 안내로 성모 마리아께 나아가는 장면이다. 오른쪽은 26명의 순교자들이 성 마르틴Saint Martin의 인도를 받아 예

산 아폴리나레 성당의 내부모습

수께로 나아가는 모습을 담았다. 여기서 우리가 눈여겨봐야 할 부분은 게르만족의 일파인 동고트족 출신의 테오도릭이 벌써 이때부터 로마인보다도 더 로마적이었다는 점이다. 게르만 출신의 정복자들이 하나같이 얼마나 로마를 지향했는지를 보여주는 대목이다.

라벤나에서 묵었던 숙소에서 있었던 일이다. 프런트 아가씨가 마치식구처럼 친절하게 맞아준다. 혼자 왔냐고 묻기에 그렇다 했더니 잠깐기다리란다. 매니저와 상의를 마친 그녀는 내게 생각도 못 한 제의를한다. 혼자 왔다면 싱글 룸이 있는데 어떠냐는 것이다. 몇 달 전 예약할 때는 싱글 룸이 없기에 할 수 없이 더블 룸으로 예약했는데, 그새누군가가 취소한 모양이다. 배낭여행자의 주머니 사정까지 살펴주는이탈리아 아가씨의 배려심이 라벤나란 예쁜 이름의 도시를 더욱 인상깊게 만들어주었다.

산 아폴리나레 성당의 모자이크화

3.

교황이 롬바르드 왕국의 위협을 받고 있을 때 프랑크 왕국의 사정은 어땠을까? 투르-푸아티에 전투의 영웅 카를 마르텔의 두 아들 카를로만Karloman과 피핀 3세Pippin Ⅲ는 처음에는 서로 협조하면서 분할 승계받은 땅을 다스렸다. 이들은 메로빙거 왕조의 마지막 혈통인 힐데리히 3세Childerich Ⅲ(재위 743~751년)를 허수아비 왕으로 앉히고는 왕의 권위를 인정하라는 교묘한 방법으로 경쟁 부족들을 압박했다. 하지만 하늘에 해가 둘일 수 없듯이 시간이 흐르면서 이들은 껄끄러운 사이로 변해버렸다. 결국 동생 피핀의 끝없는 욕심에 질린 형 카를로만이 수도원으로 은거隱居한 덕에 형제간의 골육상쟁을 피할 수 있었다.

키가 작아 '난쟁이 피핀Pepin le bref'이라 불린 피핀 3세(재위: 741~768년)는 술수에 능한 정치인政治人으로 강직한 무인武人이었던 아버지 카를 마르텔과는 다른 길을 걸었다. 아버지처럼 '무관無冠의 왕'으로 남을 생각이 없었던 그는 메로빙거 왕조를 뒤엎고 왕이 되고 싶었다. 하지만 왕위에 오르려면 정통성이 필요했다. 피핀은 교회만이 자신에게 정통성을 부여할 수 있다고 믿었다. 롬바르드족 문제로 전전긍긍하고 있는 교황이 자신의 요구를 거절하지 못하리란 것도 정확히 계산했다. 궁재가 된 지 10년 후인 751년, 피핀은 교황에게 사신을 보내어 넌지시 물었다. "실권을 가진 자가 왕으로 불려야 합니까. 아니면 허울뿐인 국왕이 왕으로 불려야 합니까?" 롬바르드족 때문에 지푸라기라도 잡고 싶었던 교황은 옳다구나 했다. "왕의 권위를 잃어버린 자보다 실권을 가진 자가 왕이 되는 것이 당연하다."라며 피핀을 두둔했다. 이에 얼씨구나 한 피핀은 자신이 추대한 메로빙거 왕조의 마지막 왕 힐데리히 3세를 유폐시키고 카롤링거 왕조를 열었다. 피핀의 대관식戴冠式은 교황이 보낸 특사가 거행했다.

그 후에도 피핀의 환심을 사려고 애썼던 교황은 754년에는 생 드니 대성당에서 도유식塗油式을 거행하여 피핀의 정당성을 다시 한번 인정했다. 결국 교황의 이런 지극정성에 피핀도 마냥 교황의 어려움을 모른 체 할 순 없었다. 왕국 내 바이에른과 아키텐의 반란을 진압하여 급한 불을 끈 피핀은 755년과 756년, 두 차례에 걸쳐 롬바르드 왕국 정벌에 나섰다. 롬바르드 왕을 굴복시킨 피핀은 그에게서 라벤나와 인근 영지를 교황에게 반환하겠다는 서약을 받아냈다. 이를 역사에서는 '피핀의 기증Donation of Pippin'이라 부르며, 해당 지역은 이후 교황령 Papal States의 기원이 된다. 이렇게 교황과 손잡은 피핀은 왕위에 오른 지 17년째 되던 768년 병사했고, 이번에도 왕국은 전통에 따라 샤를마뉴와 카를로만 형제에게 분할 승계되었다. 당시 샤를마뉴는 스물여섯 살, 카를로만은 형보다 아홉 살 어린 열일곱 살이었다.

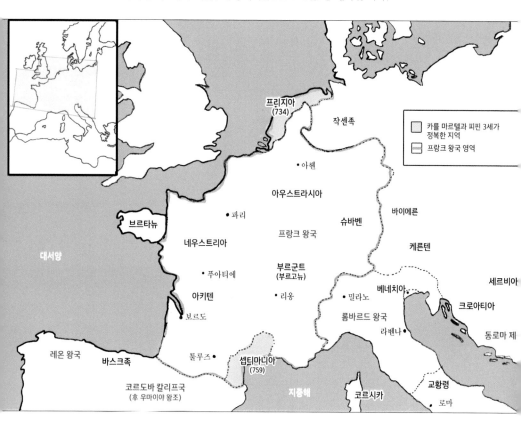

프리지아
(734)

작센족

아헨

아우스트라시아

브르타뉴

파리

슈바벤

바이에른

네우스트리아

프랑크 왕국

케른텐

대서양

푸아티에

부르군트
(부르고뉴)

리옹

세르비아

밀라노

베네치아

크로아티아

아키텐

보르도

롬바르드 왕국

라벤나

동로마 제

레온 왕국

바스크족

툴루즈

셉티마니아
(759)

지중해

코르시카

교황령

코르도바 칼리프국
(후 우마이야 왕조)

로마

카를 마르텔과 피핀 3세가
정복한 지역

프랑크 왕국 영역

제3장

샤를마뉴Charlemagne, 유럽의 아버지

오늘날 '유럽의 아버지'로 추앙받는 샤를마뉴(재위: 768~814년)는 나라마다 서로 다른 명칭으로 불린다. 독일은 카를 대제Karl der Große로, 프랑스는 샤를Charle에 '위대한great'이란 뜻의 '마뉴magne'를 붙여 샤를마뉴Charlemagne로, 라틴어로는 카롤루스 마그누스Carolus Magnus라 부른다. 독일과 프랑스 모두 경쟁적으로 자신들의 시조始祖로 모시는 그를 여기서는 샤를 또는 샤를마뉴로 통일해서 부르기로 하자. 재미있는 사실은 동일 인물임에도 불구하고 독일의 카를 대제와 프랑스의 샤를마뉴는 판이하게 다르다는 점이다.

독일의 국경도시인 아헨Aachen의 시청사 앞 마르크트 광장 중앙에는 카를 대제의 동상이 서 있다. 오른손에는 신으로부터 부여받은 통치권을 상징하는 보주寶珠globus cruciger를, 그리고 왼손에는 왕권을 상징하는 왕홀王笏을 들고 서 있는 모습이 여유롭고 당당하기 그지없다. 한편 파리의 노트르담 대성당 앞 광장에도 샤를마뉴의 청동 기마상이 있다. 그런데 같은 사람임에도 불구하고 노트르담의 분위기는 아헨의 그것과는 전혀 다르다. 양쪽으로 호위무사인 팔라딘Paladin을 거느리고 마상에 앉아 이제 막 출정하는 모습이 무척이나 결연해 보이기 때문이다. 더구나 그가 향하고 있는 방향이 독일 쪽이라는 사실을 알면 더욱이나 그렇게 느껴진다.

아헨 시청사의 카를 대제 동상

노트르담 사원의 샤를마뉴 동상

◉ 생 드니Saint-Deni 대성당에서

생 드니Saint-Deni는 파리 근교 지역으로 시내에서 북쪽으로 4㎞ 정도 떨어져 있다. '성스러움'을 뜻하는 'Saint'이란 이름과는 달리 생 드니는 파리에서도 손꼽히는 우범지대로 알려져 있다. 최근에는 이슬람 원리주의자들의 테러가 발생되어 다시 한번 악명을 떨쳤지만, 그렇다고 너무 겁먹을 필요는 없다. 지하철역에서 빠져나오면 곧바로 광장이 나오면서 성남시의 모란시장을 닮은 노천시장이 펼쳐져 있다. 서민들의 체취가 걸쭉하게 배어있는 노천시장을 기웃거리다 보면 골목마다 풍겨오는 음식 냄새가 가득하다. 하지만 사람들이 이곳을 찾는 이유는 이렇게 흔한 노천시장 때문은 아니다. 노천시장 한쪽 끝에 우뚝 서 있는 성당 때문이다. 주위와 어울리지 않게 너무 웅장해서 오히려 어색해 보이는 성당은 바로 '프랑스 왕가의 종묘宗廟'로 유명한 생 드니 대성당이다.

프랑스 왕가의 종묘, 생 드니 대성당

이 성당의 이름은 파리의 최초 주교였던 생 드니St. Denis의 이름에서 유래한다. 로마시대 인물로 본명이 디오니시우스Dionysius인 그는 3세기 중엽, 당시는 뤼떼스Lutece였던 파리에서 복음을 전하다가 몽마르뜨Mont-Martre 언덕에서 참수형 당했다. 그런데 참수형을 당한 후 그 자리에서 바로 죽지 않았다는 데에서부터 그의 신화가 시작된다. "디오니시우스는 떨어진 자신의 머리를 센강의 물에 씻은 후 그 머리를 들고는 북쪽으로 걸어갔다. 약 10㎞를 걸어 한 작은 마을에 도착한 그는 그곳에서 머리를 옆구리에 낀 채 마을 사람들에게 설교를 했다. 그리고 해가 진 후에야 그는 그 자리에 그대로 쓰러졌다."

475년부터 시작된 성당의 역사는 그 후 프랑크 왕국을 거쳐 프랑스의 역대 왕들이 이곳을 안식처로 삼으면서 '프랑스 왕가의 종묘宗廟'로 자리 잡는다. 본당 부속건물인 영묘靈廟 안에는 프랑스 역사에 큰 발

생 드니 대성당의 영묘

자취를 남긴 인물들의 석관石棺이 놓여있다. 지금도 프랑스인들의 사랑을 받는 프랑수아 1세Fransois I와 앙리 4세Henri IV를 비롯하여 우리에게 잘 알려진 태양 왕 루이 14세Louis XIV, 그리고 마지막 왕이었던 루이 18세Louis XVIII까지 프랑스 역대 왕들의 영묘가 보인다. 또한 이곳엔 왕실 인척들과 왕들에 못지않은 위세를 떨쳤던 명신名臣들도 함께 잠들어있다. 수많은 석관 사이를 거니노라면 흡사 살아있는 프랑스 역사책을 읽는 느낌이 든다.

또한 영묘에는 역대 프랑스 왕들뿐만 아니라 프랑스의 전신前身인 프랑크 왕국의 왕과 왕족들도 함께 있다. 프랑크 왕국을 세운 클로비스 1세Clovis I, 카롤링거 왕조의 시조인 피핀Pepin 3세와 그의 아버지 카를 마르텔Karl Martell 등이 대표적인 인물이다. 이는 쉽게 말하자면 조선왕조 역대 제왕들의 신주神主를 모신 종묘에 조선왕조에 앞선 고려왕조 제왕들의 신주까지 함께 모신 격이다. 이렇게 오랜 역사를 간직한 곳이지만 영묘는 프랑스인들이 '아킬레스의 건腱'으로 여기는 치명적인 약점을 안고 있다. 이곳에 당연히 있어야 할 프랑크 왕국 최고의 명군名君 샤를마뉴Charlemagne가 없다는 사실이다. 그렇다면 샤를마뉴의 영묘는 어디에 있을까? 많은 프랑스인들에게는 안타까운 사실이지만 그의 영묘는 독일의 국경도시인 아헨Aachen에 있다. 그것도 프랑스식 샤를마뉴가 아닌 독일식 카를 대제Karl der Große란 이름으로 말이다. 이는 흡사 종묘에 모신 고려와 조선왕조의 제왕들 중에서 첫 번째 명군으로 꼽히는 세종대왕의 신주가 빠진 것과 같은 셈이다. 프랑스인들이 모든 정성을 다하여 화룡畵龍까지는 했건만 정작 점정點睛은 못한 아쉬움이 가득 남는 곳이 생 드니 대성당의 영묘였다.

✲ 아헨Aachen 대성당에서

벨기에와 네덜란드에 인접한 국경도시 아헨은 인구 24만의 한적한 독일 중소도시다. 이 도시는 로마 시대엔 '그라누스의 샘Aquae Granni'으로 불리었을 정도로 온천으로 유명한 곳이었다. 그라누스는 켈트 신화에 나오는 치료의 신神으로, 로마군은 당시 최전선이었던 이곳에서도 온천욕을 즐겼던 셈이다. 지금은 온천과 카지노장이 들어서 있는 휴양도시지만, 중세 유럽 역사가 여기서 시작되었다는 사실을 알게 되면 이야기가 전혀 달라진다.

1,200여 년 전, 아헨은 독일과 프랑스 모두 자신의 시조始祖로 꼽는 샤를마뉴Charlemagne, 즉 카를 대제Karl der Große가 통치하는 프랑크 왕국의 수도首都였다. 샤를마뉴는 이곳에 팔츠Pfalz궁전을 세우고, 궁전 안에는 팔츠예배당Pfalzkapelle을 지었다. 이후 오랜 시간이 지나면서 팔츠 궁전은 지금의 아헨 시청사로 바뀌었고, 팔츠예배당은 확장을 거듭하여 아헨대성당이 되었다. 그런데 여기서 '팔츠'란 명칭이 의미심장하다. 전설적인 로마의 건립자이자 초대 왕 로물루스Romulus가 처음 정착했던 곳이 바로 로마의 일곱 언덕 중 하나인 '팔라티노Palatino' 언덕이 아니었던가? 이 팔라티노에서 파생되어 나온 말이 '팔라틴Palatine'이며, 그 뜻은 원래 로마 황제의 궁전을 지키는 시종들과 근위대를 일컫는 명칭이었다. 팔라틴을 독일어로는 '팔츠Pfalz'라 하니, 결국 게르만족의 왕인 샤를마뉴가 자신의 궁전과 예배당에 생뚱맞게 로마식 명칭

을 붙인 셈이 된다. 그렇다면 그의 의도는 무엇이었을까? 이는 샤를마뉴의 프랑크 왕국과 로마 제국과의 관계를 모르고는 결코 풀 수 없는 수수께끼다.

프랑스인은 아헨 대성당을 '작은 예배당'이라는 뜻인 '라-샤펠La-chapelle'로, 아헨은 예배당이 있는 지역이라 해서 '엑스-라-샤펠Aix-la-chapelle'로 부르고 있다. 반면에 독일인은 아헨 대성당을 샤를마뉴에서 유래한 황제의 돔이라는 뜻에서 '카이저돔Kaiserdom'으로 부른다. 같은 성당을 두고 독일인과 프랑스인이 서로 달리 부르는 아헨 대성당은 과연 이들에게 어떤 의미를 지니고 있을까? 아헨 대성당은 독일의 제1호 유네스코 세계문화유산이다. 사실 규모나 외관만 봐서는 쾰른 대성당이나 트리어 대성당에 미치지 못함에도 말이다. 하지만 아헨 대성당이 갖는 역사적인 상징성을 감안한다면, 왜 이 성당이 그들을 제치고 독일 최초의 유네스코 세계문화유산으로 등록되었는지 고개가 끄떡여진다.

아헨 대성당은 독일의 다른 성당들과는 확연히 다른 특징이 있다. 그중 하나는 성당으로 들어가는 입구에 놓여 있는 청동으로 만든 늑대 싱像이다. 이헨의 **늑대** 상은 로마의 시조 로물루스Romulus와 레무스Remus에게 젖을 물리어 키웠다는 로마의 원原 늑대 상을 꼭 닮았다. 차이점이라면 로마의 늑대 상에는 늑대의 젖을 빠는 두 어린아이 상이 있지만, 아헨 대성당 입구에 놓여 있는 늑대 상에는 그것이 없다는 점이다. 그러나 로마의 늑대 상에 붙어있는 두 어린아이 상도 사실은

아헨 대성당의 늑대 상   로마의 원原 늑대 상

르네상스 시대에 덧붙여진 것일 뿐 본래는 늑대만 있었다는 사실을 알고 나면 의아심은 더욱 배가된다. 이는 르네상스 이전 시대였던 샤를마뉴의 통치 시절에는 아헨과 로마의 늑대 상이 같았다는 뜻이기 때문이다. 게르만족 출신의 샤를마뉴는 도대체 무슨 생각으로 로마의 늑대 상을 흉내 내어 아헨의 늑대 상을 만든 것일까? 무엇이 샤를마뉴로 하여금 그토록 로마를 닮고 싶어 했을까?

아헨 대성당의 두 번째 특징은 첫 번째보다 더욱더 호기심을 끈다. 독일의 수많은 성당을 보아왔지만, 휘황찬란한 비잔틴 양식의 모자이크로 장식된 아헨 대성당의 내부 모습은 여타 독일 성당들과 전혀 다르다. 오히려 가까이로는 이탈리아 북동부 도시인 라벤나의 산 비탈레 성당Basilica di San Vitale을 닮았고, 멀리로는 이스탄불에 있는 성 소피아 사원Hagia Sophia의 축소판이다. 그중에서도 성당 입구 천정을 장식하고 있는 모자이크화는 비잔틴 양식의 백미다. 창세기에 나오는 하나님의 도성'CIVITAS DEI'을 중심으로 한 사방엔 티그리스Tigris, 유프라테스Euphrates, 피손Pishon, 기혼Gihon의 4대 강 신神들이 강물을 쏟아내고 있다. 그런데 흰색 토가 차림의 하신河神들 모습은 단정한 로마 청년들이지, 결코 근육질의 게르만 청년들은 아니다. 당시엔 궁벽한 야만족의 도시에 불과했던 아헨에 세운 성당이 왜 그토록 로마를 지향하려고 했는지는 숙제로 남겨놓고, 내부 제대祭臺쪽으로 들어가 본다.

전형적인 로마 공회당 양식인 바실리카 내부는 웅장하진 않지만, 독일 역사의 흔적이 곳곳에 스며있다. 흰색과 검은색으로 교차 장식되어 있는 아치 양식은 이슬람 양식을 대표한다. 돔 천정 아래로는 마치 왕관처럼 생긴 거대한 16각형의 샹들리에가 걸려있다. 일명 '바바로사 촛대Barbarossaleuchter'로 불리는 이 금동장식은 지금도 독일인의 영웅으로 추앙받는 '붉은 수염왕Barbarossa' 프리드리히 1세가 1165년경 샤를마뉴에게 헌정한 것이다. 이 샹들리에 밑을 지나 제대祭臺로 나아가면 가장 안쪽 합창대석 앞에 두 개의 금관金棺이 놓여있다. 앞에 있는

아헨 대성당 입구 천정을 장식하고 있는 모자이크화

작은 금관은 아헨의 수호성인 마리아의 것이고, 더 안쪽으로 샤를마뉴의 큰 금관이 있다. 어두침침한 제대 위에서도 유독 두 개의 금관만은 휘황한 아우라aura를 뿜어내고 있다. 바로 여기에 프랑크 왕국 최고의 명군名君 샤를마뉴가 영면해 있는 것이다.

샤를마뉴의 금관金棺에는 독일 왕가의 일화가 깃들어 있다. 814년 샤를마뉴가 세상을 떠난 후로부터 350년쯤 되는 1165년경에 프리드리히 1세가 그의 시신 일부를 발견했다고 한다. 프리드리히 1세는 죽기 전에 샤를마뉴의 유해를 금과 은으로 만든 가장 아름다운 관棺에 모시라는 유언을 남겼다. 그리고 그의 유언은 그가 죽은 후 50년 만인 1215년에 그의 손자인 프리드리히 2세에 의해 실현되었다. 프리드리

아헨 대성당 안에 있는 샤를마뉴의 금관金棺

히 2세는 그가 신성로마 제국의 황제로 즉위하던 해인 1215년에 '유해의 이관Translatio'부터 실현했다. 황제가 되자마자 제일 먼저 할아버지의 유언부터 실행한 그의 유해 이관작업은 상당히 정치적인 상징성을 갖는 이벤트였다. 이것이 어떤 의미를 갖는지는 V-제4장 프리드리히 2세 편에서 보기로 하자.

조용하던 바실리카 내부가 갑자기 두런두런해진다. 인솔 교사를 따라온 한 무리의 초등학생들이 이리저리 두리번댄다. 산만한 어린 학생들을 조용히 시킨 후 인솔 선생님은 무언가 설명하기 시작한다. 학생들은 언제 그랬냐는 듯이 선생님의 설명에 빠져든다. 잠시 후 또 다른 무리의 학생들이 들어온다. 어느새 강의실이 옮겨 온 듯이 바실리카는 현장교육장이 되어버린다. 그런데 분명 독일 땅이건만 바실리카 안은 온통 프랑스 말로 넘쳐난다. 학생들이나 선생들이나 모두 프랑스에서 넘어온 사람들이기 때문이다. 정작 이곳의 주인인 독일인이 무색할 정도로 프랑스인은 왜 이렇게나 아헨 대성당, 아니 라-샤펠에 집착하는 걸까?

1.

지금으로부터 1,200여 년 전인 800년 12월 25일, 성탄 대축일 미사가 집전執典되고 있는 로마의 성 베드로 대성당에서의 일이었다. 수많은 로마 시민들이 크리스마스 전례典禮에 참여하고 있는 중에 대성당의 고백소에는 경건히 무릎 꿇고 기도하는 한 초로初老의 남자가 있었다. 나이에 비해 무척이나 건장해 보이는 남자는 밝은색 머리카락에 190㎝가 넘는 큰 키 때문에 주위의 로마 시민들과는 확연히 달라 보였다. 기도를 마친 장신의 남자가 막 일어서려는 순간이었다. 갑자기 교황 레오 3세가 그에게 다가가서 미리 준비한 황제의 관冠을 그의 머리에 씌워주려 했다. 큰 키에 비해 유난히 짧고 굵은 목이 돋보이는 남자는 잠시 당혹해하는 시늉을 하더니 이내 교황이 주는 왕관을 받아 썼다. 순간 성당 안에 있던 모든 로마 시민들이 "아우구스투스Augustus!"와 "황제Emperor!"를 외쳤고, 교황은 남자 앞에 몸을 낮추어 경의를 표했다. 교황이 그에게 행한 부복의식仆伏儀式은 전통적으로 로마 황제의 대관식에서 행했던 그것이었다. 하지만 이는 명백한 '반역적反逆的 행위'였다. 교황이 하나이듯이 황제도 하나였던 그때까지의 전통을 깼었기 때문이었다. 당시의 유일한 황제는 당연히 동東로마 제국의 황제였는데, 사전에 그와는 아무런 상의도 없었다는 데에 문제의 심각성이 있었다. 그렇다면 로마인이 아닌 이방인임이 분명한 이 남자는 도대체 누구였을까? 그는 다름 아닌 프랑크 왕국의 국왕 샤를마뉴였다.

샤를마뉴는 왜 교황이 수여하는 황제의 관을 받기 전에 잠시 머뭇

거렸을까? 당대의 한 전기傳記 작가는 샤를마뉴가 사전에 이런 일을 전혀 몰랐으며, 사전에 알았다면 겸손한 그가 결코 황제의 관을 받지 않았을 것이라고 주장했다. 하지만 이는 명백한 거짓말이었다. 사실은 그해 크리스마스 이틀 전인 12월 23일, 샤를마뉴와 교황은 앞으로 중세 유럽을 이끌어갈 정치적 거래에 합의했다. 그에 따라 샤를마뉴의 왕관은 미리 준비되어 있었고, 필요한 모든 경비를 샤를마뉴가 부담한 마당에 자신의 즉위식을 몰랐을 리 없었다. 다만 예나 지금이나 정치적인 거래에는 극적인 연출이 필요했을 뿐이었다. 그렇다면 교황과 프랑크 왕이 합작하여 연출한 대관식의 의미는 무엇이었을까? 프랑크족의 왕인 샤를마뉴는 왜 생뚱맞게 '로마 황제'라는 칭호에 집착했을까? 또한 교황은 무슨 권한으로 야만족 왕에게 대관식戴冠式을 베푼 것일까? 당시 콘스탄티노플(지금의 이스탄불)에는 로마 제국의 법통을 이어받은 동東로마 제국의 황제가 버젓이 있었는데도 말이다. 그때까지 유럽은 교황이 오직 하나이듯이 황제도 오직 하나뿐인 세계였다. 샤를마뉴의 대관식은 이런 오랜 불문율을 깨고 또 다른 황제를 출현시킨 역사적인 사건이었다. 이는 동東로마 제국의 시각에서 볼 때 명백한 반역反逆이었다. 과연 800년의 대관식은 향후 서방세계의 역사에 어떤 의미를 가지게 되었을까?

2.

샤를Charles(카를Karl)은 740년, 지금의 벨기에 동부지방에 있는 헤르스탈Heristal에서 피핀 3세의 맏아들로 태어났다. 샤를의 조상은 리부아리족 출신으로 프랑크 왕국의 분국分國인 아우스트라시아의 세습 궁재宮宰Major Donus들이었다. 프랑크 왕국에서 궁재란 쉽게 말하면 지금의 국무총리와 대통령 비서실장, 그리고 국방부 장관을 합한 정도의 막강한 힘을 갖는 자리였다. 이들은 '카를Karl', 또는 '샤를Charles'이란 이름을 즐겨 썼다. 이는 본래 오래전부터 라인강 오른쪽을 발상지로해서 플랑드르 지방에서 북프랑스를 중심으로 세력을 키웠던 프랑크족에게 흔한 이름이었다고 한다. '카롤링거Karolinger'란 왕조의 명칭도 이들의 이름에서 유래한다.

768년, 스물여덟 살의 청년 샤를이 카롤링거 왕조의 제2대 왕으로 즉위했을 때 그는 이미 선조들로부터 많은 유산을 상속받아 서방세계에서 가장 강력한 왕국의 주인이 되어 있었다. 그의 영토는 메로빙거 왕조 시대 이래의 영토에 더하여 카롤링거 가문에서 새로 획득한 영토가더해 있었다. 하지만 그의 영토 안에는 새로 편입된 게르만 친척들이 시도 때도 없이 반란을 일으키고 있었다. 그중에서도 샤를에게 가장 버거운 상대는 왕국의 서쪽 변경에 있는 작센족이었다. 또한 영토 밖에서도언젠가는 일전을 피할 수 없는 롬바르드 왕국과 이슬람 세력이 버티고있었다. 안팎으로 이런 상황에서 그나마 샤를에게 다행스러웠던 건 동생이자 강력한 경쟁자였던 카를로만이 771년 일찍 죽었다는 사실이었다. 샤를 못지않게 욕심이 많았던 카를로만의 조기 퇴장은 카롤링거 왕조에게는 큰 행운이었다. 소모적인 내전을 피할 수 있었으니 말이다.

    샤를은 평생을 전쟁터에서 살았다. 46년이란 오랜 재위 기간 동안 그는 끊임없이 영토를 확장해갔다. 샤를의 첫 번째 상대는 교황을 괴롭히던 롬바르드 왕국이었다. 774년, 샤를은 롬바르드 왕국을 정복한 후 교황에게 약간의 영토만 양도하고는 나머지 대부분을 차지했다. 이는 롬바르드 왕국 대부분을 기증하기로 한 아버지 피핀 3세의 약속과는 다른 것이었기에 교황이 약속과 다르다며 따졌지만 샤를은 들은 체도 하지 않았다.

    샤를의 두 번째 상대는 작센족Sachsen이었다. 샤를은 재위 중 약 50차례의 전쟁을 벌였는데, 그중에서 가장 오랫동안, 가장 힘들게 치른 전쟁이 작센족과의 싸움이었다. 작센족과의 전쟁은 772년에서 804년까지 장장 30여 년간 무려 18번의 전쟁을 치른 후에야 끝이 났다. 샤를은 원천적으로 반란을 봉쇄하기 위해서 엘베강 변에 살던 그들을 동쪽으로 이주시킨 후 철저히 감시했다. 이제 프랑크 왕국의 영토는 엘베강까지 확대되었다.

    이밖에도 샤를은 이슬람 세력의 팽창을 막기 위해 에스파냐 국경에 변방백령邊方伯領을 설치하였으며, 바이에른족Bayern을 토벌하여 직할령으로 편입시켰다. 더 나아가 동쪽의 유목민족인 아바르족Avars을 복속시켜 지금의 크로아티아에 해당하는 판노니아Pannonia와 달마티아Dalmatia 지방까지 세력을 확대했다. 그 결과 샤를마뉴는 대부분의 게르만 부족들을 통합하여 아버지 피핀으로부터 물려받은 프랑크 왕국을 거의 두 배로 늘려놓았다.

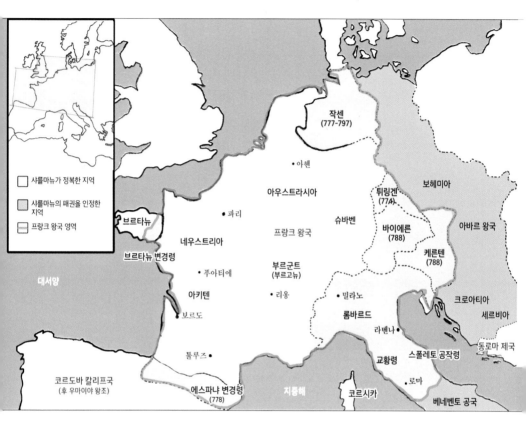

샤를마뉴가 정복한 지역

샤를마뉴의 패권을 인정한 지역

프랑크 왕국 영역

브르타뉴

브르타뉴 변경령

대서양

네우스트리아

파리

아헨

아우스트라시아

프랑크 왕국

슈바벤

작센
(777-797)

튀링겐
(774)

바이에른
(788)

보헤미아

아바르 왕국

케른텐
(788)

크로아티아

세르비아

푸아티에

부르군트
(부르고뉴)

리옹

밀라노

롬바르드

라벤나

스폴레토 공작령

동로마 제국

아키텐

보르도

툴루즈

코르도바 칼리프국
(후 우마이야 왕조)

에스파냐 변경령
(778)

지중해

교황령

코르시카

로마

베네벤토 공국

3.

이야기를 되돌려 800년 로마에서 거행된 샤를마뉴의 대관식은 역사적으로 어떤 의미가 있을까? 그가 오늘날 '유럽의 아버지'로 추앙받는 것과 로마의 대관식과는 어떤 연관성이 있는 것일까? 샤를마뉴는 서西로마 제국 이후로 대제국大帝國을 건설한 최초의 인물이었다. 하지만 그러한 영토 확장만으로 그가 '유럽의 아버지'로 추앙받는 것은 아닐 것이다. 사실 샤를마뉴는 '단순한 정복자'를 뛰어넘어 중세 유럽의 기틀을 마련한 '역사의 설계자'였다.

샤를마뉴가 구축한 중세 유럽의 기틀은 두 개의 기둥이 받치고 있었다. 하나는 황제를 중심으로 한 세속권력世俗權力이었고, 또 하나는 교황을 중심으로 한 교회권력教會權力이었다. 그리고 800년의 대관식은 이 둘의 이해관계가 맞아떨어진 고도의 정치적 쇼였다. 당시 샤를마뉴는 누구도 거부할 수 없는 정통성이 절실히 필요했다. 특히 왕국에 새롭게 편입된 게르만 친척들을 통치하려면 그들을 제압할 수 있는 권위가 필요했다. 하지만 프랑크족에게는 작센족이나 알레마니족 같은 게르만 부족들을 압도할 권위가 없었다. 지금은 비록 샤를마뉴란 영웅에게 눌려있지만, 그가 사라지는 순간 게르만 친척들은 틀림없이 들고 일어날 것이었다. 그들은 샤를마뉴 개인에게 복종한 것이지, 프랑크 왕국에 복속되어 화학적 융합을 이룬 것은 아니었다. 그들은 프랑크족의 우위를 인정하지 않는 자부심이 강한 부족들이었다. 이에 샤를마뉴는 아버지 피핀 3세가 그랬던 것처럼 교회의 권위를 빌리기로 했다. 당시 로마 교황은 황제가 사라진 서방세계에서 예전 황제를 대신할 유일한 존재로 부각되었다. 그런데 성직자에 불과한 교황은 어떻게 그런 권위를 가질 수 있었을까?

4.

교황이 세속권력자가 될 수 있었던 데에는 동東로마 제국의 정책과 깊은 연관이 있었다. 330년, 로마 제국의 수도를 로마에서 지금의 이스탄불인 콘스탄티노플로 옮겨가면서 제국의 핵심세력인 황제 또한 동쪽으로 옮겨갔다. 황제란 정치 권력의 도움 없이는 존속하기 힘들었던 교황이었기에, 그때 교황도 당연히 황제를 따라 동쪽으로 갔어야 했다. 그러나 로마 주교인 교황이 베드로가 묻혀있는 로마를 떠난다는 것은 스스로의 정체성을 부인하는 셈이 될 터였다. 더구나 새로운 수도에는 기존의 콘스탄티노플 주교가 있었기 때문에 발붙일 여지도 없었다. 이런 사유로 황제와 교황이 떨어지자, 시간이 지날수록 양자 사이에 틈이 벌어지기 시작했다. 황제에게는 동쪽과 북쪽에서 밀려오는 페르시아와 슬라브족, 그리고 후에는 신흥 이슬람 세력을 막아내는 일이 급선무였다. 사정이 그렇다 보니 후방인 이탈리아 쪽의 정세엔 상대적으로 소홀할 수밖에 없었다. 하지만 이탈리아에 남아있던 사람들의 입장은 달랐다. 당장 동東고트족과 롬바르드족, 그리고 훈족과 같은 야만족들이 침입할 때마다 그들을 막아줄 황제는 어디에도 없었다. 이렇게 되자 의지할 곳 없는 사람들은 교황을 중심으로 자체 방위에 나설 수밖에 없었고, 교황은 자연스레 세속권력자로 떠오르게 되었다.

세금은 꼬박꼬박 뜯어가면서 의무는 소홀히 하는 황제를 교황이 불신하게 된 데에는 또 다른 이유가 있었다. 황제를 등에 업은 콘스탄티노플 주교가 설처댈 때마다 황제는 교황을 제쳐놓고 주교 편을 들었기 때문이다. 본래 로마 시대 기독교 세계에는 5대 주교구가 있었다. 로마, 알렉산드리아, 안티오키아, 콘스탄티노플, 예루살렘이 그들이었는데, 그들 중에는 로마 주교에게 '수위권首位權Primatus Romani Pontificis'

이 있었다. 교황은 서열 4위에 불과했던 콘스탄티노플 주교가 황제의 비호로 서열 2위까지 뛰어오른 것까지는 참을 수 있었다. 또한 서방교회와 동방교회 간의 교리논쟁에서 일방적으로 동방교회 편을 드는 황제에게도 어쩔 수 없이 충성을 맹세해야 했다. 그러나 콘스탄티노플 주교가 교황의 수위권까지 부인하며 대들고 황제가 이를 지원하자, 교황이 더 이상 물러설 자리가 없어졌다. 반면 황제는 사사건건 이의를 제기하는 교황보다는 자신에게 순종하는 주교가 훨씬 편했다. 이렇게 되자 교황은 서방세계에서 동東로마 황제를 대신할 새로운 황제를 만들기로 결심했다. 그리고 그 결심을 실행에 옮길 치밀한 방법까지 마련했다.

교황을 세속권력자로 정당화한 이론적 근거는 '콘스탄티누스의 기부장Donatio Constantini'이라 불리는 가짜 문서에 기인한다. 중세 최대의 위서僞書로 악명 높은 기부장은 교황의 세속권력에 대한 정당성과 세속권력에 대한 교회권력의 우위성을 담고 있었다. 기부장에 따르면 콘스탄티누스 대제가 로마를 포함하여 전 이탈리아와 서방 속주 등지에 대한 지배권을 로마 주교에게 위임했으며, 교황은 황제보다 우위에 있다는 것이다. 하지만 이는 명백한 거짓이었고, 바로 이런 점 때문에 교회권력에 말려들고 싶지 않았던 카를 마르텔은 교황을 경원했었다. 하지만 샤를마뉴는 할아버지와 처지가 달랐다. 수많은 피정복자들을 껴안아 비대해진 프랑크 왕국을 유지하려면 이것저것 따질 여유가 없었기 때문이었다. 이제 '황제'라는 권위를 줄 수 있는 곳은 교황밖에 없었다. 비록 멀리 동東로마 제국에 있는 진짜 황제가 마음에 걸리기는 했지만 말이다.

5.

교황을 샤를마뉴에게로 내몬 직접적인 원인은 앞에서 봤듯이 롬바르드 왕국이 제공했다. 교황은 권위는 있었지만 이를 뒷받침할 무력武力이 없었다. 권위란 상대방이 그것을 인정해 줄 때 의미가 있는 것이지, 권위 자체를 무시하는 상대에게는 아무 소용없는 법이다. 교황에 대한 롬바르드 왕국의 태도가 꼭 그랬다. 법은 멀고 주먹은 가깝다고, 무식하게 치고 나오는 롬바르드 왕국에게 교황은 어쩔 방법이 없었다. 후일 신성로마 제국의 뿌리가 되는 프랑크 제국은 이런 배경에서 탄생했다. '황제'란 권위가 필요했던 샤를마뉴와 생존을 위한 '무력'이 절실했던 교황은 서로 이해가 일치했다. 그래서 그들이 만든 합작품이 프랑크 제국이었으며, 제국 내에서 황제와 교황은 공통의 지분을 갖게 되었다. 즉 황제는 세속권력을, 그리고 교황은 교회권력을 맡게 되었다. 그리고 이러한 황제와 교황과의 합작 관계는 후일 프랑크 제국이 분해된 후 그 유산을 물려받은 신성로마 제국에서도 마찬가지로 적용되었다. 이렇게 향후 수백 년 동안 이어나갈 중세 유럽의 기본 틀을 만든 사람이 다름 아닌 샤를마뉴였기에 지금도 그를 '유럽의 아버지'로 부르는 연유다.

하지만 샤를마뉴의 체제에는 치명적인 약점이 있었다. 그 약점이란 그의 할아버지 카를 마르텔이 생전에 피하고 싶어 한 바로 그것이었다. 황제와 교황은 우선은 급한 대로 서로 힘을 모았지만, 본래 종교와 정치란 구조적으로 그렇게 칼로 무 베듯이 명확하게 나눌 수 있는 것이 아니었다. 더구나 황제가 종교를 통치수단으로 삼을 경우엔 말할 나위도 없거니와, 교황이 정치성을 띨 경우에도 둘 사이에 충돌은 피할 수가 없게 되어 있었다. 하늘에 해가 둘일 수 없듯이, 제국 내에서도 황제와 교황은 서로 사이좋게 권력을 나눌 수 없었다. 이는 결국 후일 신성로마 제국 내에서 황제와 교황의 권력다툼으로 이어지면서, 결국 서임권敍任權 문제로 충돌한 '카노사의 굴욕Humiliation at Canossa'이 사건의 정점이 되었다.

이쯤 해서 우리는 앞에서 계속 제기했던 질문에 답할 수 있게 되었다. 게르만족 출신인 샤를마뉴는 이미 사라져버린 '로마'에 왜 그렇게나 집착했을까? 아헨에 있는 자신의 궁전과 예배당에 왜 로마의 명칭을 붙였으며, 로마의 늑대 상像마저 흉내 내고 싶었을까? 엄연히 동東로마 제국에 황제가 건재함에도 불구하고, 또 다른 '황제'가 되고 싶었던 그의 속내는 무엇이었을까? 사실 샤를마뉴는 로마에서 대관식을 치른 후 동東로마 제국의 눈치를 살폈다. 이는 그가 동東로마 제국 황제에게 취한 후속 조치에서도 알 수 있다. 샤를마뉴는 프랑크 왕국이 점유한 베네치아와 이스트리아, 달마티아 해안 등지를 동東로마 제국에게 넘기는 대신, 자신의 제위를 승인하고 황제란 명칭을 공식 문서에 사용할 수 있게 해달라고 요청했던 것이다. 어렵게 차지한 영토를 포기하는 대신 실속 없는 '황제'란 명칭을 구걸했지만, 샤를마뉴에게는 실속 없는 '황제'가 아니었다. 앞에서 말했듯이 프랑크족은 여러 게르만 부족들 중에서 군소부족 출신에 불과했다. 그런 프랑크족이 지금은 자기네보다 유력했던 부족들을 정벌하여 끌어안고 있는 것이다. 상황이 이러니 그들이 진심으로 프랑크족에게 순종할 리 만무했다. 지금이야 어쩔 수 없다 해도 기회만 된다면 언제든지 들고 일어날 그들이었다. 이런 사정을 꿰뚫고 있던 샤를마뉴는 그들과 차별화된 권위가 필요했다. 이것이 바로 그가 로마에 집착했고, 로마를 흉내 내었으며, 교황이 주도한 대관식을 받아들인 이유였다.

제4장
프랑크 왕국의 해체

카롤링거 왕조의 개창자 피핀 3세와 그의 아들 샤를마뉴로 이어진 행운은 손자 루트비히까지 3대에 걸쳐 계속되었다. 샤를마뉴에게는 세 아들이 있었지만, 그가 죽기 전해인 813년에 두 아들이 먼저 죽으면서 막내 루트비히가 유일한 상속자가 되었기 때문이다. 이로써 프랑크 왕국은 다시 한번 분할의 위기를 넘겼다. 하지만 행운이 계속된다면 그건 행운이 아니다. 결정적인 결함을 안고 있는 제도는 행운을 기대하느니 제도 자체를 바꾸는 편이 보다 근본적인 해결책이리라.

3대째 행운을 이어갔던 카롤링거 왕조도 4대에 이르러서는 결국 제도의 결함을 피해갈 수 없었다. 경건왕 루트비히 1세Ludwig I(재위: 814~840년)에게는 시퍼렇게 눈 뜨고 상속을 기다리는 아들들이 있었기 때문이다. 우리는 여기서 상속권을 둘러싸고 그들이 벌인 싸움에 대해서 일일이 말할 필요는 없겠다. 다만 그들은 자신의 몫을 차지하기 위해서 때로는 자기들끼리 싸웠고, 때로는 아버지 루트비히와도 싸웠다는 사실만 알고 넘어가자. 결국 이들은 843년 베르됭Verdun 조약을 맺고 각자의 몫을 챙겨 갈라섰다. 장자상속이 아닌 분할상속이란 게 르만족의 전통에 따라 왕국이 분할된 적이 물론 이번이 처음은 아니었다. 하지만 그전까지는 갈라졌다가도 다시 합쳐지곤 했던 왕국이 이번만은 달랐다. 동東프랑크 왕국, 서西프랑크 왕국, 중中프랑크 왕국으로 갈라선 이들은 다시는 통합되지 못했다. 샤를마뉴의 제국은 재통

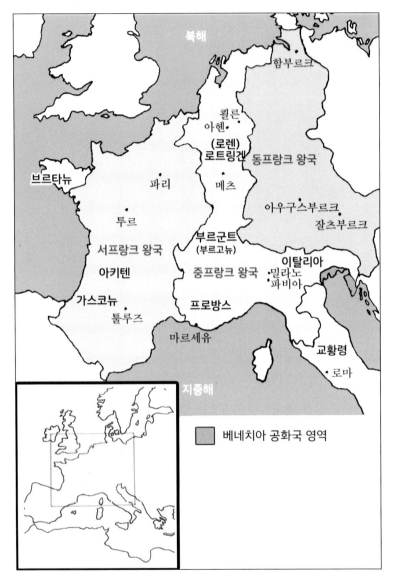

합되기에는 너무 광대했고, 너무 이질적인 요소들이 많았던 때문이다. 생전에 샤를마뉴가 이루어놓은 광대한 정복사업이 이런 때에는 오히려 독毒이 된 것이다.

분리된 동東, 서西프랑크 왕국은 각각 독일과 프랑스의 모태母胎가 되었다. 하지만 중中프랑크 왕국은 얼마 가지 않아 동東, 서西프랑크 왕국에 흡수되었다. 공교롭게도 중中프랑크 왕국의 통치자들이 하나같이 때 이르게 세상을 뜨면서 스스로 무너진 것이다. 동東, 서西프랑크 왕국은 중中프랑크 왕국의 해체 과정에서 경쟁적으로 자신의 몫을 챙겼다. 이탈리아와 황제 칭호는 동東프랑크 왕국이 가져갔고, 부르군트와 프로방스의 대부분은 서西프랑크 왕국이 차지했다. 그 와중에 동東, 서西프랑크 왕국의 중간에 위치한 로트링겐(로렌)이 뜨거운 감자로 부각되었다. 양국이 로트링겐을 분할할 때 그 경계가 명확하지 않았기 때문이었다. 그리고 바로 여기서부터 향후 천년 넘게 지속될 독일과 프랑스 간의 원초적인 갈등이 시작되었다.

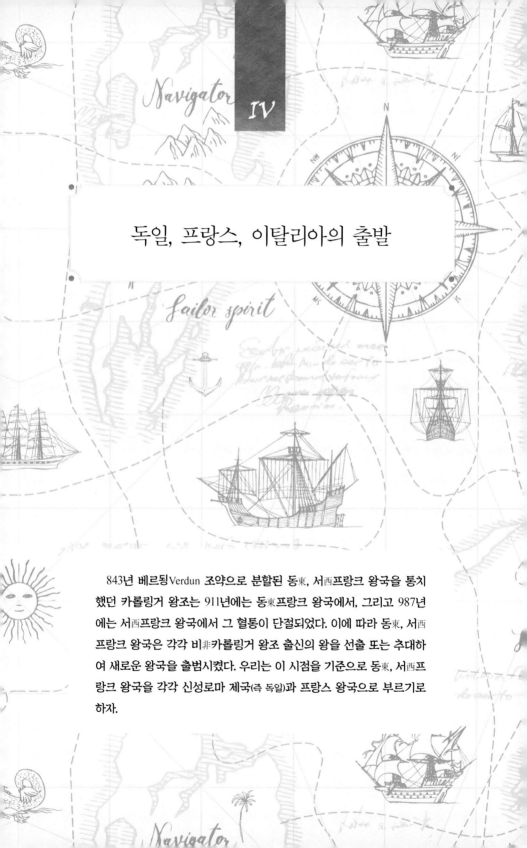

독일, 프랑스, 이탈리아의 출발

843년 베르됭Verdun 조약으로 분할된 동東, 서西프랑크 왕국을 통치했던 카롤링거 왕조는 911년에는 동東프랑크 왕국에서, 그리고 987년에는 서西프랑크 왕국에서 그 혈통이 단절되었다. 이에 따라 동東, 서西프랑크 왕국은 각각 비非카롤링거 왕조 출신의 왕을 선출 또는 추대하여 새로운 왕국을 출범시켰다. 우리는 이 시점을 기준으로 동東, 서西프랑크 왕국을 각각 신성로마 제국(즉 독일)과 프랑스 왕국으로 부르기로 하자.

제1장
부족 연합체로 출발한 독일

1.

독일의 영어 명칭은 '게르만인Germans'에서 유래한 'Germany'지만, 그들 스스로는 '도이칠란트Deutschland'라 부른다. 독일의 역사는 대단히 복잡해서 아직도 이 나라의 역사가 언제부터 시작되었는지에 대한 통일된 의견이 없다. 샤를마뉴 대제 시절인 800년대부터 시작해서 베르됭 조약이 체결된 843년, 동束프랑크 왕국의 카롤링거 왕조가 단절된 911년, 오토 대제Otto I가 최초로 신성로마 제국의 황제가 된 962년 등 여러 설說이 있을 뿐이다. 이 책에서는 카롤링거 왕조가 단절되고, 최초의 독일 왕이 출현한 911년을 독일 역사의 출발점으로 잡아본다.

911년, 동束프랑크 왕국에서 샤를마뉴의 피를 이어받은 카롤링거 왕조의 대가 끊겼다. 이에 왕국 내 4대 부족장들은 게르만족의 전통에 따라 그들의 왕을 선출選出했다. 선출된 최초의 독일 왕은 프랑크족의 부족장 콘라트 1세Konrad I(재위: 911~918년)였고, 그를 선출한 부족장들은 프랑크Frank족, 작센Sachsen족, 슈바벤Schwaben족, 바이에른Bayern족 출신이었다. 여기서 '선출選出'이란 사전적 의미는 '여럿 가운데서 골라냄'을 뜻한다. 이는 동등한 자격을 갖춘 여러 사람 중에서 한 사람을 골라

낸다는 뜻이다. 따라서 선출된 왕과 부족장과의 관계는 '상하관계'가 아닌 합의에 의한 '협력관계'였고, 왕은 유력 부족장들을 대표하는 명목상 직책에 불과했다. 이랬기에 각 부족의 특권은 그대로 유지되었고, 그들이 영유한 지역은 독립적인 공작령公爵領이 되었다. 여기서 향후 독일 역사는 필연적으로 지방분권주의地方分權主義라는 구조적 특징을 갖게 되었다. 참고로 게르만족은 공작을 대족장大族長 또는 군사 지휘관이라는 뜻의 '헤르초크Herzog'라 불렀다. 본래 공작은 예전 유력부족의 우두머리 출신이었다. 공작이란 작위는 왕이 이들을 끌어안기 위해서 부여한 작위였다. 따라서 이들은 명칭만 '공작'이었지, 왕의 간섭 없이 자신의 영지를 다스릴 수 있는 독립군주였다. 이들은 왕보다는 상대적으로 세력이 약해서 왕과 형식적인 봉건적 관계를 맺었을 뿐이었다.

그렇다면 동東프랑크 왕국을 계승한 독일에서는 왜 이런 일이 일어났을까? 이는 4대 부족을 살펴보면 해답이 나온다. 프랑크족인 샤를마뉴가 재위 중에 작센족과 슈바벤족(이들의 뿌리는 알레마니족임), 바이에른족 등 게르만 친척들을 정벌한 사실은 앞에서 말했다. 또한 이들은 샤를마뉴란 개인에게 일시적으로 복속했을 뿐이지 프랑크 왕국에 융합된 것은 아니었다는 말도 했다. 그런 중에 카롤링거 왕조가 단절되자 이들은 자신보다 나을 것도 없는 프랑크족에게 더 이상 복종할 이유가 없어졌다. 더구나 작센족을 비롯한 이들 대부분은 로마 문명을 접해본 적도 없고, 통일된 국가 체계를 경험해 본 적도 없었기에 누구에게 통제받는 것을 싫어했다. 그렇지만 왕국에서 뛰쳐나와 독립할 자신도 없었다. 이들 유력 부족들은 서로 엇비슷한 실력들이어서 어느 한 편이 다른 편을 제압할 만큼 압도적이지 않았기 때문이다. 이에 이들은 왕국을 깨어버리느니, 차라리 왕국 안에서 각자 독자적인 세력을 구축하는 게 낫다고 판단했다.

이런 사정에서 이들이 프랑크족의 부족장을 독일 왕으로 선출한 것은 그나마 프랑크족의 체면을 봐 준 것이 아닐까? 비록 직계왕족은 아니었어도 명색이 프랑크족을 대표했으니 말이다. 아무튼 프랑크족의 부족장 콘라트 1세Konrad I는 최초의 독일 왕이 되었다. 그러나 국왕이란 칭호만 얻었을 뿐, 안타깝게도 그에게는 여타 부족장들을 제압할 권력이 없었다. 재위 기간 내내 독일 왕은 밖으로는 마자르족과 노르만족의 침공에 시달렸고, 안에서는 작센 공公을 위시한 여러 부족 공部族 公에게 휘둘렸다. 콘라트는 유명무실한 존재였고, 독일의 왕권은 처음부터 명예직에 불과했다. 결국 8년간의 재위 끝에 콘라트는 아무것도 이루지 못한 채 세상을 떴다. 심지어는 후계자까지 남기지 못한 채, 평생의 정적政敵이었던 작센 공公 하인리히 1세Heinrich I (재위: 919~936년)의 반란을 막기 위해서 그에게 왕위를 물려줄 수밖에 없었다. 이제 오랫동안 프랑크족에게 눌려 지냈던 작센족이 독일 내 선두주자로 나설 차례였다. 더구나 작센 공公 하인리히 1세는 프랑켄 공公 콘라트 1세와는 달리 매우 다부진 인물이었다.

✵ '독일의 피렌체', 드레스덴Dresden에서

독일 작센Sachsen주州의 주도州都 드레스덴Dresden은 베를린의 남쪽 190㎞ 지점에 있다. 엘베강 연안에 위치한 드레스덴은 '독일의 피렌체'로 불릴 만큼, 예전엔 바로크 양식의 건물이 가득한 화려한 도시였다고 한다. 그러나 제2차 세계 대전이 끝날 무렵인 1945년 2월, 영국 공군의 무차별 공습으로 궤멸적인 피해를 입은 후 아직까지도 옛 모습을 되찾지 못한 비운의 도시이기도 하다. 2013년 봄, 베를린에서 기차로 두 시간 거리인 드레스덴으로 가는 길은 기록적인 폭우가 내려 그야말로 물바다 길이었다. 기차는 가끔씩 스쳐 가는 촌락과 띄엄띄엄 남아있는 숲 이외에는 사방이 탁 트인 광활한 평원을 달린다. 목초지와 농경지로 바뀐 평원의 본래 모습은 손바닥만큼씩 남아있는 저런 숲들이었으리라. 그나마 남아있는 숲들은 인간의 욕망이 절제된 표식이었다. 빗물로 넘친 평원은 호수처럼 변했지만 기차는 별 탈 없이 달린다. 가만히 살펴보니 기찻길을 평지보다 높이 돋우어놓아 이런 폭우에 대비한 것이다. 독일인들의 철저한 준비성이 돋보이는 대목이었다.

드레스덴에 도착해보니 도시는 비상사태였다. 엘베강이 범람하여 강변도로는 물에 잠기고, 가로등은 머리만 빠끔히 내밀고 있었다. 강물이 시내로 범람하는 것을 막으려고 도로 곳곳에 차수막遮水幕을 설치해 놓은 모습이 흡사 모범적인 소방훈련처럼 보였다. 이렇게 드레스덴의 첫인상은 홍수와 연관되지만, 그보다 더 강렬하게 받은 인상이 있었다. 하나는 베를린에서 그리 멀지 않은 도시건만 드레스덴의 분위기가 베를린의 그것과는 전혀 다르다는 점이었다. 베를린에서 자주 보았던 독일 통일의 주역 빌헬름 1세나 비스마르크의 동상이 드레스덴에서는 눈을 씻고 찾아봐도 없었다. 그들 대신 아우구스트August란 이름의 작센 제후의 동상이 이곳저곳에 들어서 있었다. 역사적으로 지방분권이 강했던 독일이라지만, 같은 나라의 도시가 아닌 마치 딴 나라에 온 느낌이었다. 또 하나는 '유럽의 발코니'라 불리는 엘베강 변의 '브륄의 테라쎄Brühlsche Terrasse'에서 본 광경이었다. 처음에는 폭우로 물이 불어 무섭게 휩쓸려가는 황토색 강물을 무심히 바라보고 있었다. 그런데 무언가 이상했다. 이런 흙탕물에 당연히 섞여 떠내려가야 할 페트병이나 스티로폼 같은 쓰레기를 한 점도 볼 수 없었던 것이다. 부러운 느낌에 앞서 너무도 비현실적인 모습에 내 눈이 의심스러워졌다.

아우구스부르크 다리에서 본 드레스덴 전경

동독 시절 폐허 상태로 방치되었던 드레스덴의 구시가지는 1990년 통일 이후에야 복구 작업이 시작되었다고 한다. 1945년의 폭격으로 잿더미가 된 성모 교회Frauenkirche가 그 대표적인 예로, 1993년에 시작하여 2005년에 복원이 마무리된 교회는 본래의 모습을 되찾았다. 하지만 아직도 구시가지 곳곳에는 구멍이 뻥 뚫린 듯이 휑한 공터가 남아있고, 유서 깊은 도시와 어울리지 않는 사회주의 양식의 건축물이 들어서 있다. 드레스덴의 최고 명소로는 1945년의 대공습에서 유일하게 살아남은 일명 '군주들의 행진Fuerstenzug'이란 벽화가 꼽힌다.

레지던츠 궁전Residenzschloss의 마구간 외곽을 둘러싸고 있는 슈탈호프Stallhof 벽을 장식하고 있는 이 벽화는 25,000여 개의 마이센Meissen 자기 타일을 붙여 만든 모자이크 벽화다. 35명의 역대 작센 군주들과 59명의 예술가, 병사, 농부 등 총 94명의 인물들을 담은 길이 101m, 높

슈탈호프 벽을 장식하고 있는 '군주들의 행진'

이 8m의 벽화를 사진 한 장으로 담기에는 역부족이다. 한때 마이센 자기라면 '하얀 금'이라 불리던 중국 도자기를 대체 생산하는 데 성공한 작센 왕국이 이웃 제후들에게 선물로 사용하던 사치품이었다. 그런 마이센 자기로 이렇게나 장대한 벽화를 만들어낸 걸 보면 당시 작센 왕국의 풍요로움이 어떠했던지 짐작된다.

하지만 드레스덴의 이렇듯 화려한 모습 뒤에는 파란만장한 독일 역사와 함께 한 작센족의 험난한 역사가 숨어있다. 독일 최초 왕조인 작센 왕조를 세운 그들이지만, 사실 지금의 드레스덴은 작센족의 원 거주지였던 니더작센Niedersachsen주州와는 멀리 떨어져 있다. 샤를마뉴에게 쫓겨 엘베강 동쪽 지역으로 이주하기 시작한 이들은 지금의 작센Sachsen주州까지 동진東進하게 되었다. 그 과정에서 1806년부터 프랑스 편에 선 탓에 나폴레옹이 몰락하자 영토의 절반 이상을 프로이센 왕국에 할양하는 아픔을 겪었다. 그 이후로 반反 프로이센으로 돌아서 1866년 프로이센-오스트리아 전쟁에서는 오스트리아 편에 섰지만 또다시 패하여 프로이센에 종속당했다. 이런 연유를 되돌아보면 지금 드레스덴에 프로이센의 상징인 빌헬름 1세나 비스마르크가 얼씬대지 못하는 것도 이해가 될 만하다. 현재 독일의 16개 연방주 중에는 '작센'이란 이름이 붙은 주는 세 군데나 있다. 작센Sachsen, 작센-안할트Sachsen-Anhalt, 니더작센Niedersachsen인데, 이들을 보면 작센족의 이동 경로를 짐작할 수 있다.

　게르만 부족인 작센족은 3세기에서 8세기 사이에 라인과 엘베 두
강 사이에 정주했으며, 11세기 이전까지는 홀슈타인과 오늘날의 니더
작센주에 해당하는 엘베강 하류 서쪽 지역이 원原 작센 지방이었다.

2.

"직위가 사람을 만든다."라는 말이 있다. 야망이 큰 인물일수록 어떻게든 자신의 직위에 걸맞은 권력을 추구하게 마련이다. 작센 공公 하인리히 1세가 그랬다. 그는 허울뿐인 독일 왕이라는 직위에 만족할 수 없었다. 독일 왕인 자신은 당연히 다른 부족장, 즉 유력 공작들보다 우월해야 했다. 하지만 독일 내에서는 아무도 그의 우월적인 지위를 인정하려 들지 않았다. 왕이 되었지만 그는 여전히 여러 유력 공작들 중 하나일 뿐이었다. 자신의 영지인 작센 지방만 달랑 가지고 있었기에 아마도 그는 왕이란 타이틀이 오히려 불편했을지 모른다. 그렇다고 독일 내에서 그가 세력을 확장해나갈 여지는 아무 데도 없었다. 안에서 옴치고 뛸 여지가 없었던 하인리히 1세는 자연스럽게 밖으로 눈을 돌렸다. 다행스럽게 그에게는 이탈리아와 동부 변경 지방의 이민족들이 있었다. 독일 내에서는 어쩔 수 없다 하더라도 이탈리아를 손에 넣을 수 있다면 최소한의 체면치레는 되지 않겠는가? 여기서 향후 독일 왕들의 이탈리아에 대한 정책방향이 결정되었다. 앞으로 그들은 하나같이 이탈리아 경영에 매달리게 될 터였다. 하지만 세상에 공짜란 없는 법이다. 독일 왕이 이탈리아를 장악하려면 로마에서 황제의 관을 받아야 그 정당성을 확보할 수 있다. 그런데 우리는 앞에서 샤를마뉴가 '황제'의 관을 어떻게 얻었는지 살펴봤다. 미래의 독일 왕이 쓸 황제의 관은 샤를마뉴로부터 유래한다. 그렇다면 황제의 관을 얻기 위해서는 샤를마뉴가 교황과 거래했던 조건도 그대로 독일 왕에게 승계되어야 할 터였다. 즉, 독일과 이탈리아란 황제와 교황이 지분을 나누어갖는 공동자산共同資産이라는 뜻이다. 실제로 그랬다. 앞으로 독일 왕이

자 황제는 어느 유력제후보다도 더 강력한 경쟁자를 상대해야 했다. 그는 다름 아닌 교황이었다.

　한편, 독일의 동부 변경지역에서 슬라브Slavs족이나 마자르Magyar족과 같은 이민족을 막아내는 일 또한 독일 왕들이 다른 유력 제후들과 차별화할 수 있는 좋은 수단이었다. 특히 896년 헝가리 분지를 정복하면서 유럽 무대로 뛰어든 마자르족은 당시 서방세계에게는 태풍의 눈이었다. 초기에 기동성 높은 기마전술을 구사하는 마자르족에게 유럽 여러 나라들은 전전긍긍했다. 이들을 물리치기 위해선 독일 왕을 중심으로 하는 제후들의 연합이 필요했다. 여기서 독일 왕이 리더십을 발휘할 여지가 조금이나마 생기게 되었다.

⊛ 신성로마 제국Holy Roman Empire이란?

 '신성로마 제국Holy Roman Empire'이란 명칭은 중세 유럽사에서 가장 모호한 개념 중 하나다. 명칭만으로 봐서는 이탈리아에 있는 어느 국가쯤으로 오인하기 쉬운 신성로마 제국은 사실은 독일을 중심으로 한 이념적인 국가체계였다. 여기서 '신성Holy'이란 기독교의 수호자라는 의미로 '신성동맹Holy Alliance'과 같이 중세 교황이 연관되었을 때 붙는 명칭이다. 또한 '로마'란 고대 로마 제국의 정통성을 이어받았다는 뜻이다. 따라서 '신성로마 제국'은 실체가 있는 국가가 아니라 기독교 이념에 로마란 정통성을 강조한 관념적인 국가였다. 이해하기 쉽게 이를 국내 경제인들의 연합 조직인 전경련全經聯에 비유해보자. 전경련 회원사는 삼성, 현대, SK, LG 등 재벌그룹을 위시하여 크고 작은 기업들로 구성된다. 여기서 작센, 슈바벤, 프랑켄, 바이에른, 로트링겐과 같은 공국은 전경련의 삼성, 현대 등 재벌그룹으로 볼 수 있다. 이렇게 보면 신성로마 제국의 황제는 전경련 회장이다. 이 경우 전경련 회장을 맡은 삼성의 총수는 상호 이해관계를 도모하는 방향으로 회원사들을 이끌 수는 있지만, 그렇다고 현대나 SK그룹 내부 문제에 직접 관여할 수는 없다. 마찬가지로 신성로마 제국 황제는 자신의 영지는 마음대로 할 수 있지만, 그밖에 슈바벤, 프랑켄, 바이에른, 로트링겐 공국을 직접 통치할 권한은 없다. 다만 이민족이 침범해 올 경우 등 공통 사안에 대해서는 그들의 힘을 모아 대처할 수 있는 식이었다. 하지만 이 경우에도 신성로마 제국의 황제가 누군가에 따라 공국公國(나중엔 영방領邦)들의 반응은 달랐다. 영향력이 큰 황제의 경우엔 좋든 싫든 적극적으로 참여했지만, 그렇지 않을 경우엔 무시되기도 했다. 마치 이병철 씨나 정주영 씨가 회장이었을 때의 전경련 위세와 지금의 그것과는 비교가 안 되는 것과 같은 이치다. 하지만 신성로마 제국과 전경련이란 조직은 근본적으로 다른 점이 있었다. 전경련이 회장 중심의 단일지도체제라면, 신성로마 제국은 황제와 교황이 공동 지분을 가진 복수 지도체제였다는 점이다. 바로 이러한 특징 때문에 신성로마 제국은 두고두고 황제와 교황 간에 힘겨루기가 벌어졌으며, 서로의 갈등이 정점에 이르렀던 사건이 바로 1077년에 발생된 '카노사의 굴욕Humiliation at Canossa'이었다.

또 하나, 초기의 신성로마 제국은 북부 이탈리아를 아우르고 있었다. 다시 전경련에 비유하면 회원사 중에는 국내기업뿐만 아니라 외국기업까지 있는 격이다. 이는 샤를마뉴가 롬바르드 왕국을 정복한 이래 동東프랑크 왕국을 거쳐 신성로마 제국에 이르기까지 북부 이탈리아가 감내해야 할 종속적인 위치 때문이었다. 하지만 북부 이탈리아의 도시들은 신성로마 제국의 명목상 종주권은 인정하면서도 실제로는 계속해서 자치를 추구했다. 그 결과 1183년 북부 이탈리아를 장악하려던 신성로마 제국의 황제 프리드리히 1세Friedrich I를 격파한 롬바르드 동맹은 실질적인 자치권을 획득한다. 그리고 후에 북부 이탈리아가 떨어져 나가자 신성로마 제국의 범위는 그 명칭 앞에 '독일인들의[1]'란

---

1) 1442년 합스부르크 왕조 때 '독일 국민의 로마 제국'을 사용하다가 1485년 프리드리히 3세에 의해 '독일 민족의 신성 로마 제국Heiliges Römisches Reich Deutscher Nation'이라는 국호가 사용되기 시작했다. 이 국호는 그의 아들인 막시밀리안 1세에 의해 1512년 쾰른의 제국 의회에서 최종적으로 확정되어 제국이 멸망할 때까지 공식 국호로 사용하게 되었다.

수식어로 축소된다. 그런데 신성로마 제국이 언제 출현했는지는 독일 역사가 언제부터 시작되었는지만큼이나 명확지 않다. 800년 로마의 성 베드로 성당에서 대관식을 올린 샤를마뉴 대제에서부터 시작되었다고 보는 견해가 있는가 하면, 962년 같은 장소에서 대관식을 거행한 오토 1세Otto I를 최초의 신성로마 제국 황제로 보는 견해도 있다. 아무튼 그 후부터 독일 왕이 신성로마 제국 황제가 되려면 로마에서 대관식을 올려야 했으며, 그 전까지는 독일 왕일 뿐이었다. 따라서 실질적으로는 신성로마 제국 황제였지만 이런저런 사유로 대관식을 거행하지 못하여 독일 왕으로 남은 사람들도 있다.

제2장
미약한 왕권에서 시작한 프랑스

1.

[위트 카페 치세 당시(996년경)의 프랑스 왕국]

플랑드르 백작령

몽트뢰유

로트링겐(로렌)

베르망두아 백작령

상리스

•베르됭

노르망디 백작령

•파리

신성로마 제국

브르타뉴 백작령

앙주 백작령

오를레앙

부르고뉴 공작령

대서양

아키텐 공작령

리옹

비엔

부르고뉴 왕국

가스코뉴 공작령

툴루즈 백작령

고티 후작령

바르셀로나 백작령

지중해

□ 카페 왕조 왕령지

▤ 프랑스 왕국 영역

동東, 중中, 서西프랑크 왕국 중에서 가장 오랫동안 카롤링거 왕조가 지속된 곳은 서西프랑크 왕국이었다. 하지만 서西프랑크 왕국도 제후들의 힘이 강하고 왕권이 미약하기는 동東프랑크 왕국과 다름없었다. 9세기 말 랭스 주교가 왕에게 한 충고는 이를 잘 말해준다. "폐하는 왕국 내에 수많은 동반자와 적을 같이 두고 있기 때문에, 명목상으로만 국가를 통치하고 계신 것입니다."

987년, 허수아비 왕이었던 무위왕無爲王 루이 5세Louis V가 말에서 떨어져 죽자 서西프랑크 왕국에서도 카롤링거 왕조가 단절되었다. 이때 서西프랑크 왕국도 제후들이 왕을 선출했던 동東프랑크 왕국의 전례를 따랐을까? 서西프랑크 왕국에서는 그와는 달리 여러 제후들의 추대推戴를 받은 위그 카페Hugues Capet(재위: 987~996년)가 왕위에 올랐다. 여기서 '추대'란 사전적 의미는 '윗사람으로 떠받듦'을 뜻한다. 따라서 '선출된 왕'과 '추대받은 왕'은 당연히 달라야 한다. 하지만 이는 어디까지나 형식에 불과했고, 실상은 프랑스 왕도 독일 왕과 마찬가지로 유력한 제후들 중 한 사람일 뿐이었다. 초창기 프랑스의 왕권이 얼마나 미약했는지는 카페 왕조를 연 위그 카페가 한 귀족에게 당한 수모에서도 여실히 드러난다. 어느 날 백작과 말다툼을 벌이던 그는 홧김에 "누가 그대를 백작으로 만들어 줬는지 아느냐?"라고 호통쳤다. 그랬더니 상대방은 눈 하나 깜빡하지 않고 다음과 같이 되받아쳤다고 한다. "당신을 왕위에 앉힌 사람은 누구였던가?"

카페 왕조가 얼마나 취약했는지는 초기 카페 왕조의 왕령지王領地만 봐도 알 수 있다. 앞 페이지 지도에서 보듯이 다른 백작령이나 공작령에 비해서 왕령지는 보잘것없었다. 그나마도 왕령지라는 게 유력제후였던 베르망두아 백작령 안에 세 들어 살듯이 점점이 흩어져 있었다. 사실 영지領地 규모만 봐서는 왕으로 추대받을 아무런 이유가 없었던 위그 카페가 초대 국왕이 된 것을 보면 그가 얼마나 비범했는지를 알 수 있다. 다시 지도에서 부르고뉴 공작령, 아키텐 공작령, 브르타뉴 백작령 등 여러 공국들의 영역을 살펴보자. 500여 년 전 클로비스가 정복했던 부르고뉴족이나 서고트족의 영역(69페이지 지도 참조)과 엇비슷하지 않은가?

당시에도 브르타뉴 지방은 독립적으로 남아있었으며, 그때에 비하여 노르망디 백작령 정도만 새롭게 보일 뿐이다. 이는 무엇을 뜻할까? 비록 이들이 오래전에 프랑크 왕국에 복속되었지만, 아직까지도 왕국에 완전히 융합되지 못한 채 강력한 지방 세력으로 남아있음을 뜻한다. 뒤에서 말하겠지만 이들은 잉글랜드와의 백년전쟁이 끝나는 1453년 이후에야 프랑스 왕국의 품에 들어온다.

2.

    이와 같이 초기 프랑스 왕은 독일 왕과 마찬가지로 강력한 제후들에 둘러싸여 그 존재가 미미했다. 프랑스 왕은 자신의 영지 안에서나 왕이었지, 영지 밖에서는 전혀 힘을 쓰지 못했다. 아니, 어쩌면 프랑스 왕은 독일 왕보다도 더 답답했을 수도 있었다. 독일 왕에게는 황제의 관과 함께 이탈리아와 동부 변경지역이란 숨통이 있었다. 반면에 프랑스 왕에게는 그런 여지조차도 없었기 때문이다. 또한 프랑스와 경계를 이루는 예전 중＋프랑크 왕국의 로트링겐(로렌)이나 부르군트(부르고뉴), 프로방스 지방 대부분은 독일이 차지하고 있는 형편이었다. 따라서 앞으로 천 년 동안 프랑스의 최대 과제는 독일과 싸워서 이 지방을 탈취하는 일이었다.

✺ 로트링겐Lothringen의 도시 스트라스부르Strasbourg에서

천 년 동안 독일과 프랑스 사이에 쟁탈 대상이 되었던 로트링겐 Lothringen(프랑스로는 로렌Lorraine)이란 지명은 '로타르Lothar의 땅'이라는 뜻에서 유래한다. 여기서 '로타르'란 843년 베르됭 조약으로 두 동생에 게 동東, 서西프랑크 왕국을 떼어주고 자신은 중中프랑크 왕국을 다스 렸던 로타르 1세Lothar I를 말한다. 그런데 중中프랑크 왕국이 일찌감치 와해되자 동東, 서西프랑크 왕국은 양국 사이에 위치한 로트링겐을 서 로 차지하려 했다. 그 결과 무력이 강한 동東프랑크 왕국이 로트링겐 의 대부분을 차지했고, 이후 동東프랑크 왕국의 후신後身인 신성로마 제국 내에서 로트링겐 공국이 되었다. 하지만 그렇다고 로트링겐, 아 니 로렌을 포기할 프랑스가 아니었다. 프랑스는 이후 기회 있을 때마 다 이 지역을 차지하려고 애썼다. 그러다 1766년에 프랑스는 신성로마 제국을 강압하다시피 해서 로렌 지역을 양도받았다. 하지만 이를 계기 로 로렌을 두고 독일과 프랑스 간에 영유권 분쟁이 더욱 치열해진다. 절치부심하던 독일은 1870년 프로이센-프랑스 전쟁의 승전으로 이 지 역을 독일 제국으로 편입시켰지만 1918년 제1차 세계대전의 패전으로 다시 프랑스령이 되었다. 이후 제2차 세계대전 중에는 또다시 독일이 합병했다가 종전 후 프랑스가 되찾아 오늘에 이르게 된다. 실로 한 지 역을 두고 이렇게나 장기간에 걸쳐 치열한 쟁탈전을 벌인 곳도 드물 것이다. 참고로 알퐁스 도데Alphonse Daudet의 『마지막 수업La Dernière Classe』은 프로이센-프랑스 전쟁 이후 빼앗긴 알자스-로렌에 남아 있던 프랑스인들의 설움을 대단히 국수적國粹的인 감정으로 쓴 소설이었다.

프랑스 북동부의 국경도시인 스트라스부르Strassbourg는 옛날부터 알자스-로렌 지방의 중심지였다. '스트라스부르'란 도시 이름 자체가 독일어의 '길Straß'과 '도시Burg'를 합친 슈트라스부르크Straßburg에서 나왔을 정도로 이 도시는 옛날부터 사통팔달의 요지에 위치해 있었다. 도시 이름에서도 알 수 있듯이 스트라스부르는 프랑스와 독일이란 두 문화가 뒤섞여있는 곳임에 틀림없다. 당장 이 글을 쓰는 필자도 '로트링겐'이란 지방 이름은 독일식으로, '스트라스부르'란 도시 이름은 프랑스식으로 섞어 쓰고 있으니 말이다. 지금은 프랑스 도시지만 스트라스부르는 프랑스 쪽보다는 독일 쪽에서의 접근성이 더 좋다. 필자도 파리가 아닌 프랑크푸르트에서 독일의 국경도시인 오펜베르크Offenburg를 거쳐 스트라스부르로 들어갔으니 말이다. 과거 천 년 동안 이 지역을 놓고 싸웠다지만 지금은 언제 국경을 넘었는지도 모를 만큼 평화로운 모습이다. 두 나라 간 자연국경인 라인강도 이 지점에서는 강이라기보다는 개울에 가깝다. 양쪽 어디에도 프랑스 국기나 독일 국기가 보이지 않는 이곳에서 유럽연합EU이란 실체가 피부로 느껴졌다.

그러나 이런 느낌은 스트라스부르 기차역에 내리면서 대번에 바뀐다. 너무도 프랑스적인 기차 역사로 인해 새삼 여기가 프랑스라는 생각이 절로 들기 때문이다. 요즘 유행인 철 구조에 유리를 뒤집어씌운 역사 건물은 밖에서 보면 거대한 우주선 그 자체다. 실용적이고 견실하지만 천편일률적으로 개성이 없는 독일의 기차 역사에서는 절대로 볼 수 없는 프랑스만의 기발한 미적 감각을 한껏 뽐내는 건물이다. 더구나 역사 내부는 예전 석조건물을 그대로 살려놓은 채 그 위로 새로운 유리 건물을 덮어씌운 건축기법에서 옛것과 새것의 조화를 추구하는 프랑스인들의 노력이 돋보인다.

스트라스부르 기차 역사 내부/외부

하지만 이런 첫인상은 스트라스부르 대학교를 보면서 또다시 바뀐다. 분명 프랑스 대학이건만 교정 앞에 서 있는 괴테의 동상은 독일 대학으로 착각하게 만든다. 더구나 그 앞으로는 괴테로路Rue Goethe까지 뻗어있으니 말이다. 1631년에 설립되었다는 이 대학교가 배출한 대표적인 인물을 열거해보자. 1771년에는 괴테가 여기서 법학을 공부했고, 1849년에는 미생물학자인 파스퇴르가 교수로 재직했다. 또한 슈바이처는 이 학교에서 1905년부터 1913년까지 의학을 전공했다. 이와 같이 우리에게도 익숙한 독일과 프랑스의 인재들이 같은 대학 출신이라는 사실만 봐도 이 도시가 프랑스와 독일 중 어느 나라에 속한다고 명쾌하게 말하기는 힘들 것 같다. 이런 느낌은 스트라스부르의 명소인 '쁘띠뜨 프랑스la Petite France'에서 더욱 강렬해진다.

'작은 프랑스'라는 뜻의 쁘띠뜨 프랑스는 두 줄기 일L'Isle강 사이로 들어선 섬 안에 예쁜 목조건물들이 그림처럼 모여 있는 곳이다. 그런데 제삼자인 내 눈에도 쁘띠뜨 프랑스는 프랑스 마을이 아닌 독일 마을처럼 보인다. 대부분의 목조건물들이 독일의 대표적 전통가옥인 파흐베르크 하우스Fachwerkhaus 형식이기 때문이다. 우리말로 '목골木骨가옥'이라 부르는 파흐베르크하우스는 하프-팀버Half-Timber 양식으로 건물의 외벽 면에 나무골조가 드러나 있는 집들이다. 오히려 '작은 독일Klein Deutschland'이란 이름이 더 어울릴 것 같은 '작은 프랑스Petite France'를 보며 프랑스인들이 이 도시를 지키고자 했던 집요함이 느껴져 왔다.

스트라스부르의 '쁘띠뜨 프랑스'

사정이 이렇다 보니 프랑스 왕은 죽으나 사나 프랑스 내부로 파고들 수밖에 없었다. 다행히 이런 프랑스 왕에겐 독일 왕에 비해 왕권을 강화할 수 있는 유리한 조건도 있었다.

첫째, 옛 프랑크 왕국의 종손宗孫격인 독일 왕과는 달리 지손支孫격인 프랑스 왕은 교황과의 직접적인 충돌을 피할 수 있었다. 교황으로부터 황제의 관을 받은 독일 왕에 비하여 프랑스 왕은 교황에게 빚진 일이 없기 때문이었다. 독일 왕은 교황과 힘겨운 싸움을 벌일 때마다 제후들의 지지를 얻기 위해서 그들의 눈치를 볼 수밖에 없었다. 반면 프랑스 왕은 교황의 간섭을 피하여 기회가 있을 때마다 국내의 제후들을 제압해 나갈 수 있었다.

둘째, 신민臣民들이 통합된 국가체제를 경험해봤는지의 여부도 왕권강화에 상당히 중요한 영향을 미쳤을 것이다. 독일의 경우, 일부 남부독일을 제외한 대부분 지방은 통합된 국가체제를 경험해 본 적이 없었다. 굳이 꼽는다면 잠시 프랑크 왕국 체제하에 있었을 뿐이었다. 따라서 그들은 야생마와도 같은 게르만족의 특성을 그대로 간직하고 있었다. 한편 프랑스의 경우는 달랐다. 비록 지금은 여러 제후령諸侯領으로 나뉘어 있지만, 그들은 오랫동안 로마 제국이란 통합된 국가체제하에서 살아온 사람들이었다. 로마 시대에는 몇백 년을 제국의 모범생으로 살아왔던 그들 아니었던가. 따라서 프랑스 왕이 중앙집권을 추진할 경우 당연히 독일보다는 거부감이 덜할 터였다.

셋째, 단명했던 독일 왕조들과는 달리 프랑스의 카페 왕조는 방계 왕조인 발루아 왕조와 부르봉 왕조까지 합하면 987년부터 1792년까지 무려 800여 년 동안이나 지속된 장수 왕조였다. 이와 같은 정권의 안정은 결국 왕권강화의 결정적 요인이 되었고, 여기에 더하여 한결같이 현실적인 프랑스 왕들의 집요한 노력으로 중앙집권의 꿈을 키워나갔다. 뒤에서 보겠지만 직선적直線的인 독일 왕들에 비해 프랑스 왕들은 무척이나 우회적迂廻的이었다.

3.

프랑스 왕들이 우회적이었음은 그들의 몸속에 선조의 유전인자DNA가 새겨져 있기 때문이 아니었을까? 우리는 메로빙거 왕조를 연 클로비스의 일화에서 프랑스 왕들의 기질을 엿볼 수 있다. 클로비스가 갈리아 지방 정벌에 나섰을 때의 일이었다. 당시 이교도였던 클로비스의 무리는 아무 거리낌 없이 교회를 짓밟고 약탈했다. 어느 날 이들이 탈취한 약탈품 중에 엄청 큰 단지ewer가 있었다. 주교가 단지만은 돌려달라고 애원하자, 클로비스는 그 단지가 자기 몫이 된다면 돌려주겠다고 약속했다. 약탈품을 분배하는 자리에서 클로비스는 부하들에게 문제의 단지를 자신이 갖겠다고 말했다. 모든 부하들이 그에게 순응했지만, 오직 한 병사만이 클로비스에게 대들며 도끼로 단지를 내리찍어 깨뜨려버렸다. 이쯤 해서 클로비스의 분노가 터질 법도 했겠지만, 그는 아무 일도 없다는 듯이 천연덕스럽게 깨어진 단지 조각을 모아 교회 사절단에게 건네주었다. 하지만 그냥 넘길 클로비스는 아니었다. 그 일이 있은 지 한참 후 클로비스는 갑자기 모든 병사들의 무기 상태를 점검했다. 마침내 단지를 쪼개버린 병사의 차례가 오자 클로비스는 트집을 잡기 시작했다. 제대로 닦지 않았다면서 그 병사의 도끼를 땅에 내동댕이친 것이다. 당황한 병사가 도끼를 주우려 몸을 굽히는 순간 클로비스는 자신의 도끼로 병사의 두개골을 내리쳤다. 그리고는 "이건 먼젓번에 네가 내 단지에 한 짓이다."라고 말했다. 참아야 할 때와 화내야 할 때를 잘 아는 클로비스의 인내심이 읽히는 대목인데, 우리는 앞으로 프랑스 왕들에게서 이와 비슷한 면모를 보게 될 것이다.

제3장
'교황'이란 굴레에 묶인 이탈리아

1.

1814년, 나폴레옹 전쟁의 사후 처리를 위한 빈 회의Congress of Wien 가 개최되었을 때의 일이다. 회의 의장이자 오스트리아 제국의 외무장 관이었던 메테르니히Metternich는 "이탈리아란 단지 지리상의 개념일 뿐 이다"라고 일갈했다. 그의 말은 이탈리아가 프랑스나 영국 같은 국가 개념이 아니라 이탈리아반도라는 공간 개념이라는 뜻이었다. 그러나 그로부터 약 반세기 뒤인 1861년, 메테르니히의 이런 장담을 비웃듯이 이탈리아반도에 유일한 통일국가가 출현했다. 실로 서西로마 제국이 멸망한 지 정확하게 1,385년 만에 이탈리아 왕국이 성립된 것이다. 이 에 당시대의 한 이탈리아 정치인은 다음과 같이 말했다. "이제 이탈리 아는 만들었다. 다음은 이탈리아인을 만드는 일이 남았다." 이는 지금 까지 토스카나인, 베네치아인, 제노바인, 시칠리아인은 있었어도 '이탈 리아인'이란 개념은 없었던 국민들을 어떻게 통합할 것인가에 대한 고 민을 말한 것이었다. 그렇다면 어떤 연유로 위대한 로마 제국의 요람이 었던 이탈리아가 천년 넘게 그 지경에 빠져있었을까?

부르군트
(부르고뉴)

슈바벤

바이에른

케른텐

헝가리

롬바르드

베로나 후작령

제노바

베네치아 공화국

크로아티아

토스카나 후작령

피사

스플리트

코르시카
(분쟁지역)

교황령

스폴레토 공작령

로마

베네벤토 공령

카푸아 공령

아말피 공작령

사르데냐
(분쟁지역)

살레르모 공령

동로마 제국(비잔틴제국)

지중해

■	신성로마 제국 영역
■	베네치아 공화국 영역
■	동로마 제국 영역
□	기타 독립 공국

시칠리아 토후국
(이슬람)

시라쿠사

476년, 서西로마 제국이 멸망한 이후로 이탈리아 역사는 동일 국가의 역사로 묶어 기술하기 어려울 만큼 이질적이었다. 중부의 교황령을 중심으로 북부 이탈리아와 남부 이탈리아의 역사가 너무나 다른 방향으로 전개되었기 때문이다. 메테르니히의 말처럼 이들은 이탈리아반도라는 공간만 공유했을 뿐, 역사의 주체가 전혀 달랐다. 그렇다면 이런 현상은 어디서부터 시작되었을까? 돌이켜보면 서西로마 제국 멸망 이후 이탈리아반도에는 통일된 국가가 존재한 적이 거의 없었다. 서西로마 제국을 멸망시킨 오도아케르나 동東고트 왕국은 얼마 못 가 멸망했고, 유스티니아누스 대제가 이탈리아반도를 되찾은 기간도 잠시뿐이었다. 그 후 이탈리아로 들어온 롬바르드족이나 프랑크족 또한 반도 전체를 장악하지 못하고 주로 북부 이탈리아에 머물렀다. 이때부터 북부 이탈리아는 게르만 문화권으로 편입되면서 프랑크 왕국과 그의 뒤를 이은 신성로마 제국에 종속되었다. 한편 남부 이탈리아는 동東로마 제국과 이슬람 세력 간에 각축장이 되었다가, 후에는 북쪽에서 내려온 노르만족의 수중에 떨어졌다. 이탈리아의 가장 큰 변수는 로마를 포함하여 중부 이탈리아를 차지한 교황령의 존재였다. 교황은 '이탈리아의 교황'이 아닌 '전 유럽의 교황'이었다. 어느 세속군주보다도 더 세속적이었던 교황의 최우선 정책은 이탈리아에서 통일 국가가 출현하는 것을 막는 일이었다. 그럴 경우 교황령이 살아남을 수 없기 때문이었다. 따라서 이탈리아는 중세 이래로 북부의 도시국가들, 중부의 교황령, 그리고 남부의 시칠리아 나폴리 왕국이 각자 따로 노는 형태로 굳어졌다. 그리고 그때부터 이질화된 북부와 남부 이탈리아를 융합시키는 문제는 지금도 이탈리아의 커다란 숙제로 남아있다.

2.

843년, 베르됭 조약으로 프랑크 왕국이 삼분三分되었을 때 북부 이탈리아는 로트링겐(알자스로렌), 부르군트(부르고뉴)와 함께 중中프랑크 왕국에 속했다. 하지만 875년 중中프랑크 왕국의 혈통이 단절되자 이번에는 동東프랑크 왕국으로 넘어갔다. 동東프랑크 왕국 내에서 북부 이탈리아는 '이탈리아 왕국'으로 불렸지만, 정확히는 '독립왕국獨立王國'이 아닌 '분국分國'에 불과했다. 이는 같은 게르만족이지만 프랑크족이나 작센족에 비해 롬바르드족의 세력이 약했던 데에 기인한다. 여기서부터 북부 이탈리아는 동東프랑크 왕국과 그의 뒤를 이은 신성로마 제국 내에서 항상 종속적인 위치에 놓이게 된다.

동東프랑크 왕국과 후의 신성로마 제국에게 북부 이탈리아는 알프스산맥이라는 지리적인 장애물 외에도 독자적인 세력을 추구하는 교황 때문에 다루기 힘든 상대였다. 또한 그곳 주민들 역시 만만치 않은 상대였다. 로마 문화에 익숙한 이탈리아계와 게르만계인 롬바르드족이 뒤섞인 이탈리아 왕국 주민들의 수준은 동東프랑크 왕국 주민들의 수준과는 비교할 수 없을 정도로 높았다. 이 때문에 앞으로 독일 왕들은 이탈리아를 다루는 데 많은 어려움을 겪게 된다. 초기에 동東프랑크 왕은 자신의 친족을 이탈리아 왕으로 내세웠지만 얼마 버티지 못하고 물러났다. 이에 불안정한 이탈리아 정세를 안정시키고 이탈리아 왕국을 탐내는 서西프랑크 왕국을 견제하기 위해서도 동東프랑크 왕국은 이탈리아를 대리 통치할 조력자가 필요했다.

이런 배경 하에 비非독일인 출신으론 처음으로 이탈리아 왕위에 오른 인물이 베렌가리우스 1세Berengarius I(재위: 887~ 924년)였다. 물론 그도 순수한 이탈리아인이 아닌 모계 쪽으로 카롤링거 왕가의 피가 섞인 출신이긴 하지만 말이다. 887년, 베렌가리우스는 동東프랑크 왕국에 협력한 공을 인정받아 이탈리아 왕이 되었다. 하지만 그의 지위는 매우 불안했다. 외부론 실질적인 종주권을 쥐고 있는 동東프랑크 왕국의 간섭을 받았고, 내부론 그를 시기한 이탈리아 귀족들과 싸워야 했다. 재위기간 내내 국내의 경쟁자들과 다투던 베렌가리우스는 결국 924년 반대파에게 암살당했다. 이로써 중세 최초로 이탈리아 통일을 시도했던 베렌가리우스의 꿈은 좌절되었고, 이탈리아의 통일은 그 후 천년을 기다려야 했다.

베렌가리우스의 경우처럼 대내외적으로 독립 군주로 살아남기 힘든 이탈리아 왕에게 교황의 존재는 더욱이나 '산 너머 산'이었다. 이는 이탈리아 왕의 통치영역과 교황령이 서로 겹치는 부분이 있어서 더욱 그랬다. 샤를마뉴 이래 프랑크 왕국에 대한 지분을 주장해온 교황은 동東프랑크 왕국에 대해서도 똑같은 생각을 가지고 있었다. 교황은 이를 동東프랑크 왕국이 황제의 관을 차지한 데에 대한 당연한 대가로 봤다. 이런 교황의 눈에 이탈리아 왕은 당연히 자신과는 비교도 안 되는 하급자로 보였을 것이다. 앞으로 황제를 비롯하여 모든 세속군주들을 휘어잡으려는 교황을 일개 이탈리아 왕이 어떻게 상대할 수 있겠는가? 교황은 이탈리아 왕이 자신의 권한을 강화하려 할 때마다 강력히 견제했다. 그리고 이러한 교황의 행태는 독립 군주로서의 이탈리아 왕이 사라진 후에도 이탈리아 내에서 유력한 세력이 나타날 때마다 반복되었다.

3.

북부 이탈리아가 동東프랑크 왕국, 즉 향후의 신성로마 제국에 종속되어 갈 때 남부 이탈리아 사정은 어땠을까? 남부 이탈리아가 북부나 중부 이탈리아와 다른 길로 간 시점은 아마도 이탈리아반도에 롬바르드 왕국이 들어선 572년 이후로 봐야 될 것 같다. 왜냐하면 롬바르드 왕국이 이탈리아 전체를 장악하지 못하고 북부 이탈리아에 머물렀기 때문이었다. 또한 이는 롬바르드 왕국을 정복한 프랑크 왕국의 경우도 마찬가지였다. 당시 남부 이탈리아에 대한 종주권은 유스티니아누스 대제 이래로 동東로마 제국이 갖고 있었다. 하지만 이는 명목적일 뿐이었고, 실제로는 동東로마 제국의 직접 지배를 받는 지역과 자치를 누리는 지역이 혼재하고 있었다.

이런 상황에서 신흥 이슬람 세력의 침략은 남부 이탈리아를 더욱 복잡한 양상으로 몰아갔다. 이슬람 세력이 한창일 때에 동東로마 제국은 본국을 방어하기에 급급한 나머지 남부 이탈리아까지 돌볼 겨를이 없었다. 827년, 튀니지를 근거로 한 이슬람 세력은 시칠리아를 공략한 끝에 902년에는 섬 전체를 점령했다. 그들은 여기에 그치지 않고 칼라브리아와 풀리아Puglia 등 이탈리아반도 남부까지 쳐들어왔고, 심지어는 로마까지도 위협했다. 이에 교황청은 이들을 방어하기 위해서 성곽을 구축하기도 했을 정도다. 이슬람 세력이 이탈리아반도에서 축출된 것은 915년이 되어서였고, 시칠리아는 1130년에야 노르만족에게로 넘어왔다. 이로부터 남부 이탈리아는 게르만적인 북부 이탈리아와는 달리 비잔틴·이슬람·노르만 등의 여러 문화가 뒤섞이게 되었다.

✪ 브린디시Brindisi의 슈바벤성Swabian Castle에서

이탈리아반도 동남쪽 끝자락에 위치한 브린디시Brindisi는 고대 그리스인들이 개척한 항구도시다. 도시의 이름은 항구 모양이 '사슴머리deer's head'처럼 생겼다 해서 그리스인들이 붙인 브렌테시온Brentesion에서 유래되었다고 한다. 브린디시는 기원전 B.C. 267년 로마에 정복당한 이래로 아피아 가도Via Appia의 종점으로 로마와 동방을 연결하는 주요항구였다. 지금도 항구에는 아피아 가도의 종점 표시인 로마시대의 원주 Roman columns가 서 있다. 높이 18.74m의 원주는 본래 두 개가 서있었는데, 한 개는 1582년에 무너지고 지금은 나머지 한 개만 홀로 서 있다.

브린디시 시내에서는 중세 이래 이 도시를 거쳐 간 외세外勢들의 발자취를 엿볼 수 있다. 도심에는 신성로마 제국의 황제 프리드리히 2세

아피아 가도의 종점 표시인 브린디시의 로마 원주

가 축성하고 카를 5세가 개축한 슈바벤성이 있고, 해상에는 '바다 요새Sea Fort'로 불리는 아라곤성Aragonese Castle이 항구 입구를 지키고 있다. 또한 베네치아의 상징인 황금사자상과 신성로마 제국의 쌍두 독수리상이 심심치 않게 보인다. 여기에 더하여 노르만족과 이슬람 세력이 남긴 흔적도 덧칠되어있다. 이렇게 '브린디시'란 한 도시만 봐도 파란만장했던 남부 이탈리아의 역사가 읽히는데, 이는 바리Bari나 타란토 Taranto 같은 남부 이탈리아 도시들도 마찬가지다.

2014년 봄, 시칠리아를 거쳐 브린디시로 갔을 때였다. 도시 역사에 비해 볼거리가 별로 없는 브린디시에서 그나마 역사의 흔적을 찾아볼 수 있는 곳은 슈바벤성과 아라곤성이었다. 하지만 바다 한가운데 섬에 방파제처럼 서 있는 아라곤성은 아예 접근이 불가능했고, 슈바벤성도 해군본부Naval Command가 들어서 있어 일반인의 출입을 금하고 있었다. 독일에서 멀리 떨어져 있는 이곳에 우뚝 서 있는 남부 독일식의 육중한 슈바벤성에 들어갈 수 없다는 아쉬움에 하릴없이 성벽 따라 한 바퀴 돌다가 그래도 혹시나 하고 정문 쪽으로 다가갔다. 안쪽을 기웃거리는 내게 보초를 서고 있던 여군女軍이 이곳은 군사지역이기 때문에 들어갈 수 없다고 말한다. 그건 나도 알고 있지만 멀고도 먼 나라에서 온 사람인데 잠깐 들어가서 사진 몇 장 찍게 해달라고 우겼다. 내 막무가내에 보초병 여군이 당황스러워하는 중에 초소 안에 있던 그녀의 상관이 무슨 일인가 하고 나온다. 다시 한번 중년 장교에게 사정을 말하자 생각지도 못한 반응이 돌아왔다. 잠시 곤란한 표정을 짓던 그는 자기는 못 본 것으로 해달라는 듯이 눈을 가리더니 초소 안으로 들어가 버린다. 이에 부담감을 던 여군은 이번에는 더할 나위 없이 친절한 어조로 성안 건물 몇 군데를 설명해준다. 지금도 그때 생각을 하면 내 무모함에 쓴웃음이 나오지만, 한편으로는 이탈리아인들, 특히 남부 이탈리아인들의 융통성과 인간미에 마음이 따뜻해진다.

브린디시의 슈바벤성城

4.

교황령의 기원은 756년 카롤링거 왕조를 연 피핀 3세가 교황에게 라벤나를 포함한 교회영지를 돌려줄 것을 약속한 '피핀의 기증서'에서 출발한다. 당시 교황은 해당 영지를 롬바르드 왕국에 빼앗긴 상태였다. 이에 교황은 프랑크 왕에게 도움을 청했고, 피핀 3세는 롬바르드 왕국을 굴복시킨 후 해당 영지를 반환하겠다는 약속증서를 받아내어 교황에게 돌려주었다. 또한 피핀의 아들 샤를마뉴도 774년 롬바르드 왕국의 수도였던 파비아를 포위한 후 아버지의 약속을 재확인해 주었다. 비록 약삭빠른 샤를마뉴는 후에 약속한 영지의 일부분만 내주었지만, 그래도 이는 교황이 향후 영적권력靈的權力뿐 아니라 세속권력世俗權力까지 거머쥘 수 있는 기반이 되었다.

하지만 이 일은 가톨릭이란 종교에게는 축복이었을지 모르지만, 이탈리아란 국가에는 두고두고 재앙에 다름 아니었다. 주권국가인 교황령 국가를 수립한 교황이 주변에 강력한 국가가 출현하는 것을 원치 않았기 때문이었다. 사실 교황은 세속군주가 아니었기에 무력으로 영토를 확장할 수도 없었고, 혈통을 통해 세습할 수도 없었다. 하지만 살아남기 위해서는 손 놓고 있을 수도 없는 노릇이었다. 이에 교황은 이탈리아반도 내에서 강력한 국가가 출현할 기미가 보일 때마다 외세를 끌어들여 분열을 조장했다. 또한 자신의 힘이 강할 때에는 황제와의 힘겨루기에 주변 국가들을 이용하기도 했다. 어찌 되었든 교황은 이탈리아반도 내에 통합왕국이 들어서는 것만은 기필코 막아야 했다. 이로 인해 이탈리아는 1861년이 되어서야 겨우 통일국가를 수립할 수 있었으며, 그때에도 가장 큰 장애물은 당연히 교황령 국가였다.

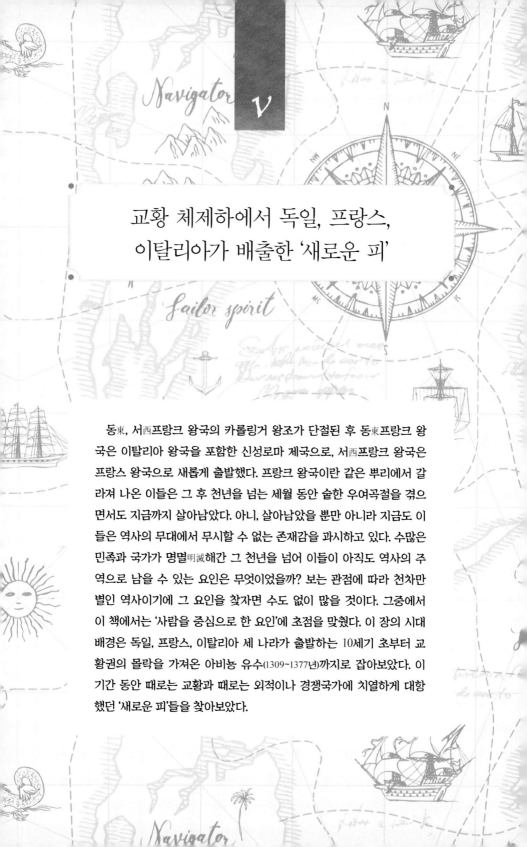

교황 체제하에서 독일, 프랑스, 이탈리아가 배출한 '새로운 피'

　동東, 서西프랑크 왕국의 카롤링거 왕조가 단절된 후 동東프랑크 왕국은 이탈리아 왕국을 포함한 신성로마 제국으로, 서西프랑크 왕국은 프랑스 왕국으로 새롭게 출발했다. 프랑크 왕국이란 같은 뿌리에서 갈라져 나온 이들은 그 후 천년을 넘는 세월 동안 숱한 우여곡절을 겪으면서도 지금까지 살아남았다. 아니, 살아남았을 뿐만 아니라 지금도 이들은 역사의 무대에서 무시할 수 없는 존재감을 과시하고 있다. 수많은 민족과 국가가 명멸明滅해간 그 천년을 넘어 이들이 아직도 역사의 주역으로 남을 수 있는 요인은 무엇이었을까? 보는 관점에 따라 천차만별인 역사이기에 그 요인을 찾자면 수도 없이 많을 것이다. 그중에서 이 책에서는 '사람을 중심으로 한 요인'에 초점을 맞췄다. 이 장의 시대 배경은 독일, 프랑스, 이탈리아 세 나라가 출발하는 10세기 초부터 교황권의 몰락을 가져온 아비뇽 유수(1309~1377년)까지로 잡아보았다. 이 기간 동안 때로는 교황과 때로는 외적이나 경쟁국가에 치열하게 대항했던 '새로운 피'들을 찾아보았다.

	독일	이탈리아/잉글랜드	프랑스	주요 사건
900년	오토 1세 (936~973)	베렌가리우스 2세 (950~961)	샤를 3세 (839~922) V-제1장	* 생클레르 조약(911) * 레흐펠트 전투(955)
1000년	하인리히 4세 (1056~1106)	그레고리우스 7세 (1073~1085)		* 카노사의 굴욕(1077)
1100년		V-제2장		
	오토 4세 (1208~1215)	리처드 1세 (1189~1199)	필리프 2세 (1180~1223)	* 제3차 십자군 원정(1189~1192)
1200년			V-제3장	
		페데리코 2세 (프리드리히 2세) (1220~1250) V-제4장		* 부뱅 전투 (1214) * 제6차 십자군 원정(1228~1229) * 대공위 시대(1254~1273) * 뒤른크루트 전투(1278)
	루돌프 1세 (1273~1291) V-제5장			
1300년		보니파시오 8세 (1294~1303)	필리프 4세 (1285~1314) V-제6장	* 아비뇽 유수(1309~1377) * 백년전쟁(1337~1453)
		VI-제1장		
1400년		헨리 5세 (1413~1422) 헨리 6세 (1422~1461)	잔 다르크 (1412~1431) 샤를 7세 (1422~1461)	* 랭스 탈환 (1429) * 이탈리아 대전쟁 (1494~1559)
	막시밀리안 1세 (1493~1519) VI-제2장		VI-제3장	
1500년	카를 5세 (1519~1556)		프랑수아 1세 (1515~1547)	* 파비아 전투 (1525) * 위그노 전쟁 (1562~1598)
			앙리 4세 (1589~1610)	
1600년	페르디난트 2세 (1619~1637)		VI-제4장	* 30년 전쟁 (1618~1648)
1700년	프리드리히 대왕 (1740~1786) 마리아 테레지아 (1740~1780)			* 오스트리아 왕위계승전쟁 (1740~1748) * 7년 전쟁 (1756~1763)
1800년	VI-제5장		나폴레옹 1세 (1804~1814) VI-제6장	* 나폴레옹 전쟁 (1803~1815)

제1장
땅 바쳐 얻은 평화와 피 흘려 찾은 평화
샤를 3세|Charles III le Simple와 오토 1세|Otto I der Große

초기의 프랑스와 독일은 둘 다 외적의 침입에 시달렸다. 9세기 말에서 10세기 중엽까지 북동부 프랑스 지방으로 쳐들어온 노르만족과 동부 독일 지방으로 침입해온 마자르족이 그들이었다. 제2차 게르만족의 이동이라고도 불리는 노르만족의 침입으로 프랑스는 기진맥진했고, 중앙아시아 유목민족 출신인 마자르족의 흉포함에 독일 전역이 떨었다. 이런 위급한 상황에서 서西프랑크 왕국(프랑스)의 샤를 3세|Charles III(재위: 893~922년)와 신성로마 제국(독일)의 오토 1세|Otto I(재위: 936~973년)는 서로 다른 방법으로 이에 대처해나갔다.

1.

프랑스의 전신前身인 서西프랑크 왕국의 샤를 3세Charles Ⅲ(재위: 893~922년)는 루이 2세와 그의 셋째 부인 사이에서 태어났다. 아버지는 그가 태어나기 몇 달 전에 죽었고, 어머니 또한 계비였기에 향후 그가 왕위에 오를 가능성은 거의 없었다. 국왕은 고사하고 심지어는 루이 2세의 친자식이 아니라는 반대파의 모함에 휘둘렸을 정도로 그의 앞날은 암울했다. 그런 샤를 3세였지만 열네 살이 되던 해인 893년, 우여곡절 끝에 랭스 대성당에서 국왕으로 즉위했다. 하지만 어린 왕을 반대하는 제후들이 반란을 일으켜 내전이 발생하자 897년 샤를은 왕위를 포기했다. 샤를 3세를 좋게 말하면 '순진하고 착하다'로, 나쁘게 말하면 '얼간이, 바보'라는 뜻이 담긴 '단순왕le Simple'이라 부른 데에는 아마 이런 사유가 있었을지 모른다. 끈질기게 버티지 못하고 반대파에 굴복해서 스스로 왕위를 포기했으니 말이다.

그런 샤를 3세였지만 아무래도 그는 국왕이 될 운명이었나 보다. 그를 몰아낸 반대파의 우두머리인 파리 백작 외드Eudes가 898년 후사後嗣 없이 죽으면서 뜻밖에도 샤를을 후계자로 지목했으니 말이다. 이렇게 천신만고 끝에 왕위를 되찾긴 했지만 불행하게도 그에게는 실권이 없었다. 비록 왕위는 샤를에게 양보했지만 그동안 수차례 노르만족의 침입을 격퇴하여 명성을 떨친 외드의 동생이 군권을 잡고 있었기 때문이었다. 이 때문에 출발부터 왕권이 취약한 상태에서 샤를은 북쪽에서 내려오는 노르만족과 남쪽에서 올라오는 이슬람 세력을 동시에 상대해야 했다. 특히 그들 중에서도 노르만족의 침입은 발등의 불이었다.

일명 '바이킹Viking'이라 불리는 노르만족 또한 게르만족의 일파였다. 지금의 스칸디나비아반도가 원 거주지였던 이들은 9세기 중반부터 따뜻하고 살기 좋은 남쪽으로 이동하기 시작했다. 노르만족의 침입은 '제2의 게르만족의 이동'이라 부를 정도로 그 규모가 커서 이후 유럽 역사에 지대한 영향을 주었다. 이들은 서쪽으로는 잉글랜드와 아일랜드, 그리고 아이슬란드를 거쳐 신대륙까지, 동쪽으로는 발트해 연안과 러시아 내륙을 관통한 후 흑해를 거쳐 동東로마 제국의 콘스탄티노플까지, 남쪽으로는 지브롤터 해협을 지나 시칠리아까지 그야말로 배가 닿는 곳이라면 세상 어디라도 휘젓고 다녔다.

[노르만족이 진출한 지역]

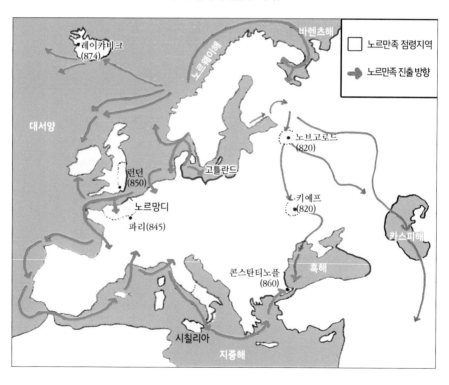

그런 노르만족에게 프랑크 왕국은 좋은 먹잇감이었기에 일찍이 샤를마뉴 대제 때에도 쳐들어왔다가 패퇴한 전력이 있었다. 이렇게 프랑크 왕국이 강성할 때에는 조용했던 노르만족이 본격적인 활동에 나선 때는 프랑크 왕국이 분할된 9세기 중반부터였다. 그들 중에서도 특히 롤로Rollo(846?~930년경)란 바이킹 두목이 이끄는 무리는 수차례 센강을 거슬러 올라와 파리를 약탈하여 서西프랑크 왕국을 괴롭혔다. 이에 그치지 않고 롤로는 898년에는 센강 하구에 위치한 루앙Rouen을 점령하더니 아예 그곳에 눌러앉았다. 파리의 목줄을 쥐어 잡힌 샤를 3세는 어떻게 해서든지 롤로를 쫓아내려고 애썼지만 싸울 때마다 지고 말았다. 시간이 흐를수록 샤를은 혼자 힘으로는 도저히 노르만족을 당할 수 없다는 사실을 깨달았다. 그렇다고 멋대로 행동하는 국내 유력 제후들의 도움을 받기도 힘들었다. 이에 샤를은 지금까지의 강경책을 포기하고 타협책을 모색했다.

2.

샤를이 회유책을 쓰자 그제야 파리 백작을 비롯한 유력 제후들은 끝까지 싸우자고 주장했다. 진즉에 힘을 합쳐 노르만족에 대항했으면 좋았으련만, 국왕 혼자 싸울 때는 모른 척하면서 자신의 영지 지키기에만 급급했던 제후들이었다. 그런 그들이 뒤늦게 항전 의지를 불태우는 모습에 씁쓸해했을 샤를의 표정이 상상된다. 한편 노르만족은 샤를의 회유책을 반겼다. 벌써 몇십 년 넘게 떠돈 그들이었기에 이제는 그만 정착하고 싶었던 것이다. 결국 샤를은 롤로의 무리가 향후 또 다른 노르만족이 침입해올 경우 대신 막아준다는 조건 하에 그들이 점령하고 있던 영토 일부를 정착지로 내주었다. 현재 프랑스의 '노르망디Normandi'란 지명은 바로 여기서 유래한다.

911년 7월 20일, 샤를 3세와 롤로는 생 클레르 조약Traité de Saint-Clair을 체결하였다. 가톨릭으로 개종한 롤로는 노르망디 공작이 되어 샤를을 주군主君으로 모시기로 했다. 하지만 신종臣從의 예禮를 서약하는 자리에서 웃지 못할 해프닝이 벌어졌다. 샤를 앞에 무릎 꿇고 그의 발에 입을 맞추라는 요구에 롤로가 펄쩍 뛴 것이다. 당황한 샤를 측은 거의 구걸하다시피 서약의 의식을 요구했지만 롤로는 요지부동이었다. 결국 한참을 밀고 당기던 양측은 간신히 롤로 대신 그의 부하가 신종의 예를 행하기로 합의했다. 그러나 롤로의 부하인들 기분이 좋을 리 있겠는가? 얼굴이 시뻘겋게 상기된 부하는 샤를 앞으로 가더니 허리도 굽히지 않고 다짜고짜로 왕의 다리를 번쩍 들어 올린 후 입 맞추는 시늉을 했다고 한다. 그동안 샤를은 거의 거꾸로 공중에 매달려있었다니 억지 부하 만들기도 그리 쉬운 일은 아닌가 보다.

　이런 우여곡절 끝에 롤로가 노르망디에 정착하자 많은 노르만족이 프랑스의 서북방 지방으로 이주해왔다. 그들은 처음엔 주변 지역을 약탈하여 문제를 일으키기도 했지만, 시간이 지나면서 차츰 프랑스 왕국의 언어와 관습, 종교를 받아들였다. 이로써 오랫동안 지속되었던 노르만족의 침입은 끝나고, 프랑스 왕국은 평화를 되찾았다. 하지만 '돈으로 산 평화'가 과연 부작용이 없었을까? 롤로의 후계자들은 형식적으로는 프랑스 국왕의 가신임을 자칭했지만, 실제로는 프랑스 왕국의 손이 미치지 않는 '노르망디 공국'이란 독립왕국을 건설해 나갔다. 앞으로 프랑스 왕국에 암적癌的 존재가 될 노르망디 공국은 이렇게 출현했다. 그리고 그로 인해 400여 년 후에 프랑스 왕국은 존망存亡의 위기危機로 내몰리게 된다. 잉글랜드와의 백년전쟁이 바로 그것이었다.

　돌이켜보면 같은 게르만 친척인 노르만족에게 쩔쩔매다 영토까지 떼어주며 무마했던 프랑스 왕국의 궁색한 모습이 우스워도 보인다. 그들의 선조가 어떤 사람들이었던가? '강인한 자', '용감한 자'를 뜻하는 프랑크족으로 모든 게르만 부족을 제압했던 선조들의 기상은 도대체 어디로 간 것일까? 하긴 '정착한 자는 이동하는 자를 당할 수 없다.'라는 역사의 철칙이 있긴 하다. 풍요로운 프랑스 땅에 정착한 지도 벌써 몇백 년 지난 프랑크족의 후손들은 죽기 살기로 달려드는 게르만 친척보다는 절박성이 덜 했을 것이다. 하지만 그것만으로는 설명이 충분치 않다. 그런 결정적인 위급상황에 대처하는 내부결속력에서도 찾아봐야 한다. 당대엔 '단순왕'이라 조롱받은 샤를 3세였지만 사실 그에게는 또 다른 면모가 있었다.

911년, 동東프랑크 왕국에서 카롤링거 왕조가 단절되었을 때, 샤를 3세는 자신이 카롤링거 왕조의 직계임을 내세워 왕위계승권을 주장했다. 그러나 동東프랑크 왕국의 귀족들이 그의 주장을 무시하고 콘라트 1세를 선출하자 동東프랑크 왕국을 침입하는 과단성을 보이기도 했다. 비록 샤를의 침입은 실패로 끝났지만, 그 와중에 로트링겐을 다시 복속시킬 수 있었다. 이런 점으로 볼 때 '단순왕'이란 별칭은 샤를 본인 탓도 있겠지만, 왕권을 견제하려는 프랑스 귀족들의 악선전일 가능성이 더 크다. 실제로 샤를이 새로 복속시킨 로트링겐을 중심으로 세력을 키우려 하자, 위협을 느낀 프랑스 귀족들은 샤를을 폐위시키고 새로운 왕을 세웠으니 말이다. 이 때문에 모처럼 되찾은 로트링겐은 샤를이 폐위되자 다시 독일 쪽으로 돌아섰다. 필자가 보기에 샤를 3세는 능력은 있었으나 운이 없는 군주였다. 유복자로 태어나 아버지에게 아무런 기반도 물려받지 못한 채, 출발부터 정통성 문제로 시달렸으니 어떻게 힘을 쓸 수 있었겠는가? 샤를에게는 왕국의 내부결속을 공고히 할 시간과 권력이 없었다. 이 때문에 노르만족에게 양보할 수밖에 없었고, 당장의 위기를 미봉책으로 덮어버림으로써 후세에 크나큰 부담을 안겼다.

오토 1세의 동상/ 함부르크 시청사

3.

신성로마 제국의 실질적인 초대 황제로 꼽히는 오토 1세Otto I(재위: 936~973년)의 아버지는 독일의 최초 왕조인 작센 왕조를 연 독일 왕이자 작센 공작公爵 하인리히 1세Heinrich I였다. 아버지 하인리히 1세는 독일이 유력한 부족들의 연합체란 사실을 잊은 적이 없었기 때문에 가급적 유력 공국들과의 직접적인 충돌을 피하려 했다. 그는 프랑켄과 슈바벤, 바이에른 공국이 차례로 반란을 일으켰을 때에도 항상 회유책을 썼다. 하인리히는 반란을 진압한 후에도 공국에 대한 통치권은 그대로 인정해주어 그들과 원수가 되는 일은 피했다. 다만 프랑스의 샤를 3세 때 넘어간 로트링겐에게는 강경책을 써서 독일 쪽으로 돌아오게 했을 뿐이다. 그 결과 하인리히는 재위 기간 중에 공국들 간의 관계를 원활히 하면서 작센 왕조의 기반을 착실히 다질 수 있었다. 이런 아버지 덕에 오토 1세는 샤를 3세와는 달리 단단한 기반 위에서 출발할 수 있었다. 여기에 더하여 프랑크 왕국의 전철을 피하려 한 아버지는 오토가 열일곱 살 되던 해인 929년에 게르만족의 분할상속원칙을 깨고 적자상속원칙을 선언함으로써 아들의 입지를 강화시켜 주었다. 실로 오토 1세는 샤를 3세에 비하면 엄청난 행운아였다.

936년, 아버지의 뒤를 이어 왕위에 오른 오토의 시선은 일찍부터 아버지보다는 샤를마뉴에게로 향해 있었다. 공국公國의 실체를 인정한 아버지의 정책을 따르기에는 너무 젊은 그였다. 그의 야망은 대관식 장소로 굳이 아헨을 선택한 데에서부터 분명히 드러났다. 샤를마뉴의 대관식을 흉내 내어 자신보다 두 달 전에 왕위에 오른 서西프랑크 국왕과는 격이 다름을 과시하려 했던 것이다. 대관식에는 왕홀王笏과 보주寶珠에 보검寶劍 등 군주의 위엄을 상징하는 보물들이 총동원되었다. 작센족인 오토였지만 프랑크족의 예복을 차려입음으로써 자신이 샤를마뉴의 후계자임을 강조했다. 대관식의 백미는 유력 제후들을 왕의 시종으로 세운 일이었다. 프랑켄, 슈바벤, 바이에른, 로트링겐 등 네 명의 공작이 그들이었는데, 왕의 권위는 올랐겠지만 공작들은 떨떠름할 따름이었다.

이런 오토였기에 그는 치세 중 상당 기간을 공작公爵들과의 싸움에 매달렸다. 우회적인 프랑스 왕과는 달리 직선적인 독일 왕인 오토는 정공법正攻法을 택했다. 이에 공작들은 그들 나름대로 작센 귀족들을 매수하거나 적자상속에 불만을 품은 오토의 이복형제들까지 충동질 해가며 오토에 대항했다. 여기에 더하여 로트링겐을 되찾으려는 프랑스 왕이 끼어드는 통에 일은 더욱 꼬여 들었다. 939년에 프랑켄 공작을 필두로 일어난 오토와 공작들과의 싸움은 954년에 가서야 겨우 끝났다. 오토는 아버지가 쌓아놓은 기반에 힘입어 자신에게 반기를 든 상대방을 제압해갔다. 그 결과 한때는 5대 부족 공국 모두를 수중에 넣을 수 있었다. 오토는 공국公國들의 반란에 대비하여 슈바벤은 큰아들에게, 로트링겐은 동생에게 맡겼고, 패배한 프랑켄 공작과 바이에른 공작에게는 충성을 맹세케 했다. 이제 독일은 작센 왕조에 의해 통합되는 듯했다.

4.

어느 정도 국내를 안정시킨 오토가 이탈리아로 관심을 돌릴 즈음에 이탈리아의 상황이 먼저 오토를 불러들였다. 당시 이탈리아 왕은 베렌 가리우스 2세Berengarius II(재위: 950~961년)였다. 그는 앞에서 말한 베렌 가리우스 1세의 외손자였는데, 왕위에 오르는 과정에서 정통성 시비에 휘말렸다. 전왕前王을 독살시킨 것에 그치지 않고, 전前 왕비王妃와 자신 의 아들을 강제로 결혼시키려 했던 것이다. 베렌가리우스 2세는 부르 군트 공公의 딸인 전 왕비와 아들과의 정략결혼으로 자신의 지위를 강 화하려 했다. 하지만 그녀가 원수의 아들과의 결혼을 완강히 거부하 자 감옥에 가두었다. 951년, 결국 전 왕비는 감옥을 탈출하여 오토에 게로 달려가 도움을 청했다. 얼마 전에 상처喪妻한 서른여덟 살의 오토 에게 열아홉 살의 미망인이 청혼까지 하면서 매달린 것이다. 오토로 서는 그야말로 '도랑 치고 가재 잡을 수 있는' 기회가 굴러들어온 격이 었다.

오토와 베렌가리우스의 싸움은 951년부터 963년까지 12년이나 계 속되었다. 하지만 말이 싸움이지, 사실은 오토의 일방적인 공격이었 다. 951년 가을, 오토의 제1차 이탈리아 원정이 시작되었다. 베렌가리 우스는 선봉으로 나선 오토의 큰아들인 슈바벤 공작의 공격은 잘 막 아냈다. 하지만 오토가 직접 나서자 곧바로 항복했다. 이때 오토는 베 렌가리우스를 폐위시키려 했지만, 마음을 바꿔 그를 이탈리아 왕으로 남겨놓는 대신 사위인 로트링겐 공작을 이탈리아 섭정으로 임명했다. 베렌가리우스가 자신의 영지까지 바치면서 복종을 다짐했기 때문이었다. 그로부터 10년 후인 961년 여름, 오토는 제2차 이탈리아 원정길에 올랐다. 이번에는 베렌가리우스의 공격에 견딜 수 없었던 교황이 오토를 불러들였다. 제1차 원정 이후 오토가 독일 내부 반란에 휩싸인 틈을 타서 베렌가리우스가 교황령을 넘본 것이다. 이번에도 오토는 어렵지 않게 베렌가리우스를 몰아낸 후 스스로 이탈리아 왕위에 올랐다. 이듬해인 962년 1월, 로마로 들어간 오토는 성 베드로 성당에서 대관식을 거행했다. 이로써 오토는 독일과 북부 이탈리아를 합한 신성로마 제국의 초대 황제가 되었고, 독립 지위로서의 이탈리아 왕위는 이때 없어졌다.

오토와 베렌가리우스의 끈질긴 악연은 여기서 끝나지 않았다. 중세 교황들이 어떤 인물들이었던가? 그들은 최고의 성직자들인 동시에 최고의 정치가들이었다. 오토가 독일과 이탈리아를 합친 신성로마 제국의 황제가 되자, 교황은 새삼스럽게 오토에게 위협을 느꼈다. 이에 교황은 지금까지의 적인 베렌가리우스와 손잡고 오토에 대항하려 했다. 참으로 대단한 교황이었지만, 문제는 실력이 뒷받침되지 않았다는 데에 있었다. 963년 12월, 세 번째로 알프스를 넘은 오토는 교황을 내쫓은 뒤 베렌가리우스를 생포하여 독일로 압송했다. 3년 뒤인 966년, 게르만 왕국으로부터 이탈리아 왕국을 떼어내려던 마지막 이탈리아 왕은 끝내 독일에서 옥사하고 말았다.

5.

　이탈리아 왕위는 별다른 어려움 없이 쟁취했건만, 그 과정에서 친족을 통해 공국을 통치하려던 오토의 꿈은 깨어졌다. 믿었던 큰아들 슈바벤 공작과 사위 로트링겐 공작이 합세하여 오토에게 반기를 든 것이다. 문제의 발단은 951년 제1차 이탈리아 원정 때로 돌아간다. 오토의 큰아들 슈바벤 공작은 단독으로 이탈리아 정벌에 나섰다가 베렌가리우스에게 보기 좋게 패했다. 오토는 사전 협의도 없이 멋대로 나섰다가 패한 아들을 질책했다. 그런데 의기소침해 있는 아들의 귀에 공교롭게도 아버지를 멀리할 수밖에 없는 결정적인 소문이 들려왔다. 얼마 전 아버지와 재혼한 이탈리아 전 왕비 출신인 새엄마가 낳은 갓난아이에게 자신의 계승권을 넘긴다는 것이었다. 불만이 많기는 오토의 사위인 로트링겐 공작도 마찬가지였다. 오토는 베렌가리우스를 감시하기 위해서 사위를 이탈리아 섭정으로 임명한 바 있었다. 그러나 장인은 정작 이탈리아 문제가 발생될 때마다 섭정인 사위보다는 동생인 바이에른 공작을 더 신임했던 것이다. 952년부터 시작된 이들의 반란은 954년 말이 되어서야 진압되었다.

　오토는 아들과 사위를 용서했지만 친족에 대한 신뢰를 잃어버렸다. 그때부터 오토는 친족에 의존하던 통치방법을 버리고, 교회를 이용해서 제국을 통치하기로 했다. 여기서 오토의 '제국교회정책帝國敎會政策 Reichskirchenpolitik'이 나왔다. '제국교회정책'이란 황제가 임명하는 고위 성직자에게 징세권을 포함한 세속적인 통치권을 부여하여 제국을 안정시키고 황권을 강화해나가는 정책을 말한다. 즉 주교나 수도원장을 봉신封臣으로 써서 그들의 힘을 키워줌으로써 세속 제후들을 견제하려는 데 그 목적이 있었다. 하지만 이 제도에는 치명적인 결함이 있었다. 이 제도가 제대로 작동하려면 황제가 성직자를 임명할 수 있는 인사권, 즉 '서임권敍任權'을 쥐고 있어야 했다. 이 경우 오토와 같이 황제권이 강할 때에는 문제가 없지만, 반대로 교황권이 강할 때에는 치명적인 문제점이 야기되었다. 성직자를 황제가 임명한다는데 반길 교황이 어디 있겠는가? 그로부터 백여 년 뒤에 발생한 '카노사의 굴욕Humiliation at Canossa'은 이를 잘 말해준다.

'제국교회정책'의 결정적인 결함은 또 있었다. 부족 연맹체로 출발한 독일을 후일 수없이 갈라놓은 제도가 바로 이 정책이었다. 오토가 교회에 통치권을 부여한 데에는 나름 계산이 있었다. 성직자이기에 당연히 자식이 없을 터이고, 그에 따라 영지의 대물림도 없을 터였다. 그러나 이는 오산이었다. 중세의 성직자란 성직자의 탈을 썼을 뿐이지, 세속 제후 못지않게 권력을 추구하는 부류가 많았다. 세월이 흐르면서 이들은 세속 영주와 다름없이 자신의 영지를 승계시켰고, 그에 따라 교회령 영주들이 많아지면서 독일은 그만큼 더 분열되어 갔다.

6.

신성로마 제국의 역대 황제들 가운데 '대제大帝'란 존칭을 받은 사람은 작센 왕조의 오토 1세가 유일하다. 936년 독일 왕위에 오른 이후 내적으로는 내부통합을 이루었고, 외적으로는 이탈리아 왕과 신성로마 제국 황제까지 겸했으니 분명 그의 업적은 컸다. 하지만 그것만으로 오토에게 '대제Otto I der Große'란 존칭을 부여한 건 아니었다.

954년, 오토와 그의 큰아들 사이에 내전이 발생한 틈을 타서 마자르족이 남부 독일로 쳐들어왔다. 중앙아시아계 기마 유목 민족인 마자르족이 현재의 헝가리 분지로 들어온 해는 896년이었다. 그로부터 반세기 동안 유럽은 마자르족의 흉포한 침략에 전전긍긍했다. 그들은 멀리는 이탈리아와 스페인까지 넘나들면서 독일 전역을 약탈했다. 기동성을 자랑하는 마자르족에게 유럽의 중무장한 기병대는 속수무책이었다. 이번에도 기습에 성공한 마자르족은 이듬해인 955년, 자신만만하게 아우구스부르크 성을 포위했다. 하지만 내전을 마무리한 오토에게는 아버지 하인리히 1세가 남겨준 강력한 기병이 있었다. 수적으로는 불리했지만 오토가 이끄는 독일군은 아우구스부르크 근교의 레흐펠트Lechfeld에서 마자르족을 대파했다. 어느 작센 연대기 작가는 레흐펠트 전투를 아래와 같이 기술했다.

"그토록 포악한 적을 상대로 쟁취한 그토록 잔혹한 승리는 없었다."

레흐펠트 전투에서 패전한 마자르족은 더 이상의 이동을 멈추고 헝

북해

함부르크　　빌룽가 영토

프리지아　　작센　　마그데부르크　　북부 영토　　폴란드 왕국

쾰른

하 로트링겐
(로렌)　　마인츠　　튀링겐

트리어　　프랑켄(프랑코니아)　　보헤미아　　모라비아

상 로트링겐
(로렌)　　헝가리 왕국

프랑스 왕국　　슈바벤　　바이에른　　오스트리아

콘스탄츠　　잘츠부르크　　슈타이어마르크

부르군트 왕국
(부르고뉴)　　케른텐

베로나　　크라인

롬바르드　　베네치아 공화국　　크로아티아 왕국

세르비아 왕국

토스카나

교황령　　스폴레토 공국

코르시카　　베네벤토 공국

신성로마 제국 영역

베네치아 공화국 영역

가리 땅에 정착한 후 기독교로 개종했다. 이로써 독일의 동부 변경에는 평화가 찾아왔다. 레흐펠트 전투의 승리는 오토의 명성을 온 유럽에 알렸고, 그에게 '대제'란 존칭을 안겨주었다. 신성로마 제국 황제이자 독일 왕위와 이탈리아 왕위를 한꺼번에 거머쥔 오토는 샤를마뉴에 버금가겠다는 그의 꿈을 이루었다. 하지만 그도 샤를마뉴처럼 자신의 왕국을 안정화시키지는 못했다. 샤를마뉴가 사라지면서 프랑크 왕국이 분해되었듯이, 신성로마 제국 또한 오토의 개인적 카리스마가 사라지는 순간 공중 분해될 운명이었다.

오토는 공과功過가 분명한 군주였다. 마자르족의 침입에 정면 대응하여 샤를 3세처럼 후환을 남기지 않은 일은 분명히 그가 이룬 큰 공적功績이었다. 물론 아버지 하인리히 대代부터 쌓아온 기반 위에서 아들이 꽃피운 결과물이긴 했지만 말이다. 그러나 세속권력을 견제하고자 교회권력을 키워놓은 '제국교회정책'은 불로써 불을 끄려 했던 과오過誤였다. 세월이 흐르면 흐를수록 더욱더 독일의 분열을 초래한 결정적인 원흉이 바로 '제국교회정책'이었다.

제2장

카노사Canossa, 젊은 황제와 늙은 교황의 만남

하인리히 4세Heinrich IV와 그레고리우스 7세Gregorius VII

결코 참칭자僭稱者가 아니며 신의 풍요한 은총에 의하여 황제가 된 하인리히 4세로부터……

이미 교황은 아니며 한갓 좋지 못한 수도사에 불과한 일데브란도 Ildebrando에게 보내노라.

1076년 황제 하인리히 4세가 교황 그레고리우스 7세에게 보낸 서한

나는 정의를 사랑하고 불의를 미워했다. 이로 인해 나는 망명지에서 죽는다.

1085년 교황 그레고리우스 7세가 망명지에서 남긴 유언

1.

지금으로부터 천 년 전인 1020년, 이탈리아 중부 토스카나주州의 소아나Soana란 소도시에서는 후일 온 유럽을 뒤흔들 사내아이가 태어 났다. 일데브란도 디 소아나 Ildebrando di Soana, 즉 '소아나의 일데브란 도'가 그였다. 그러나 어렸을 때의 일데브란도는 유럽은커녕 소아나란 궁벽한 시골마을조차도 어쩔 성싶지 않았다. 대장장이 아들로 태어난 매우 비천한 집안 출신이기 때문이었다. 하지만 일데브란도는 아버지 의 뒤를 이어 대장장이나 하며 고향에서 썩기엔 너무 똑똑했고, 너무 야망이 컸다. 그런 그의 유일한 희망은 로마의 한 수도원의 원장으로 있던 삼촌의 존재였다. 그 당시 힘없고 돈 없는 젊은이가 신분 상승할 수 있는 유일한 방법은 성직자로 나가는 길이었다. 운이 좋았던지 아 니면 능력이 있었던지, 로마로 간 일데브란도는 자신의 운명을 좌우할 스승을 만났다. 나중에 교황 그레고리우스 6세Gregorius VI가 되는 요 한네스 그라시아누스Johannes Gratianus가 바로 그였다.

성직자가 된 일데브란도는 남들에게는 없는 자신만의 비상한 능력 이 있었다. 그는 스승인 그레고리우스 6세를 필두로 그 자신이 교황이 되는 1073년까지 약 30년 동안 무려 아홉 명의 교황을 모셨다. 그 30 년 동안 일데브란도는 그가 모신 모든 교황의 신임을 받았고, 모든 교 황의 가장 가까운 측근이 되었다. 아마도 일데브란도는 사람의 마음 을 사로잡는 천부적인 소질이 있었나 보다. 교황청 행정관부터 시작하 여 여러 차례 교황 특사로 활약한 그는 교황이 되기 훨씬 전부터 이미 교회에서 가장 강력한 영향력을 지닌 인물이 되었다. 1073년, 쉰세 살의 일데브란도는 마침내 교황 그레고리우스 7세Gregorius VII(재위: 1073~1085년)가 되었다. 오랫동안 막강한 실력자였던 그가 이렇게 늦은 나이에야 교황이 될 수 있었던 이유는 아마도 비천한 출신 때문이었으리라. 그레고리우스 7세를 새 교황으로 선택한 이유를 열거한 교황 선출 발표문은 새 교황의 향후 행태를 짐작게 해 주었다. "신심이 깊고, 정의롭고, 역경에 강하며, 사도들의 가르침대로 행하는 행동주의자인데다가……."

그레고리우스 7세가 30년 전의 교황인 그레고리우스 6세의 이름을 딴 데에는 깊은 뜻이 있었다. 그레고리우스 7세의 스승인 그레고리우스 6세는 교황이 되기 전부터 대단히 강직한 성격의 인물이었다. 그런 명성에 힘입어 수석사제였을 때 그는 전임 교황인 베네딕토 9세의 대부代父가 되었다. 그런데 이 베네딕토 9세라는 교황이 웃기는 사람이었다. 베네딕토 9세는 막강한 가문의 후광으로 겨우 스무 살에 교황이 된 젊은이였다. 그런 그가 어느 날 자신의 대부에게 상담을 요청했다. 내용인즉 '자신은 가족들의 강압에 못 이겨 교황이 되었다. 하지만 교황직에 뜻도 없고 결혼도 하고 싶다, 그러니 교황직을 사퇴하려는데 어떻게 생각하시나'였다. 베네딕토 9세의 말을 들은 대부는 정 그렇다면 사퇴하라고 조언했다. 그랬더니 젊은 교황은 자신의 대부에게 뜻밖의 제안을 했다. 대부께서 교황직을 넘겨받는 대가로 자기에게 거액을 달라는 내용이었다. 최고 성직자라는 사람들이 이 정도였다니 지금으로서는 말도 안 되는 소리였지만, 당시로서는 그렇게 이상할 것도 없었나 보다. 강직하기로 소문난 그레고리우스 6세가 그의 제의를 선선히 받아들였으니 말이다.

그런데 여기서부터 가톨릭 판 끝장 드라마가 시작된다. 교황직을 팔고 로마를 떠난 베네딕토 9세의 마음이 바뀐 것이다. 교황직을 내려놓자마자 새삼 권력에 대한 미련이 되살아났던지 베네딕토 9세는 자신의 결정을 취소하고는 로마로 되돌아왔다. 하지만 그동안 베네딕토 9세에 반대하던 로마 귀족들이 실베스테르 3세Sylvester Ⅲ란 대립교황을 세우는 통에 사태는 점점 우습게 되었다. 졸지에 교황이 세 명이나 나타나면서, 서로 자신이 정당한 교황이라며 싸움질이 시작된 것이다. 자체적으로는 도저히 사태수습을 할 수 없었던 교회는 신성로마 제국의 황제 하인리히 3세Heinrich Ⅲ에게 조정을 의뢰했다. 1046년, 이탈리아로 내려온 하인리히 3세는 교회 회의를 소집하여 아래 내용을 결의했다. '베네딕토 9세와 그레고리우스 6세, 실베스테르 3세 모두를 교황직에서 사퇴시키고, 독일인인 클레멘스 2세Clemens Ⅱ(재위: 1046~1047년)가 새로운 교황이 된다.'

퇴임한 그레고리우스 6세는 독일로 망명길에 올랐고, 스물여섯 살의 젊은 일데브란도는 스승과 동행했다. 1048년, 쾰른에 은거했던 그레고리우스 6세가 선종하자, 일데브란도는 클뤼니 수도원Abbaye de Cluny에 잠시 머물렀다. 이와 같이 그레고리우스 6세는 결코 명예롭게 퇴임한 교황이 아니었다. 그럼에도 불구하고 하필이면 그런 옛 스승의 이름을 딴 일데브란도의 저의는 무엇이었을까? 교황이 된 후 교회개혁에 온 힘을 쏟았던 그레고리우스 7세는 종전에 묵인되었던 성직매매를 금지시켰다. 이런 성향으로 볼 때 그는 스승의 성직매매 행위를 옹호하고 싶은 생각은 없었을 것이다. 하지만 그레고리우스 7세는 교회 안에서 발생된 문제에 대해 세속권력이 간섭하고 판단한 전례를 인정하고 싶지 않았다. 다시 말해 신임 교황은 교회 문제를 황제가 결정할 권한이 없음을 주장하고 싶었던 것이다. 이렇게 볼 때 '카노사의 굴욕'이란 대사건은 그의 임기 초부터 이미 잉태되고 있었다. 애당초 그레고리우스 7세는 그때까지 관례화되어왔던 교회에 대한 황제의 우위권을 부정하고 나섰기 때문이었다.

2.

신성로마 제국 황제 하인리히 4세Heinrich IV(재위: 1056~1106년)는 1050년, 독일 니더작센Niedersachsen주州 남동부에 위치한 고슬라Goslar 황궁에서 태어났다. 하인리히 4세는 잘리어Salier 왕조의 세 번째 황제로, 오토 대제의 사위인 적공赤公 콘라트Konrad der Rote가 그의 선조였다. 적공 콘라트는 앞 장에서 말한 오토 대제의 큰아들 슈바벤 공작과 함께 장인에게 반기를 든 바로 그 로트링겐 공작이었으며, 초대 독일 왕인 콘라트 1세의 증손자이기도 했다. 작센 왕조의 뒤를 이은 왕조를 잘리어 왕조라 부르게 된 것은 적공 콘라트 일가가 프랑크족의 제1부족인 살리족의 후손들이기 때문이었다.

하인리히 4세의 가계도

〈작센 왕조〉   〈잘리어 왕조〉

오토 1세 - - - - - - - - - - - - - 콘라트 1세
(973~983)   (911~918)

오토 2세   류트가르데 ══════ 적공 콘라트
(973~983)

오토 3세
(983~1002)

하인리히 2세
(1002~1024)

                                    콘라트 2세(증손자)
                                    (1024~1039)

                                    하인리히 3세
                                    (1039~1056)

                                    하인리히 4세
                                    (1056~1106)

() 안은 재위기간   하인리히 5세
                                    (1106~1125)

한편 하인리히 4세의 아버지는 하인리히 3세로 앞에서 말한 세 교황을 퇴임시킨 바로 그 황제였다. 하인리히 3세는 정치와 종교를 한 손에 거머쥔 최후의 신성로마 제국 황제였다는 평을 듣는 인물이었다. 신성로마 제국으로서는 이런 강력한 황제가 오랫동안 재위했다면 좋았으련만, 안타깝게도 하인리히 3세는 채 마흔 살도 넘기지 못하고 급사했다. 그것도 이제 겨우 여섯 살 된 아들을 남기고 말이다. 사정이 그러하니 그 뒤는 보지 않아도 뻔했다. 아들을 대신해서 모후가 섭정에 나섰지만 역부족이었고, 잘리어 왕조에게 왕위를 빼앗긴 작센 공국을 필두로 한 반란이 수시로 일어났다. 어린 왕의 지위는 위태롭기 짝이 없었고, 심지어 열두 살이 되던 해인 1062년에는 쾰른 대주교에게 납치되어 쾰른으로 끌려갔다. 하인리히 4세를 손에 넣은 쾰른 대주교는 모후를 수녀원으로 내쫓은 후 정권을 좌지우지左之右之했다. 하지만 이런 험한 꼴을 당하고도 어린 왕은 살아남았다. 아니, 살아남았을 뿐만 아니라 적으로 적을 치는 천부적인 정치 수완을 발휘했다. 쾰른 대주교에 대항할 수 있는 브레멘 대주교를 자신의 수호성인으로 삼은 것이다. 기회를 엿보던 이들은 쾰른 대주교가 독일을 비운 틈을 타서 친위 쿠데타를 일으켰다. 1065년, 하인리히 4세는 자신이 성년이 되었음을 내세워 친정체제를 선포했다. 그리고 이듬해인 1066년엔 그의 후견인이었던 브레멘 대주교마저 내치는 치밀함을 보였다.

황제가 될 때는 어렵사리 되었지만, 하인리히 4세는 나이에 걸맞지 않은 고도의 정치 감각으로 민심을 휘어잡았다. 젊은 황제는 신민들의 권익보호에 앞장서서 그들의 신망을 얻었다. 또한 당시로서는 보기 드물게 개인의 양심에 따른 개종改宗을 인정해준 진보적인 군주이기도

했다. 따라서 빈번한 반란과 교황과의 싸움으로 얼룩진 그의 치세였지만 신민들은 변함없이 황제를 지지해주었다. 이런 신민들의 지지를 바탕으로 하인리히 4세는 그의 치세 대부분을 제국 통합에 바쳤다. 하지만 그런 그를 막아선 최대 걸림돌은 역시나 교회였다. 하인리히 4세는 원초적으로 교회에 대한 트라우마trauma가 있었던 듯하다. 어린 시절 쾰른 대주교에게 납치당한 이후 온갖 감시를 받으며 위태로운 생활을 했던 악몽이 그를 그렇게 만들었으리라. 이제 교회에 대한 거부감이 강한 황제와 세속권력의 우위를 인정하지 않는 교황이 충돌할 때가 다가오고 있었다.

3.

하인리히 4세와 그레고리우스 7세의 관계가 처음부터 나빴던 것은 아니었다. 통찰력이 뛰어난 하인리히는 신성로마 제국이란 국가가 독일 내 유력제후들과 교황의 지지를 받아야만 존재하는 불안정한 체제라는 사실을 잘 알고 있었다. 그런 그에게 1073년 그레고리우스 7세란 강력한 교황의 출현은 불길한 징조일 수밖에 없었다. 당시 작센 공국의 반란을 진압해야 하는 하인리히에게는 교황과의 우호관계가 중요했다. 양쪽의 적을 동시에 상대할 수 없었던 황제는 우선 교황의 비위를 맞추었다. 젊은 황제는 교황 특사가 보는 앞에서 교황에게 순명順命할 것과 교회 개혁에 앞장서겠다고 약속했다. 이런 하인리히에게 넘어간 교황은 그를 신임했지만, 1075년 작센 공국을 굴복시킨 황제는 손바닥을 뒤집듯이 교황의 기대를 저버렸다. 일말의 거리낌 없이 북부 이탈리아에 대한 자신의 권리를 주장하고 나선 것이다. 여기에 더하여 황제는 남부 이탈리아를 점유하고 있는 노르만족과의 동맹을 추진함으로써 교황의 신경을 극도로 날카롭게 만들었다. 그렇지 않아도 노르만족의 위협 때문에 골머리를 앓고 있던 교황은 양자의 동맹이 성사될 경우 위아래로 적에게 포위될 위험에 노출되었다.

갈수록 긴장이 고조되어가던 황제와 교황은 서임권敍任權 문제로 정면충돌하게 되었다. 앞에서도 말했듯이 서임권敍任權이란 주교主敎나 대수도원장大修道院長 등 고위 성직자에 대한 임명권, 즉 인사권을 말한다. 그런데 어제오늘 일도 아닌 서임권 문제가 왜 하필 이때 발발했을까? 오토 대제의 제국교회정책帝國敎會政策에서도 봤듯이 당시 고위 성

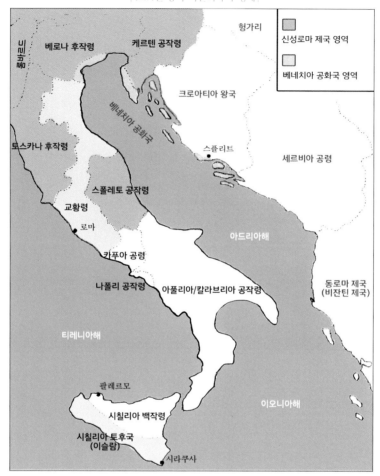

직자에 대한 서임권은 황제에게 있었는데 말이다. 하지만 철저한 원리주의자였던 그레고리우스 7세는 바로 이 점을 용납하지 않았다. 교황으로 취임한 이듬해인 1074년부터 이미 그는 성직매매를 규탄하며 교회개혁에 박차를 가했다. 더 나아가 그레고리우스는 오직 교황만이 주교를 서임하거나 면직시킬 수 있다는 내용의 칙령을 발표했다. 지금까

지 황제와 국왕 등 세속권력이 행사해온 잘못된 서임권을 부인한 것이다. 이러한 교황의 주장은 그럴싸해 보였지만 당시의 실정으로 볼 때 억지에 다름 아니었다. 교황의 주장이 맞으려면 고위 성직자들이 순수한 성직자들이어야 했다. 하지만 대부분의 고위 성직자들은 사실상 제국의 고급관료들이었다. 특히 제국교회정책이 시행된 이래로 황제가 임명한 고위 성직자들은 성직자보다는 오히려 군주의 가신家臣으로 더 큰 역할을 했다. 그런데 그런 사람들에 대한 인사권을 교황이 갖겠다고 나섰으니, 그럴 경우 황제가 설 땅은 어디란 말인가? 아무리 원리주의자인 교황이었지만 그런 사정을 모를 리 없었다. 알면서도 밀어붙인 데에는 그만한 이유가 있었다.

그레고리우스 7세란 교황이 어떤 사람이었던가? 쉰세 살 나이로 뒤늦게 교황에 오른 그는 그야말로 산전수전 다 겪은 노회한 사람이었다. 쉽게 말하면 장교 출신이 아닌 사병 출신으로 최고지휘관에 오른 전설적인 인물이 바로 그였다. 출신이 비천했기에 오히려 더욱더 원리원칙에 충실하고 가시적인 성과를 내고 싶었을 교황은 자연히 원리주의로 기울 수밖에 없었으리라. 그런 그레고리우스 7세의 눈에 자신보다 서른 살이나 어린 황제가 만만히 보였을 수도 있다. 더구나 젊은 황제는 한때 쾰른 대주교의 인질신세였을 정도로 무력하지 않았던가? 만약에 상대가 젊은 황제의 아버지인 하인리히 3세였다면 교황도 그렇게까지 함부로 나가진 못했을 것이다. 하지만 상대는 아버지에 비해 형편없이 권위가 떨어지는 젊은이였다. 교황은 지금까지 세속권력에 눌려 지냈던 교회권력을 단번에 만회할 수 있는 좋은 기회를 놓치기 싫었다. 이런 치밀한 계산하에 먼저 치고 나온 교황이었지만, 딱 한 가지 간과한 점이 있었다. 하인리히 4세는 교황이 생각하듯이 그렇게 만만한 상대가 아니었다.

하인리히 4세는 그레고리우스 7세와는 비교할 수 없는 고귀한 가문의 금수저 출신이었다. 하지만 출신만 그랬을 뿐이지, 젊은 황제가 걸어온 길은 늙은 교황의 그것보다 더 험하면 험했지 못하지 않았다. 겨우 여섯 살에 자신을 보호해 줄 아버지를 여읜 이후로 하인리히가 겪었던 고난의 길은 교회란 보호막 속에서 살아온 그레고리우스로서는 도저히 상상할 수 없었다. 그런 상황에서 비록 나이는 어렸지만 살아남기 위한 현실 감각은 늙은 교황보다 젊은 황제가 더 높았다. 교황은 젊은 황제가 한때 쾰른 대주교의 인질이었다는 사실만 알았지, 그렇게 된 과정은 잊고 있었다. 당시 열두 살 된 소년은 대주교의 꾐에 빠져 그의 배에 올랐다가 자신이 납치되었다는 사실을 깨달은 순간 뱃전에서 뛰어내린 당찬 인물이었다. 비록 물에 빠져 죽을 뻔했지만 말이다. 한마디로 말해 하인리히는 적의 머리를 얻을 수 있다면 자신의 팔다리라도 떼어줄 인물이었다. 이런 황제와 교황의 싸움은 지독한 현실주의자現實主義者와 지독한 원리주의자原理主義者와의 충돌이었다.

✦ 카노사Canossa로 가는 길

19세기, 로마 교황청과 대립한 독일의 철혈수상 비스마르크는 다음과 같이 말했다. "우리의 영혼과 몸, 둘 다 카노사에 가지 않을 것이다." 2018년 봄, 비스마르크가 800년도 넘는 옛 치욕을 되뇌었던 카노사성Castello di Canossa을 찾아가는 나 홀로 여정은 그리 만만치 않았다. 카노사의 일화는 잘 알아도 막상 그곳으로 가는 방법을 아는 사람은 없었다. 이탈리아 북부 에밀리아로마냐Emilia-Romagna주州의 역사적인 도시인 파르마Parma에서 시작해보았지만, 자기네는 잘 모르겠으니 이웃 도시인 레조넬에밀리아Reggio nell'Emilia로 가보란다. 파르마에서 기차로 반 시간 거리인 레조넬에밀리아로 이동하여 여행자 안내소를 찾으니 난색을 표하긴 마찬가지다. 잠깐 기다리라며 컴퓨터로 열심히 조회하는 품이 대중교통으로 그곳에 가는 사람들은 없었던 모양이다. 한참을 기다린 후에야 기차를 타고 치아노 덴짜Ciano d'Enza라는 소도시까지 간 다음 다시 버스를 타야 한단다. 그런데 시작부터 참 어렵다. 기차역 창구에서 치아노 덴짜 행 표를 달랬더니 건너편 어딘가를 가리킨다. 사람의 선입견이란 참 무섭다. 나중에 알고 보니 창구 직원이 가란 곳은 편의점이었는데, 버스표라면 몰라도 기차표를 편의점에서 팔리라고는 생각도 못 했으니 말이다. 그것도 멀쩡한 매표창구를 놔두고 왜 엉뚱한 편의점으로 가라는지 말이다. 하지만 이런 일은 의사소통이 안 되고 우리와 시스템이 조금씩 다른 여행길에서는 흔히 일어날 수 있다. 한 시간 거리인 레조넬에밀리아와 치아노 덴짜 사이는 정식 기차가 아닌 트램과 비슷한 지방 간선열차가 달리고 있었다.

치아노 덴짜에 도착하니 더욱 난감하다. 역무원에게 카노사에 관한 기본정보를 얻으려 했지만 무인 철도역이어서 물어볼 사람이 없다. 조금 전 기차에서 내린 승객들은 어느 틈에 사라져버렸고, 부슬부슬 비가 내리는 한산한 거리엔 개미새끼 한 마리 없다. 기차역 앞엔 버스는 말할 것도 없고 택시도 찾아볼 수 없는 그야말로 시골구석이었다. 상점도 없고 이정표도 없어서 도무지 어느 방향으로 걸어가야 할지부터 알 수 없다. 한참을 길가에 서서 지나가는 차를 기다리다 겨우 카노사로 가는 길을 물을 수 있었다. 기차역에서 카노사성까지는 왕복 16㎞, 사십 리 길이다. 부지런히 걸어도 세 시간 이상은 걸릴 텐 데 발걸음은 자꾸 늦어진다. 갈지자之字로 완만하게 계속되는 오르막길 때문만은 아니다. 저 아래로 내려다보이는 비에 젖은 토스카나 지방의 그림 같은 풍광이 자꾸 발길을 붙잡기 때문이다. 신록이 한창인 토스카나

토스카나 지방 전경

의 드넓은 벌판 저 멀리로는 머리에 흰 눈을 가득 인 연봉도 보인다. 나는 지금 한껏 편한 마음으로 카노사로 향하고 있지만, 그 옛날 하인리히 4세는 얼마나 암담한 마음으로 이 길을 지나갔을까?

어쩌다 한 번씩 스쳐 지나가는 차량 외에는 아무도 없는 외길을 걷다 보니 정확하게 중간인 4㎞ 지점 언덕 위에 성 하나가 보인다. 저곳이 카노사성이면 좋겠다는 쓸데없는 생각을 했지만, 로세나성Castello di Rossena이라는 팻말이 나를 살짝 실망시킨다. 우리의 봉화대처럼 이곳에선 중간중간에 이렇게 성을 세웠나 보다. 다시 한참을 걸은 후에 저 멀리 머리 위로 카노사성이 보인다. 아무튼 주위보다 높은 곳이면 어김없이 성을 쌓았으니, 중세 유럽인들은 우리보다 얼마나 험한 삶을 살았을까? 유난스레 나를 반기는 매표원 아줌마 말이 오늘 유일한 손님이 왔단다. 하긴 비 내리는 평일, 볼 것이라곤 무너져 내리고 남은

카노사성城 유적지

성벽 몇 조각이 전부인 외진 이곳에 누가 오겠는가? 성안으로 들어서니 정말 볼 것이 없었다. 창고처럼 무성의하게 지어놓은 박물관 건물만큼이나 전시물도 빈약했고, 뼈대만 남은 성벽은 비에 젖어 더욱이나 을씨년스럽다. 그래도 나처럼 상상력이 빈약한 사람은 이런 폐허나마 내 눈으로 봐야 직성이 풀린다. 천 년 전 저 아래 어디쯤에서 하인리히 4세가 사흘 동안 맨발로 눈밭에 서 있었으리라. 그리고 무너져 내린 이곳 어디쯤은 맨발의 황제를 지켜보던 교황이 있던 방이었겠지. 지붕도 없이 휑하니 뼈대만 서 있는 성벽 틈새 틈새마다 봄비를 맞아 한껏 푸르른 잡초들이 억척스레 뿌리를 내리고 있었다.

벌써 오후 네 시, 서둘러 돌아가야 할 시간이다. 올 때와는 달리 되돌아가는 길은 반대로 내리막길이기에 수월하련만, 이번에는 무거워진 다리가 자꾸 쉬어가자 한다. 중간 지점쯤에서 길가에 앉아 잠시 쉬며 지나가는 차를 잡아보기로 했다. 정말 어쩌다 지나가는 차들 중에서 승용차를 고르려니 더욱이나 뜸하다. 한참을 기다리다 포기하려 할 즈음에 승용차 한 대가 지나간다. 손을 드니 운전자가 의외로 순순히 세워준다. 그런데 오십 대 후반쯤 되어 보이는 사내가 내게 던진 인사말이 무척이나 청량하다. "어느 나라에서 왔느냐Where are you come from?"가 아닌 "이탈리아 사람이냐Are you Italian?"라고 물어왔기 때문이다. 유럽의 웬만한 곳은 다 다녀봤지만, 이런 질문은 이곳이 처음이다. 백인도 아니고 한눈에 보아도 동양인임에 틀림없는 나에게 그렇게 묻는 그가 참 신선해 보였다. 외양으로 외국인과 내국인을 판단하지 않는 그에게서 옛 로마인의 포용력이 읽혔기 때문이다.

4.

1075년 2월, 성직聖職은 속인俗人의 손에 의해 선임되거나 지명받아서는 안 된다는 내용의 교황령이 공포되었다. 하지만 하인리히 4세는 이를 무시하고 밀라노 대주교 임명을 강행했다. 그해 말, 교황은 황제에게 다음과 같은 서신을 보냈다.

> "……우리는 당신이 교회에서 견책당한 사람들과 왕래를 하고 있다는 보고를 받았습니다. 이것이 사실이라면 당신은 먼저 파문당한 자들을 쫓아내고 그들에게 강제로라도 회개하도록 해야 합니다. 그리고 당신 자신도 이에 상응하는 속죄와 참회의 고행을 통해 자신의 죄에 대한 사면과 용서를 구해야 할 것입니다……."

전례를 찾기 힘든 교황의 거친 문책에 격분한 황제는 그보다 더 격한 서신을 교황에게 보냈다. 황제의 서신은 이렇게 시작된다.

> "결코 참칭자僭稱者가 아니며 신의 풍요한 은총에 의하여 황제가 된 하인리히 4세가 이미 교황은 아니며 한갓 좋지 못한 수도사에 불과한 일데브란도Ildebrando에게 보내노라."

여기서 젊은 혈기를 못 이긴 황제는 결코 넘어선 안 될 선을 넘고 말았다. 쓸데없이 교황의 아킬레스건을 건드린 것이다. 굳이 자신은 참칭자가 아니라고 강조한 건 교황이 참칭자라는 뜻인데, 여기엔 그럴 만한 사연이 있었다. 사실 그레고리우스는 교황 좌에 오를 때 교회법에 의한 절차가 아닌 편법에 따랐었다. 전임 교황의 장례 미사를 거행하던 중에 미사에 참석한 성직자들과 평신도들의 예정에도 없던 지지를 받아 차기 교황으로 추천받은 것이다. 이 때문에 그레고리우스는 나중에 반대자들로부터 두고두고 꼬투리를 잡혔는데, 하인리히도 이를 꼬집은 것이다. 이러니 원리주의자인 그레고리우스로서는 이보다 더 뼈아픈 말이 없었으리라.

이듬해인 1076년 1월, 황제는 보름스Worms에서 긴급회의를 열었다. 평소에 그레고리우스 7세에게 반대하던 독일과 로마의 고위 성직자들은 황제 편을 들었다. 이에 고무된 하인리히는 기세 좋게 교황의 폐위를 선언했고, 로마 시민들에게 새로운 교황을 선출할 것을 요구했다. 이에 질세라 교황은 보름스 선언이 발표된 이튿날에 하인리히 4세를 파문하면서 그의 제위도 박탈했다. 또한 제국 신민들이 더 이상 파문당한 황제에게 복종할 의무가 없다고 선언했다. 사태가 이렇게 흘러가자 교황과 황제의 틈에 낀 신민들, 특히 독일 내 제후들의 동향이 양자의 승패에 결정적인 요인이 되었다. 하지만 당시는 중세 시대였다. 어찌 되었건 교황에게 정면으로 대들기에는 영원한 형벌에 대한 사람들의 두려움이 너무 컸다. 또한 황제에 복종할 필요 없다는 교황의 메시지는 가뜩이나 독립적인 독일 제후들에게 더할 나위 없는 매력이었다. 이렇게 되자 황제를 지지했던 사람들이 꼬리를 내리면서 분위기는 급반전하여 황제에게 불리하게 돌아갔다. 결국 새로운 황제를 선출하자는 교황 특사의 선동에 이끌린 제후들이 그해 10월에 회의를 열었다. 새 황제를 누구로 할 것인지에 대한 합의가 이루어지지 않는 통에 간신히 폐위는 면했지만, 하인리히의 처지는 그야말로 바람 앞에 등불이었다. 제후들은 교황에게 사죄하라고 황제를 압박했으며, 100일 이내에 파문이 해제되지 않을 경우엔 황제 위가 공석인 것으로 간주한다며 으름장을 놓았다.

막다른 골목으로 내몰린 황제는 현실주의자답게 어디서부터 잘못되었는지를 돌아봤을 것이다. 분명 시작할 땐 승산이 있었는데 어쩌다 이 지경이 되었는지 자책하던 황제는 스스로에게 물어봤을지도 모른다. 혹시나 자신이 너무 성급하게 아버지를 흉내 낸 것은 아닐까? 아버지 하인리히 3세는 강력한 왕권을 무기로 혼란에 빠진 교회를 요리했던 사람이었다. 자신이 교황이라고 서로 우기던 세 명의 교황을 단칼에 정리해버린 아버지였다. 그런데 자신은 아버지처럼 제후들을 휘어잡지도 못했으면서도 그때와는 비교할 수없이 강력한 교황을 상대하려 했다. 교황 반대파들의 말에만 현혹되어 형세를 오판한 것이다. 생각이 이에 미치자 황제는 과연 현실주의자답게 문제해결을 위한 정면 돌파를 시도했다.

1077년 1월, 한겨울에 수행원 몇 명만 대동한 하인리히 4세가 아펜니노 산맥 북쪽에 있는 카노사Canossa성 앞에 나타났다. 그는 수도사가 입는 거친 옷을 걸치고 신발도 신지 않은 채 맨발로 교황이 머물고 있는 성문 앞에 서서 무려 사흘 동안이나 용서를 빌었다. 이것이 그 유명한'카노사의 굴욕'사건이다. 교황은 처음에는 황제를 성안으로 들어오지 못하게 했다. 젊은이에게 당한 모욕 때문에 아직도 교황은 분노했을 것이다. 하지만 본래 원리주의자들은 명분에 약한 법이다. 자신의 죄를 인정하고 회개하는 사람을 용서하는 것이 기독교의 기본 교리인데, 어떻게 교황이 황제를 계속 거부할 수 있겠는가? 교황은 약속을 이행하겠다고 다짐하는 황제를 성안으로 들였다. 일설에 의하면 그때 황제는 무릎을 꿇고 교황에게 용서를 빌었다 한다. 이렇게 황제는 자신의 팔다리를 교황에게 내주는 대신 파문의 형벌에서 벗어날 수 있었다. 역사는 여기까지를 하이라이트로 하여 황제권에 대한 교황권의 승리에 초점을 맞추고 있다. 그러나 결과론이지만 그때 교황은 어떤 핑계를 대서라도 황제를 직접 상대하지 말았어야 했다. 어떻게 해서든 100일을 버티어 황제와 제후들이 치고받는 결과를 보고 나서 움직이는 게 훨씬 나았다. 교황에게 카노사의 승리는 그야말로 속 빈 강정이기 때문이었다.

5.

파문이 철회되자 하인리히는 뒤도 돌아보지 않고 독일로 돌아갔다. 이 경우 보통사람 같으면 울화병이 날 만도 했으리라. 도대체 황제의 신분으로 이런 치욕을 받은 사람이 어느 역사에 있었던가? 하지만 독일로 돌아간 하인리히의 머릿속엔 단 한 가지 생각밖에 없었다. 어떻게 하면 신민들의 지지를 받고 제후들의 이탈을 막아 교황과의 싸움에서 이길 수 있을까? 현실주의자에게 명분이나 체면이란 그리 중요한 요인이 아니었던 모양이다. 한편 교황은 몇 달 동안이나 카노사성 주변의 토스카나 지방을 여행하면서 황제를 제압한 기쁨을 만끽하고 있었다. 정작 문제가 되었던 서임권은 미해결인 채 잠시 수면 밑으로 가라앉았을 뿐인데 말이다. 아니나 다를까, 독일로 돌아간 하인리히는 언제 그런 일이 있었냐는 듯이 왕권 강화를 위한 행동에 나섰다. 늙은 교황은 젊은 황제에게 벌써 두 번이나 속은 셈이 되었다. 반면에 현실주의자인 황제는 똑같은 실수를 두 번 다시 범하지 않았다. 차근차근 세력을 쌓아가면서 국내의 반대파 제후들부터 제압해나갔다.

하인리히가 해결해야 할 급선무는 자신이 파문에서 벗어났어도 이를 인정하지 않고 반항하는 독일 내 제후들을 다루는 일이었다. 이들 반대파는 슈바벤 공작을 대립 황제로 내세웠고, 교황은 이에 대해 애매한 자세를 취했다. 1077년부터 시작된 독일 내 황제파派와 제후파派 간의 대립은 1080년까지 지속되었다. 양측은 교황을 자기편으로 끌어들이려 했지만 교황은 아무런 입장도 표명하지 않았다. 그러던 교황이 1080년 제후파의 슈바벤 공작이 황제파를 격파하자, 그제야 제후파의 손을 들어준 후 하인리히 4세를 재차 파문했다. 하지만 4년 전과는 달리 이번에 내려진 두 번째 파문은 별다른 위력이 없었다. 그동안 신민들의 지지를 얻으려고 기울인 황제의 노력에 더해 교황의 파문 조치가 명분이 없어서였다. 제후파와 교황에게는 엎친 데 덮친 격으로 슈바벤 공작이 그해 10월 죽으면서 리더까지 잃어버리고 말았다. 반면 황제파는 하인리히를 중심으로 똘똘 뭉쳐 날이 갈수록 세력이 강성해졌다. 1081년, 이번에는 황제 쪽에서 그레고리우스 7세를 폐위시킨 후 대립 교황을 옹립했다.

카노사의 굴욕을 겪은 지 7년째 되던 1084년, 이제 서른네 살의 원숙한 장년이 된 황제는 로마로 진군했다. 권위는 있었지만 무력이 없었던 교황은 하릴없이 산탄젤로성Castel Sant'Angelo으로 피신했다. 여기서 궁지에 몰린 교황의 마지막 패착이 나온다. 다급한 김에 지금까지 적대시했던 노르만족에게 도움을 청했지만, 교황을 구원하러 온 그들은 오히려 로마를 약탈했다. 이렇게 되자 로마시민들의 원성이 교황에게 쏠리고 그 틈을 이용해서 하인리히는 기어이 숙적 그레고리우스를 로마에서 쫓아냈다. 쫓겨난 교황은 1085년, 예순다섯 살의 나이로 객사했다. 죽기 전에 남긴 교황의 유언에는 깊은 회한이 서려 있었다.

"나는 정의를 사랑하고 불의를 미워했다. 이로 인해 나는 망명지에서 죽는다."

글쎄…… 지상에 신권국가神權國家를 세우려 했던 그레고리우스다운 말이었지만, 과연 그가 말한 '정의'와 '불의'란 개념이 무엇인지는 잘 모르겠다. 평소에 그는 '국가'란 존재가 인간들을 위해 하느님이 특별히 허락해주셨다고 봤으며, 교회와 국가의 공존을 하느님의 뜻이라고 주장했다. 하지만 그는 '국가'와 '교회'란 두 권력을 동등하게 생각한 적이 없었으며, 항상 교회의 우선권을 주장했다. 문제는 그러한 근본주의적인 이상을 실현할 실질적인 도구가 그의 수중엔 없었다는 점이다. 교황에게 권위는 있었지만 그를 뒷받침할 무력이 없었다. 현실을 외면한 그레고리우스는 최고의 위치에 오른 순간 급전직하急轉直下하고 말았다.

　돌이켜볼 때 하인리히 4세와 그레고리우스 7세의 싸움은 이들 두 사람의 개인적인 싸움이 아니었다. 이들의 싸움은 신성로마 제국이란 국가체계가 원초적으로 안고 있는 모순의 폭발이었다. 그리고 그 뿌리는 멀리로는 샤를마뉴 대제에게서 찾아야 했고, 가까이로는 오토 대제의 제국교회정책에서 찾아야 했다. 교회권력과 상충되는 세속권력이 어찌 신성로마 제국뿐이었겠는가? 프랑스 왕 또한 성직매매와 교회에 대한 폭력을 거리낌 없이 행사했다. 프랑스 왕도 독일 왕처럼 교황에 대한 태도를 바꾸려 하지 않았기에, 그에 대한 파문과 폐위 처벌은 시간문제였다. 하지만 교황은 프랑스 왕에게는 경고만 했을 뿐 처벌은 자제했다. 이는 독일 왕과 프랑스 왕을 동시에 적으로 돌릴 수도 없었겠지만, 더 근본적으로는 교황에게 독일과 프랑스는 그 근원이 달랐기 때문이었다. 다시 말해 프랑스는 어차피 지손支孫으로 교황에게 진 빚 없이 프랑크 왕국에서 떨어져 나간 나라였다. 하지만 독일은 '황제'와 '이탈리아'라는 유산을 받은 종손宗孫이었기에 당연히 교황에게도 지분이 있는 나라였다. 따라서 교황에게 힘이 남아 있는 한 신성로마 제국내에서 제2, 제3의 카노사의 굴욕은 계속 일어날 터였다.

후일담이지만 승리한 황제의 말로末路도 좋지는 않았다. 두 아들이 연달아 아버지에게 반란을 일으킨 것이다. 1106년, 작센과 바이에른을 비롯한 독일 제후들과 아마도 그 배후였을 교황의 충동질에 넘어간 아들 하인리히 5세Heinrich V(재위: 1111~1125년)의 반란으로 감금되었던 하인리히 4세는 그해 8월에 숨을 거두었다. 그로부터 20년 후인 1125년, 아버지를 배반한 업보를 받았던지 하인리히 5세가 후사 없이 세상을 뜨면서 잘리어 왕조 또한 단절되었다.

⊕ 하이네Heine의 시 「하인리히 4세」를 평함

민족주의가 한창 극성을 부리던 19세 초, 독일의 대표적인 낭만주의 시인 하인리히 하이네Heinrich Heine는 「하인리히 4세」란 시를 발표했다. 그 시대 독일인들의 가슴을 뜨겁게 달구었던 민족주의 색채가 강한 서정시였지만, 사실은 역사를 왜곡한 매우 자극적인 시였다.

카노사 성채 안뜰에
독일 황제 하인리히가 서 있다.
맨발에 참회의 복장을 걸친
그날 밤은 춥고 비가 내렸다.

저 위의 창문 안으로
달빛 아래 두 개의 그림자가 보였으니
하나는 그레고리우스의 빛나는 대머리이고
다른 하나는 마틸다Matilda의 가슴살이다.

하인리히는 창백한 입술로
경건하게 주기도문을 외웠지만
제국의 정신이 담긴 마음속에서는
이러한 외침이 비밀스럽게 피어올랐다.

내 머나먼 조국 독일에서는
현기증 나는 산맥이 솟아 있고
그 아래 구덩이에서 조용히

전쟁의 도끼를 만들 철광이 자라난다.

내 머나먼 조국 독일에서는
늘씬한 참나무 숲이 솟아 있고
가장 높은 참나무 줄기 안에서
전쟁의 도끼에 손잡이로 쓸 나무들이 자라난다.

나의 사랑하는 조국 독일이여
언젠가 영웅을 낳아
내 슬픔을 만든 저 뱀을
전쟁의 도끼로 짓이기게 하라.

　독일 국민을 격앙시켜 그들의 힘을 끌어모으기에 이보다 더 좋은 시는 없겠지만, 역사를 이렇게 '각주구검刻舟求劍'식으로 해석하면 곤란하다. 카노사에서 교황과 황제의 싸움은 이탈리아 민족과 독일 민족 간의 싸움이 아니었다. 아니, 그 당시엔 '민족'이란 개념 자체가 없었다. 하이네식으로 말하면 교황과 연합하여 황제에 대항한 작센 공작이나 바이에른 공작과 같은 독일 제후들도 반역자란 말인가? 당시 교황과 황제의 싸움은 '신성로마 제국'이란 이념 국가체계 안에서 벌어진 교회권력과 세속권력 간의 세력 다툼이었다. 물론 '독일'이나 '이탈리아' 또한 지금의 '국가개념'이 아닌 '지역개념'이었을 뿐이었다. 이 시는 지금의 잣대로 옛것을 재단裁斷할 때 범하게 되는 전형적인 과오를 보여주고 있다.

제3장

눈에 보이는 게 꼭 진실이란 법은 없다
존엄왕 필리프 2세Philippe II와 사자심왕 리처드 1세Richard I

필리프의 통치는 그가 뛰어난 행정가일 뿐 아니라 교활하고 단호한 외교관임을 증명한다. 리처드가 말 위에 올라타 상대를 겨냥하며 금색 검을 높이 쳐들 때 최고의 모습이었다면, 필리프는 화려한 옥좌에 앉아 초록색 개암나무 지팡이를 물어뜯으며 외국과의 관계를 생각할 때가 최고의 모습이었다.

『신의 전사들』 제임스 레스턴James Reston

1.

독일의 작센 왕조와 그를 뒤이은 잘리어 왕조가 교황 및 제후들과 끊임없이 다툼을 벌이면서도 나름의 존재감을 보이고 있을 때, 프랑스의 카페 왕조는 겨우겨우 명맥을 이어가고 있었다. 왕조 초기부터 유력 제후들의 대표자에 불과했던 프랑스 왕의 위상은 세월이 흘러도 조금도 나아질 기미가 보이지 않았다. 아니 오히려 더 못해져 갔다. 심지어 이

대로 간다면 카페 왕조의 존립마저 의심스러워질 즈음에 드디어 프랑스 왕의 위상을 바로 세울 '새로운 피'가 나타났다. 카페 왕조의 제7대 왕 필리프 2세Philippe Ⅱ(재위: 1180~1223년)가 바로 그였다. 1180년, 열다섯 살의 어린 나이로 왕위에 오른 필리프는 왕국이 처한 상황에 암담한 심정을 금치 못했다. 왕령王令이 통하는 직할령直轄領은 겨우 파리와 오를레앙 일대의 좁은 지역에 불과했고, 나머지 대부분의 국토는 자신의 힘이 닿지 않는 독립 영주령領主領이기 때문이었다. 특히 잉글랜드 왕이 차지하고 있는 프랑스 내의 영지가 프랑스 왕의 직할령에 프랑스 제후들의 영지를 다 합친 것보다도 크다는 데 문제의 심각성이 있었다.

그런데 어쩐 일로 잉글랜드 왕은 프랑스 내 영지를 그렇게 많이 소유할 수 있었을까? 그동안 프랑스와 잉글랜드 사이에 전쟁이 일어난 것도 아닌데 말이다. 모든 것의 근원은 911년 평화를 구걸했던 생 클레르 조약에 있었다. 제1장에서 우리는 노르만족이 점령한 땅에 그들의 공국을 세우도록 허락한 샤를 3세에 대해 얘기했다. 그렇게 생긴 노르망디 공국Duché de Normandie이 결국은 말썽이 되었다. 프랑스 왕이 털끝 하나 건드릴 수 없는 실질적 독립왕국인 노르망디 공국이 1066년 자체적으로 잉글랜드를 정복하여 노르만 왕가를 개창한 것이다. 이렇게 되자 언제든 잉글랜드 왕국과 노르망디 공국을 묶어 한 군주가 통치하는 동군연합同君聯合이 출현할 수 있는 길이 열렸다. 그리고 그럴 경우 가뜩이나 미약한 프랑스 왕의 위상은 형편없어질 터였다. 그런데 필리프의 아버지인 루이 7세LouisⅦ(재위: 1137~1180)때 이를 뛰어넘는 최악의 사태가 벌어졌다. 잉글랜드 왕이자 노르망디Normandie 공작일 뿐만 아니라 앙주Anjou 백작에 아키텐Aquitaine 공작까지 겸한 자가 나타난 것이다. 그러니 이들을 개별적으로 상대하기도 벅찼던 프랑스 왕에게 이는 절망 그 자체였다.

2.

1133년, 프랑스의 서북부 도시 르망Le Mans에서 태어난 앙리Henri의 부친은 프랑스의 명문 귀족 앙주 백작이었고, 모친은 잉글랜드 국왕의 딸이자 노르망디 공작이었다. 태어날 때부터 금수저였던 앙리는 열일 곱 살 되던 해인 1150년에는 모친으로부터 노르망디 공국公國을 상속 받더니, 다음 해인 1151년에는 세상을 뜬 부친으로부터 앙주 백국伯國 을 물려받았다. 노르망디 공작 겸 앙주 백작이 된 젊은 앙리는 졸지에 프랑스 왕 루이 7세의 최대 정적政敵이 되었다. 노르망디 공국과 앙주 백국이 동일 군주 밑으로 들어가자 프랑스 왕이 바짝 긴장했기 때문 이었다. 하지만 그건 아무것도 아니었다. 이번에는 아키텐 공국마저 하필이면 앙리에게로 넘어간 것이다. 여기서 '하필이면'이란 수식어를 쓴 데에는 그만한 사연이 있었다.

프랑스 왕국 남쪽에 위치한 아키텐Aquitaine 공국은 당시 프랑스 왕 국의 1/3을 차지할 정도로 광대했다. 지금의 보르도Bordeaux를 중심으 로 한 아키텐 지방은 508년 클로비스가 서西고트 왕국으로부터 탈취 한 곳이었다. 하지만 아키텐은 기회만 있으면 중앙정부로부터 벗어나 려 했기에, 프랑스 왕국이 수시로 반란진압에 나서야 했던 곳이었다. 1137년, 루이 7세가 즉위한 시점은 클로비스로부터 벌써 600여 년도 더 지난 후였다. 그럼에도 불구하고 아키텐 공작은 명목상으로만 프랑 스 왕의 봉신封臣이었지, 실제로는 왕권이 미치지 않는 독립군주였다. 그런 아키텐 공작에게 불행이 찾아왔다. 아니, 프랑스 왕에게는 절호 의 기회가 찾아왔다. 아키텐 공작의 뒤를 이을 아들이 일찌감치 죽고 엘레아노르Eleanor란 딸만 남은 것이다. 아키텐 공작은 딸이 과연 자신의 작위를 지켜나갈 수 있을지 걱정되었다. 당시엔 여女 상속인을 납치하여 강제로 결혼한 후 작위를 탈취하는 무식한 방법마저 용인되던 시절이었다. 이에 임종을 앞둔 아키텐 공작은 딸의 든든한 후견인으로 자신의 형식상 상위 군주인 프랑스 왕을 지목했다. 생각도 못 한 호박이 덩굴 채 굴러들어오자 프랑스 왕의 기쁨은 하늘을 찔렀다. 자신도 오늘내일하는 처지였지만, 잠시 동안은 회생의 기미까지 보였을 정도였다니 말이다. 신바람이 난 프랑스 왕은 서둘러 아들 루이 7세와 엘레아노르를 결혼시켰다. 이제 두 사람 사이에 아들만 생기면 아키텐 공국은 자연스럽게 프랑스 왕실로 귀속될 판이었다. 그리고 오랫동안 귀족들에게 눌려 지냈던 카페왕조도 기를 펼 수 있을 터였다.

그러나 세상사란 마음먹은 대로 되는 건 아닌가 보다. 엘레아노르가 아들 없이 두 딸만 낳는 사이에 이들 부부의 관계가 나빠진 것이다. 갈수록 갈등이 쌓이던 이들은 급기야 1147년부터 1149년까지 단행된 제2차 십자군 원정 문제로 파탄에 이르렀다. 후세의 사가史家들은 일곱 차례의 십자군 원정 중에서 그 성과가 가장 형편없었던 원정으로 제2차 십자군 원정을 꼽는다. 그만큼 제2차 십자군 원정은 참혹한 실패로 끝났는데, 그 원인을 두고 루이 7세와 엘레아노르가 다툰 것이다. 본래 이들은 십자군 원정에 오를 때 각자의 군대를 거느리고 출정했다. 다시 말하면 엘레아노르는 프랑스 왕비 자격으로 남편인 프랑스 왕을 따라간 것이 아니라, 아키텐 공작 자격으로 독자적인 군대를 이끌었다. 그런 두 사람 사이에 예루살렘을 공략하던 과정에서 심한 의견충돌이 일어난 것이다. 결국 원정이 실패로 끝나자 서로 책임을 전가하던 이들은 원정에서 돌아온 지 3년 만인 1152년, 15년간의 부부관계를 청산했다.

✱ 보르도Bordeaux의 생땅드레 대성당Cathedrale Saint-Andre de Bordeaux에서

포도주 산지로 유명한 보르도Bordeaux는 프랑스 남서부에 있는 항구 도시이다. 지형이 초승달처럼 생겼다 해서 '달의 항구Porte de la Luna'라 불리는 보르도의 구시가지는 2007년에 유네스코 세계문화유산으로 등재되었을 정도로 아름답다. 항구도시라곤 하지만 보르도는 대서양이 아닌 가론Garonne강을 끼고 발달한 아키텐 지방의 중심도시다. 파리와 마드리드를 잇는 철로의 중간쯤에 위치한 보르도는 흡사 이 두 도시의 분위기를 반반씩 섞어놓은 듯하다. 아마도 중세 최대의 스캔들을 일으켰던 아키텐의 엘레아노르는 이 도시의 분위기를 닮았으리라. 아키텐 공국이란 엄청난 지참금을 가져온 엘레아노르는 자존심 강한 여자로 소문이 자자했다. 게다가 남부 프랑스 특유의 활달한 성격을 가진 그녀는 행동 또한 거침없어서 보수적인 북부 프랑스의 궁중 사람들과 마찰이 잦았다고 한다. 오죽했으면 아키텐을 절실히 원했던 루이 7세였지만 더 이상 참지 못하고 이혼했겠는가? 하지만 열한 살이나 연하인 헨리 2세와 재혼한 후에는 5남 3녀나 되는 자녀를 둔 걸 보면 엘레아노르만 탓할 수도 없겠다.

보르도의 구시가지 입구엔 스페인의 산티아고 데 콤포스텔라Santiago de Compostella로 가는 프랑스 쪽 순례 길의 출발점인 아키텐 문Porte d'Aquitaine이 서있다. 문 안쪽으로 쭉 뻗은 길을 걷다 보면 1137년 루이 7세와 엘레아노르의 결혼식이 거행된 생땅드레St. Andre 대성당이 나온다. 예수의 열두 제자 중 한 사람인 안드레아 성인을 모신 이 성당 앞에는 9세기 초 노르만족에게 파괴당한 성당을 11세기에 개축하여 교황 우르바누스 2세Urbanus Ⅱ가 헌당獻堂했다는 동판이 붙어있다.

본당 건물과 떨어져 우뚝 서 있는 종루가 특징인 이 성당에서 거행된 두 사람의 결혼식을 지켜본 당시의 하객들은 무슨 생각을 했을까? 영주의 결혼으로 인해 지금까지의 아키텐 공국 신민에서 앞으로는 프랑스 왕국 신민으로 바뀐다는 개념이 있었을까? 아니 그보다 더 심한 일로 그로부터 15년 후인 1152년, 프랑스 왕과 이혼한 여女 영주가 잉글랜드 왕과 재혼했을 때는 어땠을까? 졸지에 아키텐 공국 신민에서 잉글랜드 왕국 신민으로 바뀌었을 때 그들은 자신들의 정체성에 혼란스러워하지 않았을까? 하지만 이는 또 하나의' 각주구검刻舟求劍' 식 역사해석일 뿐이다. 당시엔 지금의 '국가'라는 개념이 희박했다. 한 국가 안에는 수많은 봉건 영주들이 있었고, 각각의 봉건 영주들은 그 자체

보르도의 생땅드레St. Andre 대성당

가 하나의 작은 '국가'였다. 봉건 영주들은 자신의 영지 내에서 독립군주로 행세했다. 따라서 영지와 그에 딸린 주민들은 국가가 아닌 영주 개인의 소유물이었다. 그랬기에 영주가 여성일 경우에는 결혼할 때 지참금으로 자신의 영지와 신민을 가지고 갈 수도 있었다. 그러니 신민들 입장에서는 프랑스 왕국이나 잉글랜드 왕국의 신민이 아닌 그냥 아키텐 공작의 신민일 뿐이었다.

보르도 구시가지에는 생땅드레 대성당 외에도 엘레아노르의 발자취를 찾아볼 수 있는 곳이 있다. 아키텐 공작들이 거주했던 옹브리에르 궁전Palace Ombrière 터도 그중 하나인데, 엘레아노르의 행적을 새긴 동판 앞에서 문득 엉뚱한 생각을 해본다. 영주의 재산에 불과한 신세였던 중세보다는 그래도 현대를 살아가는 우리들이 훨씬 행복하지 않겠는가?

옹브리에르 궁전Palace Ombrière의 까이유Cailhau 문

하지만 문제는 여기가 끝이 아니었다. 자존심 강한 엘레아노르가 이혼한 지 겨우 두 달 만에 노르망디Normandie 공작이자 앙주Anjou 백작인 앙리Hanri와 재혼한 것이다. 이들의 결혼은 프랑스 왕을 상대로 한 결혼동맹이기도 했지만, 복수심에 불탄 서른 살 이혼녀와 지참금에 눈먼 열아홉 살 총각과의 거래이기도 했다. 이렇게 되자 프랑스 왕국 내에는 실질적인 왕인 누군지 모를 지경이 되고 말았다. 파리와 오를레앙 일대의 손바닥만 한 지역을 통치하는 프랑스 왕인지, 아니면 노르망디 공국에 앙주 백국 그리고 아키텐 공국까지 거느린 앙리인지 말이다. 루이 7세의 불운은 끝이 없었다. 엘레아노르와 이혼한 지 2년 뒤인 1154년, 노르망디 공작으로 잉글랜드 왕위계승권을 가지고 있던 앙리가 마침내 잉글랜드 왕으로 즉위하여 헨리 2세Henry Ⅱ(재위: 1154~1189년)가 된 것이다. 이제 프랑스 국왕과 노르망디 공작의 관계는 참으로 묘해졌다. 아무리 형식적이라지만 프랑스 안에서는 분명히 프랑스 왕의 봉신封臣인 노르망디 공작이었지만, 프랑스 밖에서는 당연히 프랑스 왕과 대등한 잉글랜드 왕이기 때문이었다.

잉글랜드 왕이 된 앙리, 아니 헨리 2세의 활약은 놀라웠다. 1171년에 아일랜드를 병합하더니 1173년에는 스코틀랜드를 격파하여 동군연합同君聯合 형태의 강력한 제국을 건설했다. 사가史家들은 이를 헨리 2세의 부친인 앙주 백작 조프루아 플랜태저넷Geoffroy Plantagenet의 이름을 따서 '플랜태저넷 왕조', 또는 이 제국의 출발점인 앙주 백국의 이름을 따서 '앙주Anjou 제국'이라 부른다. 현재의 영국에 프랑스의 반 이상을 합한 앙주 제국이 출현한 셈인데, 헨리 2세의 위세가 높아질수록 프랑스 왕의 존재감은 희미해져 갔다. 1180년, 루이 7세는 이런 말도 안 되는 상황을 아들 필리프 2세에게 떠넘긴 채 세상을 떴다.

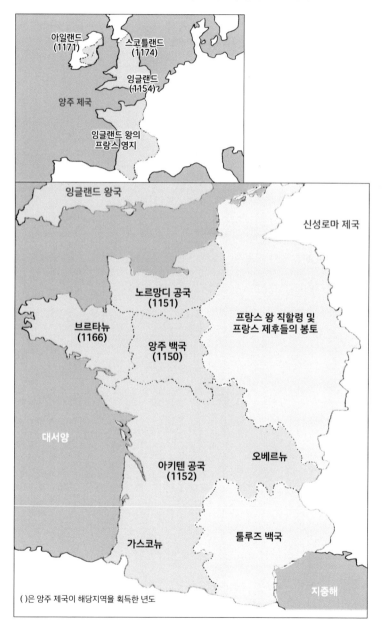

헨리 2세가 구축한 앙주Anjou 제국의 영역(1189년경)

- 아일랜드 (1171)
- 스코틀랜드 (1174)
- 잉글랜드 (1154)
- 앙주 제국
- 잉글랜드 왕의 프랑스영지
- 잉글랜드 왕국
- 신성로마 제국
- 노르망디 공국 (1151)
- 프랑스 왕 직할령 및 프랑스 제후들의 봉토
- 브르타뉴 (1166)
- 앙주 백국 (1150)
- 대서양
- 아키텐 공국 (1152)
- 오베르뉴
- 가스코뉴
- 툴루즈 백국
- 지중해
- ( )은 앙주 제국이 해당지역을 획득한 년도

3.

　1180년, 앙주 제국의 거대한 그늘에 가린 프랑스 왕국을 물려받은 필리프 2세는 왕이 된 기쁨보다는 자신을 짓누르는 헨리 2세에 대한 악몽에 시달렸을지도 모른다. 또한 헨리 2세의 활동무대가 잉글랜드가 아닌 프랑스라는 사실이 그를 더욱 옥죄었으리라. 헨리 2세를 비롯한 초기 플랜태저넷 왕조의 군주들은 영어가 아닌 프랑스어를 사용했고, 프랑스를 거주지로 하여 잉글랜드를 오가는 식으로 제국을 통치했다. 이렇게 되자 프랑스 안에는 두 명의 왕이 있는 셈이 되었다. 명색만 왕인 프랑스 왕 필리프 2세와 프랑스의 반 이상을 다스리는 실질적인 왕헨리 2세 말이다. 이대로 간다면 프랑스 왕국은 고사枯死할 수밖에 없는 운명이었다. 이 모두가 270여 년 전 노르만족에게 땅을 내준 선조들이 뿌린 씨앗이었지만 이제 와서 그들을 탓해본들 아무 소용없었다. 이런 상황에서 필리프 2세가 취해야 할 행동은 무엇이었을까?

　역사에서 필리프만큼 후세의 평가가 엇갈리는 경우도 드물다. '존엄왕尊嚴王Augusute'이란 존칭尊稱으로 불리는 필리프는 후세 프랑스인들에게 프랑스가 낳은 최초의 현군賢君으로 칭송받는다. '오귀스트Augusute' 자체가 로마 제국의 초대 황제 아우구스투스Augustus를 말함이니 최상의 프랑스판 존칭인 셈이다. 반면 영국 사가들은 그를 '플랜태저넷 분쇄기'란 비칭卑稱으로 부르며, 영토 확장을 위해서라면 온갖 수단방법을 가리지 않는 권모술수의 화신으로 매도한다. 사실 필리프는 플랜태저넷 왕조를 와해시키는 데 평생을 바쳤다. 프랑스 왕국과 프랑스 왕이 생존하려면 그 길밖에 없기 때문이었다. 그가 상대한 플랜태저넷 왕조의 군주들은 헨리 2세를 비롯하여 그의 두 아들 사자심왕獅子心王 리처드 1세Richard I와 실지왕失地王 존John, The Lackland이었다.

　한편 마흔일곱 살의 헨리 2세의 눈에는 열다섯 살의 어린 나이로 즉위한 필리프 2세가 어떻게 비쳤을까? 아마도 한없이 마음이 편했으리라. 아무리 형식적인 관계라지만 어쨌든 자신의 상위 군주인 프랑스 왕이 노회한 루이 7세에서 애송이 소년 왕으로 바뀌었으니 말이다. 하지만 헨리 2세는 꿈에도 몰랐다. 저 소년의 마음속에는 아버지와는 비교할 수도 없는 권모술수로 가득 차 있다는 사실을, 그리고 결국엔 자신이 일구어놓은 플랜태저넷 왕조를 파괴할 사람이라는 사실을 말이다. 역사에서는 나이와 상관없이 하늘이 내린 정치적 감각을 타고난 사람들이 있다. 메로빙거 왕조를 개창한 클로비스가 그랬고, 처음으로 '프랑크 인의 왕'이 아닌 '프랑스인의 왕'임을 선언한 필리프 2세가 그랬다. 누구에게 배운 것도 아닐 텐데 필리프는 즉위하자마자 놀라운 정

필리프 2세의 석상/베르사유 궁전 갤러리

치력을 발휘했다. 어린 나이에 북부 프랑스의 강력한 제후인 샹파뉴 Champagne 백작과 플랑드르Flandre 백작 사이를 오가며 그들을 요리한 것이다. 때로는 정략결혼을 통해서, 때로는 이이제이以夷制夷 수법을 써 가면서 능수능란하게 그들을 견제하는 데 성공한 필리프의 눈은 드디 어 플랜태저넷 가문으로 향했다.

4.

필리프의 첫 번째 타도 대상은 당연히 헨리 2세였지만, 결코 정공법 正攻法을 택하지는 않았다. 아니, 이후의 리처드 1세나 존 왕에 대해서도 그는 절대 직선적인 공격을 가한 적이 없었다. 필리프는 항상 당하는 입장에서는 매우 기분 나쁜 '적敵으로 적을 치는' 이이제이以夷制夷 수법을 즐겨 썼다. 상대방의 약점을 철저히 파악한 후, 그들 사이에 갈등을 부추기고, 이간질로 집안싸움을 하게 만들고는, 중간에서 어부지리漁夫之利를 취하는 음험한 수법이 필리프의 전매특허였다.

헨리 2세는 치세 기간 중에 아일랜드를 병합하고 스코틀랜드를 제압하는 등 잉글랜드의 국력을 높인 현군이었다. 하지만 그에게는 눈에 잘 보이지 않는 치명적인 약점이 있었다. 통치엔 능했지만 가정관리엔 서툴렀던 것이다. 슬하에 5남 3녀를 둔 헨리 2세였지만, 아들들은 차례로 아버지에게 반기를 들었다. 일찍이 첫째 아들과 넷째 아들의 반란을 차례로 겪었으면서도 그는 자식을 대하는데 무척 서툴렀다. 문제는 막내아들 존을 너무 사랑한다는 점이었다. 심지어는 막내아들에게 주려고 아일랜드를 침공했을 정도로 헨리 2세의 편애는 심했다. 이렇게 되자 왕위계승권자인 셋째 아들 리처드의 불안이 커졌다. 그리고 그러한 틈새를 놓칠 필리프가 아니었다. 1189년, 필리프의 부추김을 받은 리처드 1세는 반란을 일으켰다. 이제 쉰여섯 살 된 헨리 2세의 분노는 활화산처럼 활활 타올랐다. 셋째 아들 리처드도 미웠지만, 평소에 그리도 고분고분했던 필리프에게 뒤통수를 맞았다는 사실이 믿기지 않았기 때문이었다. 두 번에 걸친 아들들의 반란을 진압했듯이 이번에도 혼을 내주겠다고 다짐하며 헨리 2세는 분연히 일어섰다. 하지만 불행이란 혼자 오지 않는다더니 막내아들 존마저 반란군에 합세했다는 소식이 들려왔다. 여기서 가슴 속 무언가 뚝 끊어지는 소리에 헨리 2세는 주저앉아버렸다. 여리게만 보았던 필리프의 독수에 치명상을 입은 헨리 2세는 그해 여름 세상을 떴다. 그나저나 자신을 그리도 사랑하여 무엇이든 해주려고 애썼던 아버지를 배신한 존의 진심은 무엇이었을까?

필리프의 다음 상대는 아버지를 내치고 왕위에 오른 리처드 1세 Richard I(재위: 1189~1199년)였다. 1189년, 리처드 1세가 플랜태저넷 왕조의 제2대 왕이 되었을 때 그의 나이는 한창때인 서른두 살, 그리고 필리프는 그보다 여덟 살이 어린 스물네 살이었다. 필리프가 장장 43년 동안 재위했던 데에 비하여 리처드의 재위기간은 10년에 불과했지만, 두 사람의 개성이 워낙 특이해서 종종 비교 대상이 된다. 이들의 특징은 한마디로 말해서 리처드가 '밝을 양陽'이라면, 필리프는 '어두울 음陰'이었다. '사자심왕獅子心王'이란 별명답게 리처드는 잉글랜드의 '항우項羽'에 비견될 초인적인 무용담을 자랑하는 영웅이었다. 명예와 기사도 정신을 중시 여기는 리처드는 당대는 물론이려니와 근세의 기사 문학에서까지 단골 주인공으로 등장했다. 런던의 웨스트민스터 의사당 옆에 서 있는 그의 기마상은 지금도 영국인들이 그를 얼마나 사랑하는지 보여준다. 잉글랜드 역사상 최고의 용장勇將, 중세 유럽 최고의 전략가戰略家란 찬사를 받는 리처드는 죽음에 임해서도 무척이나 낭만적인 사람이었다. 석궁으로 자신을 쏘아 죽음에 이르게 한 적병을 용서해준 것이다. 그것도 돈까지 챙겨주면서 말이다. 이런 리처드에 비할 때 필리프는 그야말로 인간적인 매력이란 약에 쓰려 해도 찾을 수 없는 냉혈한冷血漢이었다. 프랑스의 '유방劉邦'이라 불러도 좋을 필리프에게는 좋지 않은 이미지로 가득 차 있다. 주로 영국인들의 평이지만 너무 현실적이고 이해타산에 밝으며, 신앙심도 없고, 오직 영토 확장에만 몰두하는 권모술수의 대가大家 등등……. 용맹한 리처드와 무력으로 정면대결한다는 것은 필리프로서는 감히 생각도 할 수 없는 일이었다. 하지만 필리프에게는 리처드에겐 없는 그 무엇이 있었다. 그리고 그 무엇은 한 나라를 이끌어가는 최고지도자에게 꼭 필요한 것이었다. 비록 그것이 겉으로는 비열하고 치사하게 보일 수도 있지만 말이다.

5.

1189년부터 1192년까지 약 3년 동안 계속된 제3차 십자군 원정은 당대 유럽을 대표하는 군주들이 모두 참전한 국제전이었다. 신성로마 제국의 '붉은 수염왕 바바로사Barbarossa' 프리드리히 1세를 위시하여 잉글랜드의 '사자심왕' 리처드 1세와 프랑스의 '존엄왕' 필리프 2세가 참전한 제3차 십자군은 역대 십자군 중에서도 최강의 전력을 자랑했다. 한편 이슬람 측에도 아랍어로 '욥의 아들이며 정의로운 신앙인 요셉'을 뜻하는 살라딘Saladin이라는 영웅이 있었기에 제3차 십자군 원정은 후세에 가장 많은 일화를 남긴 전쟁이었다. 하지만 시간이 흐름에 따라 전쟁의 양상은 리처드와 살라딘을 중심으로 전개되어갔다. 그중에서도 리처드의 활약은 타의 추종을 불허했다. 한마디로 제3차 십자군 원정은 '리처드의of Richard, 리처드에 의한by Richard, 리처드for Richard를 위한 전쟁'이었다. 그렇다면 전투가 벌어지기도 전에 불의의 사고로 익사溺死한 노老황제 프리드리히 1세는 그렇다 쳐도 가장 젊은 왕 필리프는 무엇을 한 것일까?

출전 당시 서른세 살의 리처드는 구릿빛 얼굴에 딱 벌어진 어깨를 자랑하는 호걸풍 쾌남아였다. 성격 또한 대담무쌍하여 강력한 카리스마로 부하들을 이끌었기 때문에, 그가 나서면 불리했던 전투마저도 뒤집어버리는 초인적인 능력을 발휘했다. 게다가 이슬람 측의 영웅인 살라딘을 대적할 수 있는 유일한 맞수였기 때문에 그의 존재감은 전全 십자군을 뒤덮었다. 그에 비하여 스물다섯 살의 필리프는 외모부터 리처드의 상대가 안 되었다. 혈기왕성한 한창나이였음에도 불구하고 체구가 왜소한 필리프에게는 부하들을 휘어잡을 수 있는 매력이나 존재감이 부족했다.

성격 또한 신경질적이며 냉소적이어서 내부단결이 필요한 십자군에 전혀 도움이 안 되었다. 이런 마당에 동원해 온 군사력마저도 리처드에 미치지 못하니 처음부터 필리프는 리처드의 그늘에 가리고 말았다.

최강의 '드림팀Dream Team'으로 출발했던 제3차 십자군이었지만, 성과는 별게 없었다. 레반트Levant 해안의 몇몇 도시들을 수복하고 기독교도들의 성지순례를 보장받긴 했지만, 처음 목표였던 예루살렘 탈환에는 실패한 것이다. 일부 사가들은 프리드리히 1세의 사고가 없었고, 십자군이 내부적으로 단결만 되었다면 제3차 십자군이 예루살렘 재탈환에 성공했을 거라며 아쉬워한다. 그러면서 십자군의 내부단결을 해친 인물로 필리프 2세를 꼽는다. 사실 필리프는 원정 내내 별다른 전공도 없이 불평불만만 늘어놓았다. 자신이 참전도 하지 않은 전투에서 획득한 전리품을 나누어달라며 치사하게 굴기도 했다. 또한 수시로 리처드에게 자신을 무시한다며 트집을 잡더니, 결국엔 원정 도중에 온갖 핑계를 대며 프랑스로 돌아가 버렸다. 사정이 이러니 그에 대한 이미지가 좋을 리 없다. 중·근세 기사문학에서는 기사도 정신을 중시하며 절세의 무공에 낭만적이기까지 한 리처드와 대비되어 필리프는 항상 비열한 이미지를 가진 악역으로 등장한다. 여기까지 본다면 모든 면에서 필리프는 리처드의 경쟁상대가 아니라, 항상 그를 질시하고 등 뒤에서 불평이나 늘어놓는 용렬한 프랑스 왕에 불과했다. 하지만 과연 이게 전부였을까? 물론 교황에게는 앞장서 이교도와 싸우는 리처드가 수호천사처럼 보인 반면에, 자기 속셈이나 챙기는 필리프는 신앙심이 약한 속물로 비쳤을 것이다. 또한 당대 사람들에게도 정정당당한 리처드에 비해 뒤에서만 얼씬대는 필리프가 좋아 보일 리 없었으리라.

6.

그러거나 말거나 필리프는 출전한 지 겨우 1년 만인 1191년, 사람들의 만류를 뿌리치고 막무가내로 귀국했다. 물론 리처드도 필리프의 속셈을 알고 있었기에 그를 붙잡아두려고 애썼지만 소용없었다. 교활한 필리프는 리처드가 없는 동안 절대로 프랑스 내에 있는 그의 영지를 넘보지 않겠다고 맹세했다. 하지만 그의 맹세란 당장 궁지를 벗어나기 위한 편법에 지나지 않았다. 사실 십자군 원정에 참전할 때부터 두 사람의 마음가짐은 전혀 달랐다. 공명심에 불탄 리처드는 십자군 원정에 가고 싶어 안달이었다. 군자금 마련을 위하여 그는 매관매직賣官賣職도 서슴지 않았다. 심지어는 돈을 받고 사면권을 팔기도 했다. 현군賢君이라면 절대로 해선 안 될 짓을 한 것이다. 리처드는 자신이 없을 때 필리프가 어떤 농간을 부릴지 뻔히 알면서도 차마 전장을 떠날수 없었다. 전全 십자군을 좌지우지하고 있다는 명예심이 그의 발목을 잡았기 때문이었다. 잉글랜드로서는 리처드가 왕이 아닌 장군이었으면 더 좋았을 뻔했다. 반면에 필리프는 명장名將과는 거리가 멀었지만, 실익을 추구하는 현군賢君이었다. 필리프는 십자군에 참전할 때부터 리처드처럼 들뜨지 않았다. 어차피 교황 주도하에 벌인 십자군 원정은 교황의 권위는 올려줄지언정 프랑스 왕의 영지를 늘려주는 전쟁은 아니었다. 필리프로서는 기독교 세계를 대표하는 군주로 체면상 참전했을 뿐이었다. 필리프가 십자군 원정에 애착이 없었던 또 다른 이유는 리처드의 존재 때문이었다. 리처드의 경우 전비는 잉글랜드에서 조달했지만, 병사들 대부분은 프랑스 영지에서 차출한 프랑스인들이었다. 하긴 그 자신도 영어는 한마디도 모르는 프랑스어만 사용한 잉글랜드 왕이었지만 말이다. 이렇다 보니 때로는 십자군 내에서 과연 누가 진짜 프랑스 왕인지 모를 지경이었다. 자신보다 훨씬 많은 군대를 동원하여 자신을 압도하는 잉글랜드 왕이자 노르망디 공작, 앙주 백작, 아키텐 공작인 리처드에게 필리프가 아니라도 어느 프랑스 왕인들 협력하고 싶었을까?

십자군 전쟁이 시작된 이래 원정 중에는 어느 누구도 원정길에 오른 사람의 영토를 침략해서는 안 된다는 불문율이 있었다. 지금까지 교황이 제창한 '신 앞에서의 평화'를 모두가 지켰지만 필리프에게는 아무 의미 없었다. 원정에서 돌아오자마자 필리프는 또다시 플랜태저넷 왕조를 이간질했다. 이번에 그가 고른 상대는 리처드의 동생 존John이었다. 아버지뻘인 헨리 2세와 형뻘인 리처드 1세를 요리해온 필리프에게 자신보다 두 살 어린 존은 상대가 안 되었다. 능력은 없으면서 욕심만 가득한 존의 약점을 필리프는 정확하게 찔러갔다. 아버지가 자신에게 주려던 왕위를 형이 가로챘다는 피해의식에 가득 찬 존을 부추겨 리처드에게 반란을 일으키도록 사주한 것이다. 자신을 지극히 사랑했던 아버지마저도 내친 존에게 형을 배반하기란 '식은 죽 먹기'였다.

결국 동생의 반란 소식을 접하고서야 리처드는 부랴부랴 살라딘과 휴전협정을 체결하고는 귀국을 서둘렀다. 그러나 1193년 1월, 십자군 원정에서 돌아오는 길에 리처드는 생각도 못 한 낭패를 당한다. 오스트리아 공작 레오폴트 5세에게 붙잡혀 포로가 된 것이다. 이야기는 2년 전인 1191년으로 돌아간다. 당시 전략요충지인 아크레Acre를 탈환한 십자군은 성벽의 탑 위에 잉글랜드 왕과 프랑스 왕 그리고 오스트리아 공작의 깃발을 내걸었다. 그러나 리처드는 왕과 공작은 지위가 다르다며 굳이 오스트리아 공작의 깃발을 내리게 했다. 이에 모욕을 당한 오스트리아 공작은 "언젠가 꼭 복수하겠다."라고 이를 갈며 귀국해버렸다. 참으로 정치 감각이 없는 리처드였다. 그리고 그 일이 있은 지 2년 뒤에 아무 생각 없이 오스트리아 공작 영지를 가로질러 귀국하려다 붙잡힌 것이다. 결국 온갖 곤욕을 치른 후 엄청난 몸값을 내고서야 풀려난 리처드는 1194년에야 잉글랜드로 돌아올 수 있었다.

형이 억류되어 있던 틈에 반란을 일으킨 존이었지만, 막상 사자심왕 리처드가 돌아오자 속수무책이었다. 아마도 존은 필리프가 적극적으로 나서주길 바랐겠지만, 여우 같은 그가 리처드와 정면대결할 리 만무했다. 프랑스 왕은 존에게 달랑 편지 한 장 보내고는 발을 뺐다. "조심하시오, 악마가 풀려났다오.Look to yourself, the devil is loose." 여담이지만 더 웃기는 건 존에 대한 리처드의 조치였다. 당시 스물일곱 살이나 된 존을 "사악한 신하에게 휘둘린 어린애였을 뿐"이라며 용서했다니, 도대체 리처드는 자신만만한 영웅인가 아니면 사람만 좋은 무골호인인가? 결국 이러한 대책 없는 자신감이 자신을 파멸시킨다. 존이 실패한 후 필리프는 이번에는 잉글랜드 왕의 프랑스 영지 내에 있는 제후와 동맹을 맺고 리처드에게 대항했다. 가뜩이나 필리프를 손봐주려던 리처드는 서둘러 반란을 일으킨 제후의 성을 포위했다. 하지만 너무 자신감에 넘쳐서였을까? 갑옷도 입지 않은 채 성벽 가까이로 접근하여 적의 동태를 살피던 리처드는 성에서 날아온 석궁 화살에 어이없이 치명상을 입고 말았다. 1199년 4월 6일, 한편으로는 영웅적인 서사시의 주인공으로 칭송받는가 하면, 또 한편에서는 '만용과 탐욕의 왕'

으로 매도되는 리처드는 영웅의 죽음치고는 너무나 싱거운 죽음을 맞았다. 일찍이 리처드의 호적수였던 살라딘이 리처드에 대해 예견한 말이 실현되는 순간이었다. "당신 왕의 역량과 용기는 더 이상 말할 필요가 없소. 하지만 간혹 너무 위험한 일에 몸을 던지는 듯하오. 어떤 종교를 믿는 세계에서든, 군주는 사려 깊지 못하고 자제력이 없는 것보다 사려분별과 중용에 뛰어난 편이 좋다고 생각하오." 이로써 지독한 현실주의자 필리프는 지독한 이상주의자 리처드를 그야말로 '손도 대지 않고 코 풀 듯이' 제거해버렸다. 리처드의 죽음으로 이제 필리프의 앞을 가로막을 플랜태저넷의 적수는 아무도 없었다.

7.

마그나 카르타Magna Carta 선포 800주년을 맞은 2015년, 영국 외무 장관은 한 기념행사에서 다음과 같이 말했다. "존 왕은 최악의 왕을 대표하지만, 엘리자베스 2세 여왕은 최고의 군주를 대표한다." 실제로 영국의 많은 왕들 중에서 사후에 존 왕의 이름을 딴 사람은 없다. 다시 말해 헨리 8세, 에드워드 6세 등은 있지만, 존 1세, 존 2세 등은 없다는 뜻이다. 이는 모든 조선 왕들이 세종, 정조 등의 시호를 받았지만, 연산군燕山君과 광해군光海君만이 제외된 것과 같은 이치다. 존은 어렸을 때 봉토를 받지 못해서 결지왕缺地王Lackland이란 별명으로 불렸지만, 왕이 된 후에는 필리프에게 프랑스 내의 영지를 다 털리는 통에 실지왕失地王으로 바뀌는 치욕을 당했다.

1199년 리처드가 죽은 후 잉글랜드 왕이 된 존은 여지없이 필리프에게 빌미를 주었다. 단초는 존의 가정문제에서 출발했다. 1200년, 첫 부인과 이혼한 존은 하필이면 이미 약혼한 여자와 재혼했다. 이에 상대방 가문은 존에게 항의했지만 아무 소용이 없자, 존의 형식적 주군인 프랑스 왕에게 제소했다. 필리프가 숨죽이며 기다리던 순간이 온 것이다. 필리프는 조금도 망설임 없이 프랑스 왕의 자격으로 봉신인 존을 프랑스 법정에 소환했다. 존이 응하지 않으리란 것도 필리프는 이미 계산하고 있었다. 결국 출두 시한이 지나도 존이 나타나지 않자 필리프는 프랑스 내 잉글랜드의 영지를 몰수해버렸다. 물론 프랑스 왕의 몰수 명령을 따를 잉글랜드 왕이 아니었기에, 이는 명분에 불과했고 사실은 필리프의 선전포고였다. 왕위에 오른 지 어언 20년이 넘은 베테랑 필리프에

부뱅 전투도/베르사유 궁전 '전쟁의 방'

게 존은 상대가 되지 않았다. 노르망디 공국이 떨어져 나가더니 앙주 백국도 프랑스 쪽으로 돌아섰다. 결국 왕위에 오른 지 5년 만인 1204 년, 존은 아키텐을 제외한 프랑스 내 영지를 모두 잃어버렸다.

하지만 비록 후세에 악평을 듣는 존이었지만 그냥은 물러서지 않았 다. 존은 강력한 프랑스 왕의 출현을 경계하는 신성로마 제국과 플랑 드르 백작을 설득하여 동맹을 맺는 데 성공했다. 프랑스 내 영지를 잃 어버린 지 10년째가 되던 1214년, 잉글랜드는 신성로마 제국, 플랑드 르 백작과 연합하여 프랑스를 침공했다. 당시 객관적인 전력으로 볼 때 프랑스군은 연합군에 비해 열세였다. 하지만 절체절명의 순간 필리 프에게서 지금까지 볼 수 없었던 과단성이 나왔다. 전력 열세로 수비 에 치중할 것이란 연합군의 예상을 깨고 정면승부를 건 것이다. 1214 년 7월 27일에 벌어진 부뱅 전투Bataille de Bouvines는 프랑스와 신성로 마 제국의 군주 모두 죽을 고비를 넘길 만큼 치열한 전투였다. 필리프는 전투 도중에 낙마하여 신성로마 제국군에게 살해될 뻔했으나 프랑스 기사들의 도움으로 살아났다. 신성로마 제국의 오토 4세 또한 타고 있던 말이 칼을 맞아 낙마했지만, 근위병들이 몸으로 막아서는 통에 빠져나갈 수 있었다. 프랑스를 일으켜 세운 이 회전에서 우세한 전력을 보유한 연합군은 프랑스에 참패하고 말았다.

중세에 벌어진 부뱅 전투는 잉글랜드와 프랑스 간의 전쟁을 종결시켰다. 프랑스는 이 전투의 승리로 노르망디와 브르타뉴에 대한 주권을 인정받았고, 중세 프랑스 발전의 기반을 마련했다. 혹자는 말한다. 필리프는 43년간이나 왕위를 지키면서, 변변찮은 전투 능력에도 불구하고 유례없는 교활함으로 영토 확장에 성공한 프랑스 왕이었다고. 그러나 누가 감히 필리프에게 전략을 모르는 한낱 음모자라고 비난할 수 있겠는가? 누가 감히 필리프에게 정정당당하지 못한 비겁한 왕이라고 헐뜯을 수 있겠는가? 필리프는 전투에 능하진 않았지만, 기필코 이겨야 할 전쟁에서는 꼭 이겼다. 다만 그는 리처드처럼 만용을 부리지 않았을 뿐이었다. 필리프는 플랜태저넷 제국의 그림자에 가려 국가 자체가 사라질 위기에 처한 프랑스를 반석 위에 세운 프랑스의 첫 번째 현군賢君이었다. 후일담이지만 부뱅 전투의 패전으로 존 왕은 물러났지만, 잉글랜드가 물러난 것은 아니었다. 후일의 백년전쟁(1337~1453년)은 부뱅 전투에 대한 잉글랜드의 리턴매치였다. 돈 주고 산 평화의 후유증은 두고두고 컸다.

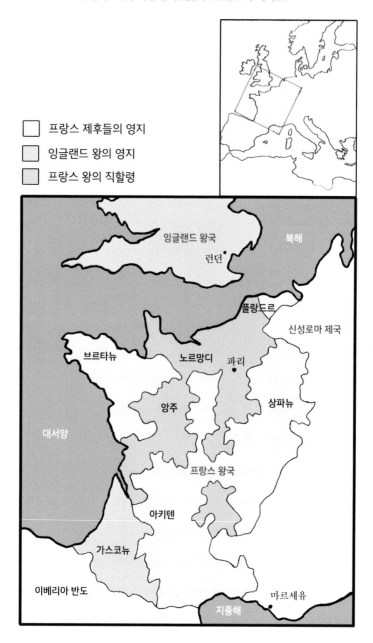

프랑스 제후들의 영지

잉글랜드 왕의 영지

프랑스 왕의 직할령

잉글랜드 왕국

런던

북해

플랑드르

신성로마 제국

브르타뉴

노르망디

파리

상파뉴

양주

대서양

프랑스 왕국

아키텐

가스코뉴

이베리아 반도

마르세유

지중해

제4장
시대를 앞서간 독불장군의 비애

프리드리히 2세Friedrich II(이탈리아: 페데리코 2세Federico II)

중세를 살았던 신성로마 제국의 황제 프리드리히 2세Friedrich II(재위: 1220~1250년)에 대한 평가만큼 다양한 경우도 드물다. '왕관 쓴 기인奇人', '세계의 경이', '왕좌에 앉았던 이들 가운데 최초의 근대인', '최초의 계몽군주', '최초의 르네상스인' 등등. 한편으로는 '잔혹하고 이기적이며 교활한 자, 친구로서 전혀 신용할 수 없고 적으로 돌아서면 집요하기 짝이 없는 자'라 평가한 역사가도 있었다. 이렇게 천차만별한 평가를 받는 프리드리히지만 한 가지 공통점은 그가 동시대인들과는 전혀 다른 생각을 가졌다는 사실이었다. 시대를 앞서갔던 그의 꿈은 무엇이었을까? 제6차 십자군 원정을 주도한 프리드리히가 1229년 예루살렘에 입성했을 때 보여준 태도를 어느 작가는 아래와 같이 기술했다.

> "프리드리히는 일이 없을 때는 주로 예루살렘에 남아있는 기독교의 사적史蹟을 둘러보았는데, 그 어디에서도 무릎을 꿇고 감격의 눈물을 흘리는 일이 없었다고 한다. 예루살렘에 사는 이슬람교도들은 기독교도의 순례에 익숙해져 있었다. 그 순례자들에 비하면 사적을 둘러보는 프리드리히의 태도는 정말 기독교도가 맞나 싶을 만큼 '관광'에 가까운 것이었으리라. 심지어 '이슬람 지구'를 둘러보며, 바위 사원이나 알 아크사 사원의 아름다움에 감탄의 탄성을 냈을 정도니까."

『십자군 이야기』 3, 시오노 나나미

1.

프랑스의 필리프 2세가 플랜태저넷 제국을 와해시키고 왕권 강화에 박차를 가할 때 독일의 사정은 어땠을까? 1125년 잘리어 왕조가 단절되자 유력 제후들은 독일 왕 자리를 놓고 서로 다투었다. 1137년, 그들 중 슈바벤Schwaben 가문의 콘라트 3세Konrad Ⅲ(재위: 1137~1152년)가 독일 왕으로 즉위했다. 이로써 독일의 4대 부족 중 하나인 슈바벤Schwaben족은 작센왕조와 잘리어 왕조에 이어 호엔슈타우펜Hohen-staufen 왕조를 열었다. '호엔슈타우펜'이란 이름은 슈바벤 가문의 슈타우펜Staufan성城에서 유래한다. 호엔슈타우펜 왕조의 출현으로 카페 왕조가 계속되는 프랑스와는 달리 독일은 벌써 세 번째 왕조를 맞게 되었다. 1137년부터 5대에 걸친 120여 년 동안 존속한 호엔슈타우펜 왕조는 두 사람의 명군名君을 배출했다. '붉은 수염왕Barbarossa' 프리드리히 1세Friedrich I와 그의 손자 프리드리히 2세Friedrich Ⅱ가 바로 그들이었다. 그중에서 프리드리히 2세는 차라리 몇백 년 뒤에 태어났더라면 더 좋았을 군주였다. 그의 생각이 시대에 너무 앞서갔기 때문이었다.

로마에서 북동쪽으로 270㎞ 정도 떨어진 이탈리아 중부지방에 예지Jesi란 작은 도시가 있다. 마르케주州Marche Regione에 속하는 이 도시의 인구는 지금도 4만여 명에 불과하다. 하지만 도시의 규모에 어울리지 않게 예지는 오래전부터 '왕의 도시Royal City'란 별칭을 갖고 있다. 예지의 특징은 시내 곳곳에서 '페데리코 2세Federico Ⅱ'란 이름을 흔히 볼 수 있다는 점이다. 마을 광장 이름도 '페데리코 2세 광장Piazza Federico Ⅱ'이고, 광장 앞에 있는 호텔도 '페데리코 2세 호텔HOTEL E

DIPENDENZA FEDERICO II'이다. 여기서 페데리코 2세는 독일식 이름인 프리드리히 2세Friedrich II를 이탈리아식으로 바꿔 부른 것이다. 그렇다면 과연 이 도시와 신성로마 제국의 황제였던 프리드리히 2세(재위: 1220~1250년)와는 어떤 연관이 있는 것일까?

1194년, 잉글랜드 왕 리처드 1세가 반란을 일으킨 동생 존을 내쳤던 바로 그해 말에 이탈리아 중부지방의 예지란 마을에서는 희한한 일이 벌어졌다. 마을 광장 한가운데에 급히 세운 텐트 안에서 한 귀부인이 아들을 낳은 것이다. 수행원들의 행색만 봐도 고귀한 신분일 터인데, 무슨 사연으로 그녀는 사람들이 오가는 광장에서 아기를 낳았을까? 귀부인은 다름 아닌 신성로마 제국의 황후이자, 시칠리아 왕국의 왕녀인 콘스탄차Constanta였다. 그녀는 여행길에서 산기産氣가 오자 일

광장에서 페데리코 2세를 낳은 콘스탄차 황후/자료 출처 WIKIPEDIA

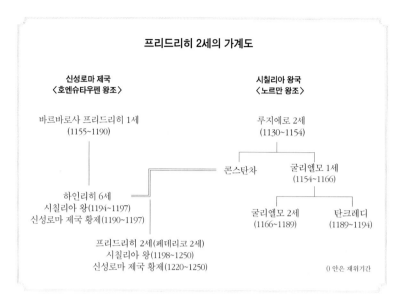

프리드리히 2세의 가계도

신성로마 제국
〈호엔슈타우펜 왕조〉

시칠리아 왕국
〈노르만 왕조〉

바르바로사 프리드리히 1세
(1155~1190)

루지에로 2세
(1130~1154)

콘스탄차

굴리엘모 1세
(1154~1166)

하인리히 6세
시칠리아 왕(1194~1197)
신성로마 제국 황제(1190~1197)

굴리엘모 2세
(1166~1189)

탄크레디
(1189~1194)

프리드리히 2세(페데리코 2세)
시칠리아 왕(1198~1250)
신성로마 제국 황제(1220~1250)

( ) 안은 재위기간

부러 모든 사람이 볼 수 있는 예지의 도시 광장에 텐트를 치게 했다. 콘스탄차는 당시로서는 정상적으로 출산을 할 수 있을지조차 의심되는 마흔에 가까운 나이였다. 그녀가 임신을 하자 한쪽에서는 제국을 이어갈 아기가 태어나기를 기원하는가 하면, 또 한쪽에서는 악마의 아이를 가졌다며 저주했다. 이런 극단적인 세간의 관심을 받으며 태어날 아기는 앞으로 유럽의 운명을 좌지우지할 존재였기에 출생에 관한 어떠한 의혹이라도 있으면 안 되었다. 이런 사유로 길거리에서 낳은 이 아이는 후에 신성로마 제국 황제이자 시칠리아 왕인 프리드리히 2세가 되었고, '왕의 도시'란 바로 이곳이 그의 출생지였기에 얻은 이름이었다. 프리드리히 2세의 아버지는 신성로마 제국 황제인 하인리히 6세 Heinrich VI(재위: 1190~1197년)였고, 어머니는 시칠리아 왕국의 왕녀인 콘스탄차였다. 또한 할아버지는 '살아서는 역사를 만들고, 죽어서는 전설이 된 황제' 바르바로사 프리드리히 1세였으니, 그야말로 그는 최고의 혈통을 타고난 셈이었다. 그러나 오히려 그 때문에 프리드리히의 운명은 험난하기 짝이 없었다. 왜 그랬을까?

이야기는 프리드리히 2세가 태어나기 8년 전인 1186년으로 돌아간다. 그해에 바르바로사 프리드리히 1세는 아들 하인리히 6세와 시칠리아 왕국의 콘스탄차 왕녀와의 정략결혼을 성사시켰다. 새 며느리가 아들보다 열한 살이나 많다는 사실은 바르바로사에게 전혀 문제 되지 않았다. 그녀가 시칠리아 왕국의 왕위계승권을 가지고 있고, 언젠가는 그 권리를 행사할 기회가 온다는 사실이 중요했다. 그리고 그 기회는 의외로 빨리 찾아왔다. 이들이 결혼한 지 3년 후인 1189년, 시칠리아 왕이 후사를 남기지 못하고 요절한 것이다. 이로써 독일과 이탈리아를 아우르는 진정한 의미의 신성로마 제국을 꿈꾸던 바르바로사의 소망이 실현되는 듯했다. 하지만 이듬해인 1190년, 앞에서 말했듯이 프리드리히 1세가 제3차 십자군 원정길에서 불의의 사고로 세상을 뜨면서 그의 꿈은 아들인 하인리히 6세에게 넘길 수밖에 없었다.

아버지의 뒤를 이어 신성로마 제국의 황제가 된 하인리히 6세에게는 행운이 뒤따랐다. 제3장에서 잉글랜드 왕 리처드 1세가 귀국길에 오스트리아 공작에게 붙잡혀 곤욕을 당했다는 이야기를 했다. 그때 오스트리아 공작은 리처드 1세를 자신의 상위 군주에게 인계했는데, 그가 바로 하인리히 6세였다. 하인리히에게 리처드 1세는 생각도 못 한 대박이었다. 당시 호엔슈타우펜 가문의 최대 정적인 벨프 가문과 혼인관계였던 잉글랜드 왕가는 호엔슈타우펜 가문에게 적대적이었다. 그러니 하인리히로서는 리처드야말로 엄청난 몸값도 뜯어내고 반反 호엔슈타우펜파도 견제할 수 있는 일거양득—舉兩得의 보물이었던 셈이다.

리처드 덕분에 손쉽게 군자금을 마련한 하인리히는 1194년, 반란을 일으킨 시칠리아 원정을 단행하여 시칠리아 왕위를 되찾고, 그해 말에는 기적적으로 아들까지 얻는 겹경사를 맞았다.

독일 내 호엔슈타우펜 가문의 영지와 새로 탈취한 남부 이탈리아와 시칠리아를 거머쥔 하인리히는 순식간에 유럽에서 가장 강력한 군주가 되었다. 이제 갓 태어난 아들 프리드리히에게 제위 계승권만 세습시킬 수 있다면 신성로마 제국은 호엔슈타우펜 가문의 수중에 들어올 터였다. 더구나 하인리히는 아버지 프리드리히 1세를 닮아 명군의 소질까지 타고났으니 그렇게 될 가능성도 많았다. 하지만 온갖 행운을 물려받은 하인리히였지만, 결정적으로 딱 하나 빠진 게 있었다. 1197년, 시칠리아에서 일어난 반란 진압을 준비하던 중에 말라리아에 걸려 덜컥 요절해버린 것이다. 한창나이인 서른세 살의 젊은 황제가 갑자기 죽어버리자 호엔슈타우펜 왕조는 세습제국은커녕 가문의 붕괴를 걱정해야 할 처지로 내몰렸다. 그의 뒤를 이을 프리드리히 2세가 이제 겨우 세 살밖에 안 된 어린애였기 때문이었다.

2.

하인리히 6세의 죽음을 가장 기뻐한 사람은 교황이었다. 교황에게는 이탈리아반도 내에 통일세력이 출현하는 것에 못지않게, 북쪽의 신성로마 제국과 남쪽의 시칠리아 왕국이 동일 군주에게 넘어가는 것 또한 악몽이었다. 그런데 혈기왕성한 하인리히가 손써볼 사이도 없이 시칠리아 왕국을 장악하자 교황은 크게 놀랐다. 그런 그가 이번에는 가망성이 없다고 믿었던 후계자까지 갖게 되자 교황의 놀라움은 깊은 근심으로 바뀌었다. 하지만 하인리히가 갑자기 죽어버리자 교황은 이를 신의 섭리로 돌리며 기뻐했다. 프리드리히에게 축복과 기대를 보냈던 친親 황제파는 깊은 시름에 잠겼고, 프리드리히에게 저주와 적의를 보였던 교황과 롬바르드 동맹을 비롯한 반反 황제파는 안도의 한숨을 내쉬었다.

그러나 누구보다도 하인리히의 죽음에 가장 절망한 사람은 콘스탄차였다. 정당한 왕위계승자였음에도 불구하고 여자라는 이유로 이복 오빠에게 시칠리아 왕위를 탈취당했던 그녀였다. 당시 남편이 건재했어도 그런 험한 꼴을 당했는데, 남편도 없는 지금 그녀 혼자 겨우 세 살 된 어린 아들을 어떻게 지킬 수 있겠는가? 고민에 고민을 거듭하던 그녀는 거꾸로 아들을 호랑이굴로 밀어 넣었다. 어린 왕의 보호자이자 후견인으로 이제 막 교황이 된 인노켄티우스 3세Innocentius Ⅲ(재위: 1198~1216년)를 택한 것이다. 후세에 '왕 중 왕'이란 평을 듣는 신임 교황은 이탈리아의 부유한 백작 가문 출신으로 파리 대학에서 신학을,

볼로냐 대학에서 법률을 수학한 엘리트 중에 엘리트였다. 서른일곱 살의 인노켄티우스는 평소부터 모든 세속 권력 위에 교회가 존재해야 한다는 신념을 갖고 있었다. 그랬기에 그는 애초부터 신성로마 제국과 시칠리아 왕국의 결합을 못마땅하게 생각했다. 그런데 콘스탄차가 어린 아들까지 데리고 스스로 자신에게 투항했으니 교황은 날아갈 것 같은 기분이었다.

너무 노심초사勞心焦思해서였을까, 어린 아들을 교황에게 맡긴 후 콘스탄차마저 남편이 죽은 지 겨우 1년 만인 1198년 병사했다. 이제 네 살 된 프리드리히는 졸지에 고아가 되면서 교황의 볼모로 전락했다. 하인리히가 죽은 후 어린 프리드리히는 세습제가 확립된 시칠리아 왕위는 상속받을 수 있었다. 그러나 선출제 국가인 신성로마 제국의 황제가 될 수는 없었다. 이에 호엔슈타우펜 가문에서는 고육지책苦肉之策으로 하인리히의 동생인 슈바벤 공작 필리프Philipp von Schwaben를 독일 왕으로 밀었다. 하지만 이런 좋은 기회를 반反 호엔슈타우펜 진영에서 보고만 있을 리 없었다. 호엔슈타우펜 가문의 오랜 정적인 벨프 가문은 동조세력을 모아 대립 왕으로 오토 4세Otto Ⅳ를 옹립했다. 이 때문에 독일은 내전을 피할 수 없게 되었다.

혈통만 본다면 어린 프리드리히는 부계 쪽으로는 옛 알라마니족의 피와 모계 쪽으로는 노르만족의 피를 물려받은 전형적인 게르만족의 후예였다. 그러나 프리드리히는 태어나면서부터 죽을 때까지 대부분의 생애를 시칠리아에서 보냈고, 그곳의 전통과 풍습, 그리고 사고방식에 익숙한 뼛속까지 전형적인 시칠리아 사람이었다. 따라서 우리는 이제부터 그를 독일식 프리드리히가 아닌 이탈리아식 페데리코라 부르자. 교황 인노켄티우스 3세는 페데리코에게 교사이자 감시자 역할을 하는 몇 사람을 딸려서 시칠리아로 보냈다. 그런데 어린 페데리코를 대면한 교사들은 놀라움을 금할 수 없었다. 한마디로 하늘이 내린 천재였기 때문이었다. 역사와 철학, 신학, 천문학, 수학, 식물학, 그리고 시와 악기 연주까지 모든 분야에서 어린 학생은 너무나 뛰어났다. 특히 어학에 뛰어난 페데리코는 성인이 되어서는 일상 회화 정도라면 9개 국어를 자유롭게 읽고 쓸 수 있었다고 한다. 승마와 창술, 사냥 솜씨 또한 대단한 수준이었다. 이 정도면 말 그대로 슈퍼맨인 셈인데, 그렇다고 단순한 공붓벌레는 아니었던 모양이다. 어린 시절엔 교사들의 눈을 속이고 팔레르모 시내로 뛰쳐나가곤 했다니 말이다. 일찍부터 이슬람의 고급문화를 접한 페데리코는 무슬림과 기독교도의 차별 없이 모두와 원만히 지내는 당시로서는 보기 드문 '세계인'이 되었다. 하지만 세상에 완벽이란 없다. 아버지 하인리히가 모든 행운을 받았지만 수명이란 행운은 못 받았듯이, 온갖 재능을 물려받은 페데리코도 물려받지 못한 재능이 있었다.

✦ 팔레르모 대성당Palermo Cathedral에서

　시칠리아 국제공항에 내리면 제일 먼저 공항 주변에 솟아있는 경사 급한 화산火山이 인상적이다. 팔코네-보르셀리노Falcone e Borsellino란 공항 이름은 1992년 마피아에게 살해당한 두 명의 판사 이름에서 땄다고 한다. 처음부터 척박한 화산과 살벌한 마피아를 대하게 되는 시칠리아지만, 봄철 시칠리아의 풍광은 그와는 달리 천국만큼 아름답다. 아프리카와 유럽 대륙을 잇는 징검다리인 시칠리아의 도시답게 팔레르모Palermo는 잘 정돈된 유럽 도시가 아닌, 다양하고 조금은 무질서하면서도 사람 냄새가 물씬 나는 오리엔트 도시를 닮았다. 걸인들이 심심치 않게 보이는 시내는 사람과 차량으로 빼곡하다. 오래되어 낡은

시칠리아의 모든 길이 향하는 팔레르모 시내 전경

건물이 가득한 시내는 길 한번 건너려면 흡사 위험한 곡예를 하는 느낌이다. 그런 팔레르모의 제일 높은 언덕엔 페데리코 2세의 체취가 스며있는 노르만 왕궁Palazzo dei Normanni이 자리 잡고 있다. 지금의 노르만 왕궁은 11세기에 노르만족이 시칠리아를 점유하고 있던 아랍인들을 정복한 후 그들이 구축한 요새 터에 개축한 건물이다. 왕궁 옆에는 독수리 문양의 모자이크로 장식된 지붕이 인상적인 포르타 누오바 Porta Nuova가 서 있다. 이 문은 1535년 튀니지를 정복한 신성로마 제국 황제 카를 5세가 이곳을 거쳐 팔레르모에 입성한 것을 기념하여 세웠다고 한다. 포르타 누오보에서 시작해서 일직선으로 쭉 뻗은 완만한 내리막길 끝 지점은 푸른 지중해와 맞닿아있다.

시칠리아의 파란만장한 역사를 웅변적으로 보여주는 팔레르모 대성당Palermo Cathedral은 이 길 중간쯤에 위치해있다. 비잔틴과 아랍, 노르

지중해 문화가 혼합된 팔레르모 대성당

만 양식이 공존하는 팔레르모 대성당은 시칠리아 역사가 축약縮約되어 있는 건물이다. 총안銃眼 모양으로 장식된 외관은 견고한 노르만식 성채를 연상시킨다. 하지만 기하학적인 문양으로 장식된 외벽과 성당 입구 기둥에 남아있는 코란의 경구는 이곳이 한때 이슬람 사원인 모스크였음을 말해준다. 또한 성당 곳곳에 남아있는 비잔틴 양식에서는 동로마 제국의 발자취도 읽을 수 있다. 이렇게 서로 다른 건축양식이 각자의 특징을 살리면서도 조화롭게 어울리는 건 이곳이 시칠리아이기 때문이리라.

B.C. 8세기경 그리스인들이 개척한 시칠리아는 B.C. 2세기 중반 로마 제국의 속주가 되었다가, 로마 제국이 멸망한 후에는 게르만 왕국인 반달 왕국과 동고트 왕국의 지배를 받았다. 하지만 그들은 오래지 않아 동로마 제국에게 멸망당했고, 동로마 제국 또한 신흥 이슬람 세

팔레르모의 노르만 왕궁

력에 밀려 시칠리아를 안정적으로 지켜낼 수 없었다. 이후 시칠리아는 아랍, 노르만, 신성로마 제국의 호엔슈타우펜 왕조, 프랑스의 앙주 가문, 스페인의 아라곤 왕국 등 온갖 외세들의 지배를 차례로 받았다. 이와 같이 항상 종속적인 위치에서 수탈을 당해왔던 시칠리아였지만, 시칠리아 역사엔 두 차례에 걸친 '관용寬容의 시대'가 있었다. 첫 번째는 831년 시칠리아를 점령한 이슬람에 의한 관용이었다. 시칠리아에 관개시설을 이용한 작물 재배법을 도입한 아랍인들은 팔레르모를 대표적인 이슬람 도시로 발전시켰다. 한창때의 팔레르모에는 모스크만도 300여 군데가 있었을 정도로 번창했다 한다. 두 번째는 1072년, 아랍인들을 정복한 후 시칠리아 왕국을 건설한 노르만족에 의한 관용이었다. 노르만족은 당시 시칠리아의 두뇌인 아랍인과 그리스인을 내쫓지 않고 그들과 함께 시칠리아 왕국을 건설해갔다. 당시 시칠리아 왕국은 라틴어와 그리스어, 그리고 아랍어까지 모두 공용어로 인정했다. 이로 인해 다양한 문화들이 서로 융합해 시칠리아 고유의 문화가 형성되었다. 그 결과 11세기 이후의 시칠리아 왕국은 역사상 처음으로 유럽의 부유한 국가 중 하나로 부상했다. 페데리코 2세가 활동했던 시기는 이러한 시칠리아 왕국을 기반으로 신성로마 제국의 황제가 되어 이탈리아 통합을 추진하던 때였다.

그러나 페데리코의 이탈리아 통합정책이 실패한 후, 1268년 시칠리아가 프랑스의 앙주 가문으로 넘어가면서부터 시칠리아의 봄은 사라졌다. 앙주 가문이 시칠리아에 대한 학정虐政을 계속하자 이에 반발한 팔레르모 주민들은 1282년 일제히 봉기했다. '시칠리아 만종사건'으로 불리는 이 반란 이후로 시칠리아는 현재의 스페인 카탈루냐 지역에 응거했던 아라곤 왕국으로 넘어갔다. 시칠리아 시민들이 페데리코의 손녀인 아라곤 왕국의 왕비에게 왕권 승계를 제안하자, 아라곤 왕이 잽싸게 시칠리아를 손에 넣은 것이다. 결국 앙주 가문은 시칠리아를 획득한 지 겨우 22년 만에 시칠리아에서 쫓겨나고 말았다. 생각해보면 이교도였던 아랍인과 바이킹의 후예였던 노르만족은 시칠리아에 관용 정책을 편 반면에, 같은 가톨릭이었던 프랑스의 앙주 가문은 학정으로 일관했다는 사실이 참 이율배반적이다.

3.

시칠리아로 돌아온 지 11년이 지난 1209년, 드디어 페데리코는 열다섯 살의 성인이 되었다. 이제 섭정攝政인 교황을 물리치고 친정親政할 때가 온 것이다. 하지만 당대 실질적으로는 유럽 최고의 지배자였던 교황 인노켄티우스 3세가 페데리코에게 시칠리아 왕과 신성로마 제국 황제 자리를 한꺼번에 허용할 리 없었다. 더구나 1년 전인 1208년, 호엔슈타우펜 가문이 내세운 독일 왕 필리프도 암살당한 터였다. 이에 교황은 호엔슈타우펜 가문 대신에 벨프 가문의 오토 4세Otto IV(재위: 1209~1215년)를 신성로마 제국 황제로 추대했다. 황제가 된 오토 4세는 그동안 말썽이 되었던 이탈리아 중부의 여러 지방을 교황령으로 인정함으로써 교황의 호의에 화답했다. 참고로 제3장의 부뱅 전투에서 프랑스 왕 필리프 2세와 혈투를 벌였던 신성로마 제국 황제가 바로 오토 4세였다.

호엔슈타우펜 가문은 신성로마 제국 황제 자리를 상실했고, 이대로 가다가는 페데리코의 시칠리아 왕위도 장담할 수 없게 되었다. 그러나 이런 절체절명의 순간에 다른 사람도 아닌 오토 4세의 결정적인 헛발질이 나왔다. 대관식을 올린 1209년 여름, 전염병이 로마를 강타하여 교황령이 혼란에 빠진 틈을 이용해서 오토 4세가 교황과의 약속을 깨고 토스카나 지방을 점령한 것이다. 시쳇말로 잉크도 마르기 전에 배신당한 교황은 이듬해인 1210년, 오토를 파문해 버렸다. 이에 분노한 오토는 남부 이탈리아의 도시들을 점령했고, 교황은 교황대로 독일에 특사를 보내 반란을 선동했다. 이렇게 되자 교황과 황제는 흡사 130여 년 전에 일어났던 '카노사의 사건'을 재현하는 듯했다. 이런 상황에서 어부지리漁夫之利를 취한 측은 그동안 궁지에 몰렸던 페데리코였다. 교황의 부추김을 받은 독일 제후들은 오토를 폐위시키고 페데리코를 황제로 추대했다.

하지만 교황이 어떤 사람이었던가? 중세 최고의 정치 9단인 인노켄티우스 3세가 아무런 조치 없이 페데리코에게 황제 자리를 건넬 리 만무했다. 1212년, 교황은 페데리코에게 세 가지 조건을 내걸었다. 첫째, 교황과 오토 4세 사이에 체결된 기존협정을 보장한다. 둘째, 시칠리아 왕국에 대한 교황청의 특권과 영향력을 인정한다. 셋째, 신성로마 제국의 황제와 시칠리아 왕국의 왕에 동일인이 즉위하지 않는다. 즉 페데리코는 황제로 독일을 맡고, 그의 아들 하인리히 7세는 시칠리아 왕에 즉위하되 교황이 지명하는 섭정을 둔다. 협정이라기엔 너무 일방적이었지만, 교황은 이를 관철시킬 권세가 있었다. 물론 페데리코도 군말 없이 교황의 조건을 받아들였다. 하지만 이 젊은 황제에게는 기다려야 할 때엔 기다릴 줄 아는 지혜가 있었다.

그로부터 2년 뒤인 1214년, 부뱅 전투에서 잉글랜드가 프랑스에 패하자, 잉글랜드와 혼인동맹 관계였던 오토 4세 또한 몰락의 길로 접어들었다. 이듬해인 1215년, 페데리코는 오토 4세의 마지막 아성인 쾰른과 아헨을 함락시킨 뒤 오랜 내전을 종식시켰다. 아헨 대성당에서 승리의 미사를 올린 후 할아버지인 바르바로사 프리드리히 1세의 유언에 따라 샤를마뉴의 유해를 이관한 사실은 앞에서 말한 바 있다. 샤를마뉴의 석관 앞에 선 페데리코는 망토와 검, 왕관까지 땅에 내려놓은 후 오랫동안 묵도를 드렸다. 이윽고 묵도를 끝냈을 때 그는 십자군의 선두에 서겠다고 맹세했다. 하지만 페데리코의 맹세는 종교적 열정이 아닌 정치적 계산을 염두에 둔 것에 불과했다.

1216년은 오랫동안 페데리코를 구속해왔던 족쇄가 풀리는 해였다. 그해에 '왕 중 왕' 인노켄티우스 3세가 급서急逝한 것이다. 마침 새로운 교황은 페데리코의 스승이었던 호노리우스 3세Honorius Ⅲ(재위: 1216~1227년)였다. 그런데 이제 스물두 살 된 젊은 왕은 예전의 은사에게 별다른 애정이 없었던 모양이었다. 전임 교황과의 약속은 안중에도 없다는 듯이 어린 아들 하인리히 7세를 독일 왕으로 앉힌 뒤 자신은 시칠리아로 돌아갔으니 말이다. 사실 페데리코는 56년간의 재위기간 중에 독일에 머문 기간은 다 합해도 겨우 8년에 불과했다. 체질적으로 그는 어둡고 딱딱한 북국北國보다는 밝고 개방적인 남국南國을 좋아했다. 십자군 원정을 추진하기 위해서 제자의 힘이 필요했던 신임 교황은 페데리코의 협정 위반을 묵인했다. 더 나아가 호노리우스 3세는 1220년, 제자의 황제 대관식을 치러주어 호의를 사려 했다.

4.

비단 후세뿐 아니라 당대當代인 중세에도 페데리코에 대한 평가는 다양했다. 그에 대한 평가를 열거하면 다음과 같다. '왕관 쓴 기인奇人', '세계의 경이', '왕좌에 앉았던 이들 가운데 최초의 근대인', '최초의 계몽군주', '최초의 르네상스인' 등등. 이렇게 시대를 앞서갔던 페데리코의 꿈은 무엇이었을까? 언제부턴가 그는 시칠리아와 이탈리아, 그리고 독일로 이어지는 신성로마 제국에서 벗어나 잉글랜드나 프랑스와 같은 나라로 시선을 돌렸다. 페데리코는 수많은 영주들과 자치도시들에 의해 분할된 권력을 왕권 안에 통합하여 통일된 국가를 세우는 것이야말로 시대의 요청이자 역사의 흐름이라고 보았다. 그는 신성로마 제국이라는 봉건적 신권국가神權國家 대신 근대적 국가 체제를 구축하려는 가히 혁명적인 정치사상을 가지고 있었다.

자신의 꿈을 실현하기 위해 페데리코는 '로마 제국 부흥계획'을 세웠다. 그는 독일에 비해 제후들의 세력이 상대적으로 약한 이탈리아에서 절대 왕권을 구축한 후 중앙집권적인 통일국가를 세우려 했다. 이를 위해서 먼저 시칠리아 왕국을 중심으로 남부 이탈리아에 통일된 중앙집권국가를 확립하고, 이를 버팀목으로 하여 이탈리아반도 전체를 통일시키려 했다. 하지만 여기엔 두 부류의 적대적 세력이 기다리고 있었다. 하나는 교황이었고, 또 하나는 북부 이탈리아의 자치도시들이었다. 이탈리아에 통일국가가 들어설 경우, 이는 교회권력의 몰락으로 이어질 것이기에 교황의 반대는 당연했다. 북부 이탈리아의 자치도시들 또한 만만한 상대가 아니었다. 이들은 황제나 교황, 영주의 간섭을

브란덴부르크

작센

•아헨

•랭스

파리

독일 왕국

•프라하

보헤미아 왕국

프랑스 왕국

오스트리아

신성로마 제국

빈

잘츠부르크

부르군트 왕국
(부르고뉴)

•밀라노

이탈리아 왕국

헝가리

아비뇽

피렌체

교황령

코르시카

로마

세르비아

사르데냐

나폴리

시칠리아 왕국

지중해

| ⬓ 신성로마 제국 영역 | ⧄ 베네치아 공화국 영역 | ☐ 시칠리아 왕국 영역 |

완강히 거부하고 자치권을 지키고 있었다. 일찍이 페데리코의 할아버지인 프리드리히 1세는 샤를마뉴나 오토 대제처럼 이탈리아를 통합하여 신성로마 제국을 제국다운 제국으로 만드는 꿈을 꾸었다. 하지만 그의 염원은 1176년 레냐노Legnano 전투에서 밀라노를 중심으로 한 롬바르드 도시동맹Lega Lombarda에 참패하면서 산산이 깨져버렸다. 이렇듯 이탈리아에 통일국가를 세우는 것만도 간단치 않은 일이었기에, 독일은 현 상황 그대로 평화를 유지할 필요가 있었다. 페데리코는 이 점을 감안하여 독일과 이탈리아에 대한 대처방법을 달리했다. 독일 영주들에게는 봉건적 권리를 인정해주는 현상유지정책을 펴나간 것이다.

종교가 지배하던 중세였음에도 시칠리아 왕국의 화폐에는 일체의 종교적인 색채가 없었다. 화폐 앞면에는 '로마 제국'과 '정부正副황제'라는 이름이, 뒷면에는 로마를 상징하는 독수리가 새겨져 있을 뿐이었다. 이것만 보아도 페데리코의 의도가 무엇인지 분명히 알 수 있었다. 황제를 중심으로 모든 권위와 영광을 부활시키려 했던 그의 체제에서는 교황을 비롯한 어느 누구도 황제의 뜻을 거역하는 것이 용납되지 않았다. 따라서 이런 생각을 갖고 있는 황제와 교회 우선주의를 고수하는 교황과의 충돌은 필연적이었다. 다만 그는 이탈리아를 통일하기 위한 준비작업을 위해 최대한 시간을 벌려고 교황과의 충돌을 의식적으로 피했다. 하지만 페데리코의 이러한 노력도 결국엔 한계에 봉착하게 되었다. 교황과 황제 사이를 악화시킨 직접적인 요인은 십자군 출병 문제였다.

5.

교황 호노리우스 3세의 지상목표는 예루살렘 탈환이었다. 전임 교황인 인노켄티우스 3세가 주창했던 제4차 십자군 원정(1202~1204년)은 원래의 목표인 예루살렘 대신 엉뚱하게 콘스탄티노플을 약탈한 후 황망히 해산해버린 터였다. 호노리우스 3세는 교황으로 즉위하자마자 제5차 십자군 원정(1217~1221년)을 추진했다. 신임 교황은 페데리코를 참전시키려고 많은 양보를 했지만 황제는 도무지 움직이려 하지 않았다. 결국 헝가리 국왕과 오스트리아 공작 등만이 교황의 부름에 응하여 제5차 십자군 원정을 떠났다. 하지만 그들은 이런저런 사유로 원정 도중에 귀국해버리고, 교황사절이 이끄는 십자군은 이집트 항구인 다미에타를 포위했다가 이슬람 군에게 패배하고 말았다. 제5차 십자군 원정이 실패로 끝나자, 참전하지 않은 황제에게 세간의 비난이 쏠렸다. 하지만 그들은 황제의 속마음을 몰랐다. 로마 제국 부흥의 꿈에 불탄 페데리코에게 손바닥만 한 예루살렘은 눈에 들어오지도 않았던 것이다. 아무리 애를 써도 황제를 움직일 수 없었던 호노리우스 3세는 파문이란 비장의 카드를 들이밀며 위협했지만 뜻을 이루지 못한 채 1227년 세상을 뜨고 말았다.

호노리우스 3세의 뒤를 이은 교황은 그레고리우스 9세Gregorius IX (재위: 1227~1241년)였다. '그레고리우스'란 이름에서도 알 수 있듯이 그는 완고하고 철저한 원리주의자였다. 물불 안 가리는 성격의 그레고리우스 9세는 교황이 되자마자 페데리코에게 출병하지 않으면 파문하겠다고 협박했다. 종전의 십자군 원정이 잇달아 실패로 끝나자, 이번엔 확실한 승리를 거두기 위해 황제가 직접 출병하도록 명한 것이다. 1227년, 마지못해 원정길에 오른 페데리코는 이탈리아 남부 항구도시인 브린디시Brindisi까지 갔다가 정박해 있던 배 안에서 전염병이 돌자 회군했다. 황제 자신도 전염병에 걸려 생사를 오갈 정도였다지만, 이를 핑계라고 믿은 교황은 곧바로 파문을 선포했다. 하지만 페데리코는 파문 따위에 아랑곳하지 않았다. 한동안 시칠리아에서 휴식을 취한 후에 이듬해인 1228년이 되어서야 파문당한 몸으로 다시 예루살렘으로 향했다. 황제의 이런 행동에 교황은 더욱 분노했다. 근신해야 할 판에 버젓이 원정을 떠나다니, 이는 완전히 교황의 파문을 무시하겠다는 뜻이었다. 교황은 현지 십자군에게 황제에 대한 불복종 명령을 내렸다.

그러거나 말거나 페데리코는 처음부터 무력으로 성지를 되찾을 생각은 없었다. 평소에 이슬람에 대한 거부감이 없었던 황제는 예루살렘을 점령하고 있던 술탄에게 협상을 제의했다. 술탄 알 카밀Al-Kamil 또한 기독교에 대한 이해가 깊었다. 그는 제3차 십자군 원정 시 이슬람 측 주인공이었던 살라딘의 조카였다. 어렸을 때 알 카밀은 사신使臣인 아버지를 따라 십자군 측에 갔다가 사자심왕 리처드 1세로부터 기사 서임敍任을 받은 적이 있었다. 아버지와 친했던 잉글랜드 왕이 호의를 베푼 것이었다. 황제와 술탄 사이에 교섭이 진행 중일 때 일어난 재미있는 일화가 있다. 파문당한 황제를 배척했던 현지 십자군 측의 지휘관 한 명이 술탄에게 밀서를 보냈다. 지금 황제는 십자군과 상관없으니 원한다면 포로로 잡으라는 내용이었다. 그러나 술탄도 황제 못지않게 이성적인 사람이었나 보다. 아랍어로 유창하게 써 내려간 황제의 편지에 반한 술탄은 황제와의 협상을 선택했다.

1229년, 황제와 술탄 사이에 강화조약이 체결되었다. 술탄은 예루살렘과 베들레헴 등지를 양도하는 것에 동의했다. 십자군 원정 사상 처음으로 피 한 방울 흘리지 않고 성지를 탈환한 페데리코는 예루살렘에서 대관식을 거행했다. 그러나 파문당한 황제의 머리에 예루살렘 왕관을 씌워줄 용기 있는 성직자는 한 명도 없었다. 어쩔 줄 몰라 하는 성직자들을 둘러보던 페데리코는 마치 그들을 조롱이라도 하듯이 스스로 왕관을 집어 썼다. 지금도 아헨 시청사에는 그때의 광경을 담은 벽화가 있다.

성지 탈환에 성공한 황제는 의기양양하게 귀국했지만, 교황은 이교도와 담합했다며 길길이 뛰었다. 원리주의자들이 절대로 현실정치에 관여해서는 안 되는 이유를 우리는 바로 여기서 볼 수 있다. 그들에게

페데리코의 예루살렘 왕 대관식/아헨 시청사 벽화

타협이란 수치이자 나약함에 다름 아니다. 결과가 아무리 좋아도 자기 믿음과 다르면 받아들일 수 없는 게 그들의 생리였다. 당시 페데리코에게 쏟아진 그들의 비판을 들어보면 참 무섭다는 생각마저 든다. '황제는 처음부터 싸울 마음이 없었다, 십자군의 본래 목적은 이슬람교도와 싸우는 것이다.', '이슬람이 그렇게 약하다면 전투에서 승리해서 예전 예루살렘 왕국 전체를 되찾아야 하지 않겠는가?'라는 비판이 교황청에 줄 이었다 한다. 교황은 애당초 파문한 황제의 업적 따위는 인정하고 싶지 않았던 것이다.

사실 교황은 제5차 십자군이 원정을 떠난 해인 1228년, 황제가 없는 틈을 타서 시칠리아 왕국을 침범했다. 하지만 이듬해인 1229년, 십자군 원정에서 돌아온 페데리코는 교황의 군대를 간단히 물리친 후 강화를 제의했다. 교황에게 강화를 요청한 황제의 태도는 정중하기 이를 데 없었지만, 강화조건까지 관대하지는 않았다. 황제의 파문을 해제하라는 조항에 더하여 로마의 남쪽 출구인 가에타Gaeta 항구를 넘기라는 요구를 끼워 넣은 것이다. 교황은 앞으로 로마의 목줄인 가에타 항구를 통제하겠다는 황제의 의도를 뻔히 알면서도 강화에 응하지 않을 수 없었다. 1230년, 교황은 치를 떨며 황제에 대한 파문을 철회했다.

6.

파문에서 풀려난 황제는 되도록 교황과의 충돌을 피했지만, 그리 오래가지 않아 다시 충돌하게 되었다. 어떻게 해서든 황제를 쓰러뜨리려는 교황과 롬바르드 도시연맹이 독일 왕 하인리히 7세를 쑤셔댄 것이다. 어릴 때부터 부모와 떨어져 홀로 독일에서 살아온 아들 하인리히 7세는 아버지의 속마음을 이해할 수 없었다. 독일과 이탈리아에 대한 아버지의 정책은 왜 그렇게 다를까? 아버지는 이탈리아에서는 봉건 영주들을 억누르고 왕권을 강화하여 통일된 국가체제를 구축하려고 한다. 그런데 왜 독일에서는 정반대로 영주들의 기득권을 존중하고 용인해주고 있을까? 아버지의 정책 때문에 자신은 명색만 왕이지, 사실은 허수아비에 불과하지 않던가? 혹시 자신을 경계하여 독일 왕에게 실권을 주지 않는 건 아닐까? 여기에 더하여 아들은 아버지와는 달리 태생적으로 독일인이었고 신앙심 또한 깊었다. 그런 그는 아버지가 교황과 다툴 때마다 공연히 자신까지 도매금으로 파문의 위협에 시달리는 게 억울했다.

1234년, 황태자 하인리히 7세는 롬바르드 도시연맹과 동맹을 맺었다. 아버지의 뒤통수를 친 것이다. 아들의 반란 소식에 페데리코는 마치 예상이라도 했다는 듯이 신속하게 움직였다. 황제는 아들 뒤에 교황청과 롬바르드 도시연맹이 있다는 걸 알았다. 그들이 자금을 동원하여 반란세력을 끌어모으고 있다는 사실도 알았다. 페데리코는 돈 문제는 돈으로만 해결할 수 있다고 믿었다. 황제는 거액의 돈을 챙긴 후 몇몇 측근만 데리고는 서둘러 알프스를 넘었다. 그리고는 가지고 간 돈을 아낌없이 뿌렸다. 페데리코의 예상치 못한 반격에 반란군은 맥

없이 무너졌고 하인리히는 체포되었다. 황제는 반역한 아들을 용서하지 않았다. 계승권을 박탈한 후 두 눈을 도려낸 채 감옥에 처박아 넣어버린 것이다. 아마도 그는 잘리어 왕조의 황제 하인리히 4세의 비극을 떠올렸으리라. 그로부터 6년 후, 다른 감옥으로 옮겨가던 하인리히는 절벽에서 몸을 던졌다. 좀처럼 속내를 보이지 않던 황제도 역시나 아버지인지라 아들의 죽음에 대해 다음과 같은 소회를 남겼다 한다.

"적에게는 결코 패배를 모르는 제왕도 가족 문제로 괴로워하며 낙심하는 모습을 본다면, 세상의 굳센 아버지들은 무척 의아해할 것이오. 하지만 왕의 의지가 아무리 굳세어도 감정은 자연의 법칙을 따르는 법이라오. 아들의 죄악에 분노하면서도 그의 묘 앞에서 눈물을 흘리는 부모는 예나 지금이나 끊이지 않는구려."

1235년, 교황과의 정면충돌을 피했던 황제는 드디어 선제공격에 나섰다. 뼛속까지 시칠리아인이었던 페데리코였지만, 역시나 그의 몸에는 게르만의 피가 흐르고 있음에 틀림없었다. 프랑스 군주들이라면 절대로 그렇게 하지 않았겠지만, 게르만족의 후예답게 페데리코는 정면승부로 나갔다. 시칠리아 왕국에서 절대 권력을 확보한 황제는 오합지졸烏合之卒인 롬바르드 도시동맹과 교황청을 상대로 승리할 자신이 있기 때문이었다. 실제로 초기 전황은 황제가 예상했던 대로 흘러갔다. 1237년 벌어진 전투에서 황제군은 급조된 롬바르드 도시동맹 연합군을 손쉽게 격파했다. 이대로 간다면 로마 제국을 부흥시키려는 페데리코의 꿈이 실현될 날도 멀지 않았다. 하지만 극히 비종교적이며 이성적인 황제는 극히 종교적이며 비이성적인 교황의 힘을 너무 과소평가했다. 또한 지금까지 누려온 자치를 지키려는 롬바르드 도시동맹의 끈질긴 저항도 너무 간과했다. 황제군은 분명히 전투에서는 계속 승리를 거두었지만, 이상하게도 시간이 지날수록 고립되어갔다. 이와 반대로 계속해서 수세에 몰린 연합군이었지만, 이들에게는 새로운 동맹군이 합세했다. 풍부한 자금력을 자랑하는 제노바와 베네치아가 그들이었다.

　1235년부터 시작된 황제와 교황의 싸움은 무려 33년 동안이나 계속되다가 1268년이 되어서야 끝났다. 교황 측은 1241년 그레고리우스 9세가 죽은 후에도 후임인 인노켄티우스 4세Innocentius Ⅳ(재위: 1243~1254년)가 황제와의 싸움을 계속했다. 황제 측에서는 1250년 페데리코 2세가 죽은 후에도 그의 아들과 손자가 싸움을 이어갔다. 오랜 전쟁은 무력을 휘두르는 황제와 영적 저주를 퍼붓는 교황 사이에서 어쩔 줄 몰라 하는 백성들을 피폐시켰다. 결국 이 전쟁을 끝낸 사람은 황제도 교황도 아닌 프랑스의 앙주 백작이었다. 1266년, 페데리코의 서자인 시칠리아 왕 만프레트Manfred는 교황이 끌어들인 앙주 백작에게 패하여 전사했다. 그리고 2년 뒤인 1268년, 독일에서 남하한 페데리코의 손자 콘라딘Conradin 또한 앙주 백작에게 사로잡혀 나폴리 광장에서 참수되었다. 콘라딘이 죽으면서 호엔슈타우펜 왕조는 단절되었고 가문의 영지는 갈가리 뜯겨나갔다. 시칠리아 왕국은 앙주 백작에게 넘어갔고, 호엔슈타우펜 가문의 근거지였던 슈바벤 공국은 독일의 여러 귀족들에게 분할되었다. 이후 이탈리아에서 '통일'이란 화두가 다시 나오기까지엔 장장 600여 년의 세월을 기다려야 했다. 한편 프랑스란 외세를 끌어들인 교황의 앞날에도 암울한 구름이 몰려왔다. 외세는 또 다른 외세를 부르고, 종국에는 모든 것을 휩쓸어버린다는 사실을 교황은 몰랐을까?

7.

1250년, 쉰여섯 번째 생일을 앞둔 페데리코는 남부 이탈리아의 한 작은 도시에서 쓸쓸하게 병사病死했다. 평생에 세 번씩이나 파문을 당한 황제였지만, 죽음이 임박하자 그도 어쩔 수 없는 중세인中世人이었던지 수도복으로 갈아입은 후 병자성사病者聖事를 받았다. 교황은 페데리코를 '하느님을 믿지 않는 자'로 부르며, 적그리스도Antichrist라고 비난했다. 사실 황제만큼 당시대에 널리 퍼져있던 신비주의적 사고나 감정에 무관심한 사람도 없었을 것이다. 풍부한 지적 호기심을 타고난 페데리코는 특히 과학과 수학 분야를 좋아했다. 그래서 이슬람 세계의 선진 문물을 적극적으로 받아들였지만, 이 때문에 교황은 이단과 교류한다며 황제를 불신했다. 페데리코가 정말로 '하느님을 믿지 않는 자'였는지는 자신만이 알겠지만, 믿었다 하더라도 그와 동시대를 살아간 프란체스코San Francesco d'Assisi(1182~1226년) 성인이 믿었던 식의 하느님은 아니었을 것이다. 이는 술탄 알 카밀Al-Kamil을 상대했던 황제와 성인의 접근방식을 보면 확실히 알 수 있다.

제6차 십자군 원정 결과, 기독교 측이 예루살렘을 포함한 성지를 이슬람 측으로부터 평화적으로 돌려받은 사실은 앞에서 말했다. 당시 황제 페데리코와 술탄 알 카밀은 이슬람의 성지인 바위 돔은 이슬람교에게, 예루살렘의 나머지 지역은 기독교에게 돌림으로써 예루살렘을 서로 공유하기로 합의했다. 이 합의로 예루살렘은 기독교인과 이슬람교인 모두 상대방의 종교를 존중하는 평화의 장이 되었다. 이는 기독교적인 윤리와 신앙을 고집하지 않고, 실용적이며 현실적인 평화를 우선시했던 황제가 있었기에 가능했다. 또한 황제와 같은 생각을 가진 술탄이 있었기에 가능했다. 그랬기에 알 카밀은 이슬람의 3대 성지 중 하나이자, 삼촌인 영웅 살라딘이 지켜낸 예루살렘을 양보한 것이다. 비록 이 때문에 페데리코가 교황에게 곤욕을 치른 것과 같이 알 카밀도 이슬람 세계로부터 거센 비난을 받았지만 말이다. 아무튼 당시 두 사람은 종교를 넘어서 서로 깊은 교감을 느꼈음에 틀림없다.

그런데 사실은 페데리코보다 10년 먼저 알 카밀을 찾아온 기독교 성인이 있었으니 그는 다름 아닌 프란체스코였다. 제5차 십자군 원정이 한창이었던 1219년, 서른일곱 살의 프란체스코는 순교할 각오를 하고 술탄을 개종시키려고 이집트로 갔다. 당시 그가 도착한 곳이 십자군이 포위하고 있던 다미에타 바로 그 도시였고, 개종시키려 했던 술탄은 바로 알 카밀이었다. 전하는 바에 의하면 프란체스코는 기독교가 진리임을 입증하기 위해 술탄 앞에서 스스로 불 속에 들어가려 했다 한다. 그런 기독교 성인을 술탄은 시종일관 정중하게 대접한 후 얌전히 십자군 진영으로 돌려보냈다는데, 과연 술탄은 프란체스코를 어떻게 생각했는지 무척 궁금하다. 새들에게 설교하고 흉포한 늑대까지도 회개시켰다는 기독교 성인에게 감화되어 개종을 고민했을까, 아니면 이 희한한 수도사를 해코지라도 했다간 공연히 십자군의 분노만 사지 않을까 하는 현실적 계산에 몰두했을까? 아무튼 알 카밀이 훗날 페데리코에게 느꼈던 교감을 프란체스코로부터는 전혀 느끼지 못했음은 확실하다. 기독교 측에선 프란체스코 성인이 술탄을 만난 일화를 기록한 자료가 있는 반면에, 이슬람 측에서는 그런 내용을 담은 자료가 전혀 없기 때문이다.

8.

페데리코 2세의 석상/ 레겐스부르크 역사박물관

  당대 최고의 지식인이자 만능선수인 페데리코는 당시 횡행하던 봉건질서를 타파하고 통일된 국가를 세우는 것이야말로 시대의 요청이자 역사의 흐름이라고 확신했다. 그래서 시작한 길이었지만 결과는 참혹한 실패로 끝나버렸다. 도대체 무엇이 잘못되었을까?

  첫 번째 실패 요인은 페데리코 자신에게서 찾아본다. 온갖 재능을 물려받은 그도 물려받지 못한 재능이 있다고 앞에서 말한 적이 있다.

그렇다면 그것이 무엇이었을까? 하늘이 낸 천재들이 갖고 있는 공통적인 약점이 페데리코에도 있지 않았을까? 아마도 황제는 많이 고독했을 것 같다. 너무나 시대를 앞서간 천재였기에 사람들에게 그의 뜻을 이해시키기 힘들었을 테니 말이다. 같이 협의할만한 주변 사람도 찾기 어려웠을 것이다. 그렇다면 황제는 모든 일을 혼자 결정하고 실행했을 것이다. 그런 상황에서는 분명히 의사소통에 문제가 있을 수 있다. 자신에게는 너무 쉬운 일이기에 일일이 상대방에게 설명할 필요를 느끼지 않기 때문이다. 황태자 하인리히의 비극은 여기서 잉태되지 않았을까? 물론 거리도 멀고, 성장과정에서 부모와 떨어져 있었기에 아들이 아버지에게 느끼는 친밀감은 적었을 것이다. 하지만 아버지의 가장 근간이 되는 정책조차도 아들이 이해하지 못했다면, 아무래도 그건 아버지의 잘못이라고 볼 수밖에 없다. 이러한 그의 약점은 가족관계에서뿐만 아니라 대외관계에서도 나타난다. 사가들은 베네치아와 제노바가 교황 편에 가담한 것을 황제의 결정적인 패인으로 꼽는다. 사실 이두 자치도시가 교황 쪽으로 넘어간 후부터 전쟁이 끝날 때까지 교황은 군자금 걱정에서 해방되었다. 그만큼 두 도시는 경제력이 풍부했기에 교황파의 자금원이 되어주었다. 교황은 베네치아와 제노바를 끌어들이려고 온갖 정성을 다 쏟았다. 하지만 자신감이 넘쳤던 황제는 그들과의 관계를 소홀히 했다. 정말로 애석한 점은 독일과 이탈리아를 분리해서 생각했듯이, 이탈리아 또한 교회권력인 교황과 세속권력인 롬바르드 도시동맹을 나누어 상대해야 하지 않았을까? 시대를 내다보는 미래예견력은 황제가 앞섰지만, 현실을 감안한 정치력은 교황이 앞섰다.

보다 근본적인 두 번째 실패 요인은 전혀 다른 데에 있었다. 네 명의 교황을 거뜬히 상대했던 페데리코였지만, 한 명의 성인에게는 당할 수 없었다. 어느 날, 황제와 힘겹게 싸우던 교황에게 천군만마千軍萬馬와 같은 지원군이 나타났다. 혁신적인 수도회를 창설하여 민중의 숭배를 한 몸에 받는 프란체스코 성인이 교황을 돕기 시작한 것이다. 정확히 말하면 성인이 교황을 도운 것이 아니라, 교황이 정치적으로 성인의 힘을 이용한 것이지만 말이다. 오래전부터 가톨릭교회는 살아있는 성인을 몹시 경계했다. 성인의 힘이 교회에서 나온 것이 아니라, 민중이 그를 신神의 특사로 인정하고 찬양함으로써 얻어진 것이기 때문이었다. 즉, 성인의 명성이 커질수록 교회는 존재의미를 잃기 때문에 교황은 그를 반기지 않았다. 하지만 죽은 성인이라면 이야기가 다르다. 교회는 죽은 성인의 영적인 힘을 빌려서 민중을 끌어모을 수 있기 때문이다. 이런 점에서 볼 때 이상한 말 같지만 프란체스코 성인은 참으로 적당한 때에 세상을 떴다. 마흔네 살의 성인이 선종한 해는 십자군 원정 문제로 황제와 교황 간에 갈등이 한창이었던 1226년이었다. 그리고 이런 호기를 놓칠 교황이 아니었다. 군자금 부족에 허덕였지만 만사를 제쳐두고 재빨리 프란체스코를 기리는 성당건립에 나선 교황이야말로 진정한 정치 9단이었다.

1228년, 성인의 고향인 아시시Assisi에 성 프란체스코 대성당을 짓기 시작하자, 프란체스코 수도회를 비롯한 혁신적인 수도회들이 모두 교황에게 몰려들었다. '아시시의 성자'를 숭배하는 민중이 계속 늘어나자, 교황은 죽은 성인의 영적인 힘을 최대한 이용했다. 수도회의 수도사들은 전쟁이 끝날 때까지 반 황제파의 정치공작과 선전공작에 손발이 되어 활동했다. 독일과 이탈리아 구석구석에 퍼져있는 교회 조직도 황제에 대한 반란 공작에 앞장섰다. 황제와 교황의 싸움은 여기서 결정적으로 승패가 갈렸다. 너무도 이성적인 황제였기에 가톨릭교회가 민중에게 미치는 영향력의 실체를 헤아리지 못한 것이다. 패자에 대한 역사의 평가는 항상 가혹하다. 단테는 『신곡』에서 페데리코를 쾌락주의자로 비난하면서, 무덤 속에서 영원히 화형을 당하는 모습으로 묘사했다. 과연 그럴까? 그렇다면 승리한 교황과 롬바르드 도시연맹은 천국의 꽃방석에 앉아있었을까? 절대로 그렇지 않았음을 훗날의 역사는 말해준다. 그들에게는 황제보다 더한 험악한 길이 기다리고 있었다. 여담이지만 만약에 프란체스코 성인이 황제와의 전쟁이 끝날 때까지 오랫동안 살았다면 어쨌을까 궁금해진다. 누구도 알 수 없겠지만, 프란체스코 성인을 생각할 때 더불어 생각나는 사람이 있다. 백년전쟁의 주인공인 오를레앙의 성녀 잔 다르크Jeanne d'Arc다. 왜 그런지는 뒷장에서 다시 이야기하자.

✸ 성자의 고향 아시시Assisi에서

프란체스코 성인San Francesco d'Assisi의 고향 아시시Assisi는 로마에서 기차로 두 시간 거리에 있다. 2014년 봄, 기차에서 내려 성 프란체스코 대성당으로 가는 길엔 드넓은 밀밭이 펼쳐져 있다. 봄바람에 술렁이는 밀밭은 파도가 일렁이는 바다와도 같다. 봄꽃이 지천인 들판 저 너머로 솟아오른 몬테 스바지오 언덕 위에 성 프란체스코 대성당이 견고한 성채처럼 서 있다. 대성당으로 향하는 완만한 오르막길엔 기증자들의 이름을 새긴 보도블록이 줄지어 깔려있다. 그들의 이름과 함께 표시된 온갖 지명地名은 아직도 프란체스코 성인의 명성이 식지 않았음을 보여준다. 가톨릭의 최고 성지인 프란체스코 성인을 모신 성당 지하묘

아시시의 성 프란체스코 대성당

소로 들어서면 경건한 분위기에 압도된다. 벌써 800여 년 전에 선종한 성인이건만 그를 추모하는 사람들의 발길은 끊임이 없다. 무릎 꿇고 성인을 향해 무언가를 간구하는 순례자들의 모습에서 시공時空을 떠나 민중에게 미친 그의 영향력이 얼마나 큰지 새삼 느끼게 된다. 마하트마 간디Mahatma Gandhi는 성인을 일컬어 다음과 같이 말했다지. "백 년마다 한 번씩 성 프란체스코가 태어난다면 세상의 구원은 보장될 것이다." 중세 교황들은 자신이 프란체스코 성인과 비교되는 것을 제일 싫어했다고 한다. 그만큼 성인은 '가난과 결혼한 수도자'로서, 또한 '예수 그리스도와 가장 닮은 기독교인'으로서 헌신적인 삶을 살았기에 지금도 변함없는 생명력을 유지하고 있는 게 아닐까?

아시시에는 프란체스코 성인뿐만 아니라 그와 동시대를 살았던 프리드리히 2세의 발자취도 찾아볼 수 있다. 이탈리아의 '푸른 심장'이란

아시시의 로카 마조레 성채

애칭으로 불리는 아시시의 울퉁불퉁한 골목길을 돌아 마을에서 제일 높은 언덕으로 올라가면 견고한 성채가 서 있다. 남부 이탈리아 도시인 브린디시Brindisi나 타란토Taranto에서 봤던 독일 슈바벤Schwaben 양식의 성과 흡사한 이 성채도 같은 슈바벤 양식이다. 로카 마조레Rocca Maggiore라 불리는 이 성채는 1174년에 바바로사 프리드리히 1세의 명으로 세워진 성채였다. 그 후 31년이 지난 1205년, 프리드리히 2세가 이 성채에서 잠시 머물렀을 때의 일이었다. 호엔슈타우펜 왕조에 반대하던 아시시 시민들이 몰려와 성채를 포위한 후 성벽을 무너뜨려 버렸다. 곤경에 처한 프리드리히 2세는 이곳에 성채를 재건하지 않겠다는 약속을 한 후에야 간신히 그들을 무마할 수 있었다. 그때 프리드리히 2세의 나이가 겨우 열한 살이었으니, 이것만 봐도 어린 시절 그의 삶이 얼마나 험난했는지 짐작할 수 있다.

높은 성벽에 올라 저 아래 펼쳐진 움브리아Umbria 지방의 들판을 바라보다 문득 엉뚱한 생각이 들었다. 자신이 가고자 하는 길을 반대한 아버지와 인연因緣을 끊으며 성인이 남긴 말은 다음과 같았다. "이제부터 저는 당신을 아버지라 부르지 않고, 하늘에 계신 우리 아버지만을 아버지라 부르겠습니다." 세상의 모든 빈자貧者를 끌어안은 성인이었건만 어찌하여 자신을 낳아준 아버지는 포용할 수 없었는지? 이는 황제도 마찬가지다. 자신이 낳은 아들에게 그렇게 모질게 대하고서 어찌 갈가리 찢긴 이탈리아를 통합하려는 웅대한 이상을 이룰 수 있겠는가? 아버지를 내친 성인과 아들을 용서 못 한 황제…… 역사에 큰 족적을 남긴 이들이지만, 보통사람들은 그 뜻을 헤아리기 어려웠다.

제5장

엉겁결에 선출한 바람막이 왕

루돌프 1세|Rudolf I

"신이시여, 자리를 굳건히 지키소서. 그렇지 않으면 루돌프가 당신의 자리를 빼앗을 것입니다."

-루돌프 1세의 정적政敵인 바젤 주교가 예언한 말

1.

프리드리히 2세(페데리코 2세)의 죽음과 함께 작센 왕조, 잘리어(프랑켄) 왕조, 호엔슈타우펜(슈바벤) 왕조로 이어지던 삼왕조三王朝 시대가 막을 내렸다. 이는 오토 대제가 황제에 오른 962년부터 프리드리히 2세가 죽은 1250년까지 대략 290년에 걸친 시대였다. 이 기간 동안 독일은 초기 4대 유력부족 중에 바이에른Bayern을 뺀 작센Sachsen, 프랑켄Franken, 슈바벤Schwaben 공작령이 차례로 왕조를 개창한 셈이다. 그런데 비슷한 시기의 독일 왕조와 프랑스 왕조를 비교해보면 재미있는 점을 발견하게 된다.

카페 왕조

위그 카페(987~996년)
로베르(996~1031년)

앙리 1세(1031~1060년)
필리프 1세(1060~1108년)
루이 6세(1108~1137년)

루이 7세(1137~1180년)
필리프 2세(1180~1223년)
루이 8세(1223~1226년)
루이 9세(1226~1270년)

작센 왕조

오토 1세(936~973년)
오토 2세(973~983년)
오토 3세(983~1002년)
하인리히 2세(1002~1024년)

잘리어(프랑켄) 왕조

콘라트 2세(1024~1039년)
하인리히 3세(1039~1056년)
하인리히 4세(1056~1106년)
하인리히 5세(1106~1125년)

쥐플링엔부르크 가문

로타르 3세(1125~1137년)

호엔슈타우펜(슈바벤) 왕조

콘라트 3세(1138~1152년)
프리드리히 1세(1152~1190년)
하인리히 6세(1190~1197년)
프리드리히(1198~1208년)
오토 4세[2](1208~1215년)
프리드리히 2세[3](1220~1250년)

프랑스는 카페 왕조가 계속 이어지고 있는 동안에 독일은 왕조가 세 번이나 바뀌었다는 사실이다. 그렇다고 카페 왕조가 독일 왕조들보

---

2) 오토 4세: 교황이 호엔슈타우펜 가문을 견제하기 위하여 경쟁 가문인 벨프 가문 출신을 대립 황제로 세운 사람임. 부뱅 전투에서 프랑스의 필리프 2세와 싸운 황제.

3) 프리드리히 2세는 오토 4세를 물리친 1215년부터 실질적인 신성로마 제국 황제였지만, 정식 재위기간은 대관식을 거행한 1220년으로 봄.

다 강력한 것도 아니다. 제후들의 힘이 강하기는 독일이나 프랑스나 마찬가지며, 오히려 카페 왕조는 작센 왕조나 호엔슈타우펜 왕조에 비하여 세력이 미약했다. 그럼에도 불구하고 카페 왕조는 어떻게 계속 버틸 수 있었을까?

첫 번째 요인은 두 나라 왕조의 특성에서 찾아봐야 될 것 같다. 작센, 프랑켄, 슈바벤 등 유력 부족들이 개창한 독일의 왕조들은 상당히 직선적直線的이었다. 이들은 일단 제위에 오르면 어떻게 해서든 경쟁 제후들의 힘을 꺾고 왕권을 강화하려 애썼다. 이를 위해서 독일 왕들은 필요시 무력도 마다하지 않았기에 국내 유력 제후들의 반발과 저항도 심했다. 이러다 보니 기존 왕조에 문제가 생기면 유력 제후들은 재빨리 협력하여 새로운 왕조로 교체함으로써 독립성을 유지해가곤 했다. 이와는 달리 프랑스의 카페 왕조는 상당히 우회적迂廻的으로 유력 제후들과의 직접적인 충돌을 피했다. 그들은 힘이 없을 때에는 있는 듯 없는 듯 은인자중하다가 기회가 올 때면 야금야금 직할령을 확장해갔다. 이렇게 프랑스 왕들은 유력 제후들의 비위를 맞추어 가면서 실익을 취했기 때문에 그들의 직접적인 반발이 적었다. 두 나라 왕조의 이런 특성은 십자군 원정에서도 확연히 드러난다. 직선적인 독일 왕들은 대의명분을 중시했기에 종교적인 신념과 교황과의 관계를 감안하여 원정에 참여했다. 그러나 우회적인 프랑스 왕들은 현실적인 실익을 따졌으며, 가능하면 유력 제후들의 참전을 종용했다. 참전한 유력 제후들이 전사戰死라도 한다면 그들의 영지를 왕실이 차지할 수 있는 좋은 기회였기 때문이었다. 독일과는 달리 프랑스는 수차례의 십자군 원정을 왕권 강화의 기회로 활용했다.

두 번째 요인은 국운國運과도 연관되는 우연한 요소이지만, 독일 왕들에 비해 프랑스 왕들의 재위기간이 유난히 길었다는 점이다. 독일의 경우 오토 1세부터 프리드리히 2세까지 314년 동안 15명의 황제가 평균 21년간 재위했다. 하지만 그만하면 긴 편임에도 불구하고 프랑스와는 비교가 안 된다. 프랑스의 경우는 위그 카페부터 루이 9세까지 283년 동안 9명의 왕이 평균 31년씩 재위했다. 물론 재위기간만 길다고 좋은 건 아니겠지만, 어쨌든 당시는 왕조국가였기에 이는 왕권을 안정화시킬 수 있는 가장 기본적인 요건을 충족시킨 셈이다. 더구나 독일의 경우는 후사가 없어 왕조가 단절되는 반면에 프랑스는 후사를 걱정할 필요가 없을 만큼 왕가의 후손들이 번창했다.

세 번째 요인은 아무래도 교황과의 관계에서 찾아야 될 것 같다. 교황에게 아무런 빚이 없는 프랑스와는 달리 독일은 교황과 일종의 동업 관계였다는 사실은 앞에서 말한 바 있다. 즉 독일과 북부 이탈리아를 묶는 신성로마 제국은 샤를마뉴 이래로 황제와 교황이 만든 공동의 세계였다. 하지만 하늘에 해가 둘일 수 있겠는가? 예나 지금이나 동업자란 참으로 어려운 관계임에 틀림없다. '교황은 태양과 같고, 황제는 달과 같다'라고 주장하는 교황을 어느 황제인들 달가워할 것인가? 마찬가지로 '황제는 지상에서 하느님의 뜻을 집행하는 사람이고, 교황이든 주교든 그 뜻을 거역할 수 없다.'라고 주장하는 황제에게 어느 교황이 고분고분하겠는가? 황제와 교황이 부딪칠 때마다 그들은 서로를 끌어내렸다. 대표적인 사례를 우리는 카노사의 굴욕Humiliation at Canossa에서 봤다. 독일의 경우는 황제와 충돌한 교황이 황제를 교체하는 데 앞장서거나 아예 대립 황제를 세우면서 왕조를 무너뜨리기도 했다. 반면에 프랑스의 경우는 교황의 예봉을 피해갈 수 있었다. 가뜩이나 황제와의 싸움이 버거운 교황이 동시에 프랑스 왕까지 적으로 돌릴 수는 없기 때문이었다.

2.

1250년 프리드리히 2세가 세상을 뜬 후에도 당분간 버텼던 호엔슈타우펜 왕조는 결국엔 단절되었다. 황제다운 황제로는 마지막 황제였던 프리드리히 2세와의 오랜 싸움에서 학虐을 뗀 교황은 황제라는 말만 들어도 진저리가 날 정도였다. 오죽했으면 황제를 피해 프랑스로까지 피신한 교황이었던가. 그랬기에 교황은 자신에게 가장 큰 위협이 될 수 있는 황제가 없는 상황을 내심 즐겼다. 또한 독일 내에서도 유력 제후들이 서로 눈치를 보면서 황제 선출을 미루다 보니 마침내 황위가 비는 사태가 발생했다. 역사에서는 프리드리히 2세의 아들 콘라트 4세Konrad IV가 죽은 1254년부터 루돌프 1세가 새로운 황제로 선출되는 1273년까지 20년 동안의 기간을 대공위시대大空位時代Great Interregnum라 부른다.

하지만 황제가 없으면 좋을 것 같았지만, 독일 쪽의 상황은 오히려 갈수록 혼란스러워졌다. 최소한의 황제 눈치조차 볼 필요가 없어진 유력 제후들이 마음 놓고 세력 다툼을 벌였기 때문이었다. 그러다 보니 그들 사이에 긴 중소 영주들과 여러 도시들은 황제가 있을 때보다 오히려 더 고달파졌다. 교황 또한 날이 갈수록 협조를 구해야 할 상대방인 황제가 없다 보니 불편하기 짝이 없었다. 어찌 되었건 무력武力이 없는 교황에게 필요시 교회를 지켜줄 수 있는 사람은 황제일 뿐이었다. 1273년, 마침내 교황의 주선으로 황제를 선출하기 위한 프랑크푸르트 선제회의選帝會議가 열렸다. 20년 만에 선출될 새로운 황제 자리를 놓고 쟁쟁한 후보들이 경쟁을 벌였다. 그중에 독일인은 아니지만 모계 쪽으로 독일 왕가에 닿아있는 보헤미아 왕 오타카르 2세Ottokar Ⅱ가 가장 유력했다. 하지만 기존의 세력균형이 깨지는 걸 싫어한 선제후들의 생각은 달랐다. 그들은 전통적인 유력 가문 출신뿐만 아니라, 향후 위협이 될 신흥 유력 제후에게도 거부감이 컸다. 이해타산을 따지던 그들은 전혀 예상 밖의 인물을 독일 왕으로 추대했다. 합스부르크 백작 루돌프 1세Rudolf I가 바로 그였다. 여담이지만 이때 루돌프를 적극 지원한 중소 제후 중에는 호엔촐레른Hohenzollern家도 있었다. 500년 후에 이들은 프로이센Preußen이란 신흥강국을 일으켜 합스부르크가家의 오스트리아를 무너뜨리니, 역사란 돌고 도는 희극과도 같다는 생각이 든다.

당시 합스부르크 가문은 변방 중에 변방인 스위스 산골짜기의 보잘것없는 지방 영주에 불과했다. 더 웃기는 사실은 독일 왕으로 추대되었을 때 루돌프 1세의 나이가 당시로는 이미 초로初老를 넘긴 쉰다섯 살이라는 점이었다. 유난히 큰 키에 창백한 얼굴을 가진, 언제 죽어도 하등 이상할 것 없는 중늙은이를 왕으로 뽑은 선제후들의 속셈은 뻔했다. 교황이 재촉하니 대충 명색뿐인 허수아비 왕을 세워놓고는 제 실속이나 채우겠다는 심보였다. 하지만 곧 죽을 것 같던 이 중늙은이가 앞으로 600여 년 동안 독일을 이끌어갈 유럽 최대의 왕가 합스부르크 가문을 일으켜 세울 줄을 이들은 꿈에도 몰랐다. 하긴 루돌프 1세도 자신이 독일 왕이 되리라고는 기대도 하지 않았지만 말이다. 사실 이전까지는 공작이 황제로 선출되었지. 루돌프같이 백작이 선출된 선례도 없었다. 프랑크푸르트에서 선제후들이 자신을 독일 왕으로 추대할 때, 정작 루돌프 1세는 현재 프랑스 및 독일에 접한 스위스의 국경도시 바젤Basel을 공격하고 있었다. 훗날 루돌프 1세의 인물됨을 잘 알고 있던 바젤의 주교는 그 선택이 엄청난 불행을 초래할 것이라며 불길한 예언을 했다. "신이시여, 자리를 굳건히 지키소서. 그렇지 않으면 루돌프가 당신의 자리를 빼앗을 것입니다."

3.

  합스부르크Habsburg란 명칭은 슈바벤Schwaben 지방에 있는 합스부르크성城 또는 '매의 성'이라는 뜻의 하비히츠부르크Habichtsburg성城에서 유래했다고 한다. 독일 남부의 역사적인 지명인 슈바벤 지방은 넓게는 지금의 프랑스 알자스 지방, 스위스 북부, 오스트리아 서부까지를 포함한다. 예전 알레마니Alemanni 족의 활동무대가 바로 이 지역이었으며, 그들의 후손인 호엔슈타우펜 왕조의 근거지이기도 했다. 합스부르크 가문은 슈바벤 지방의 일부인 스위스 북부 산골짜기의 한미寒微한 지방 영주였다. 하지만 루돌프의 아버지는 프리드리히 2세를 열렬히 지지하는 황제파로 호엔슈타우펜 가문의 신임을 얻었다. 그런 인연으로 루돌프는 프리드리히 2세의 대자代子godson가 되었고, 아버지의 뒤를 이어 프리드리히 2세와 그의 아들 콘라트 4세에게 충성을 바쳤다. 그 때문에 황제 부자가 교황으로부터 파문을 당했을 때, 루돌프도 함께 파문을 당했었다. 하지만 호엔슈타우펜 가문이 루돌프의 충성에 보답하여 적극 지원했기에, 그는 한미한 가문을 일으켜 세울 기회를 잡았다. 독일 왕이 되기 전에 루돌프의 합스부르크 가문은 알프스 지역에서는 유력한 세력으로 부상하여 차츰 남부 독일 지방으로 영향력을 확대해갔다. 그렇지만 합스부르크가家는 작센, 프랑켄, 바이에른 등 전통적인 유력 제후들과는 비할 바 아니었다.

  1273년 10월 24일, 비록 얼떨결에 독일 왕이 되긴 했지만 아헨Aachen 대성당에서 거행된 루돌프의 대관식은 장엄하고 화려했다. 오랜만에 열린 대관식에서 각지의 영주들과 제후들은 새로운 독일 왕을 축하해주었다. 하지만 독일 왕이 된 루돌프에게는 풀어야 할 두 개의 난제難題가 기다리고 있었다. 첫 번째는 자신을 파문한 교황과의 관계 개선이었고, 두 번째는 유력 후보자였던 보헤미아 왕 오타카르 2세의 반발을 무마하는 일이었다. 여기서부터 루돌프와 싸워본 적이 있던 바젤 주교의 예언이 현실로 나타난다. 선제후들의 희망과는 달리 루돌프는 그저 자리나 지키는 허수아비 왕으로 남고 싶은 마음이 전혀 없었다. 그는 비록 몸은 중늙은이였지만 마음은 야심 찬 청년이었다. 그의 머릿속엔 독일 왕이라는 직책을 이용하여 어떻게 하면 가문을 일으킬 수 있는가 하는 생각으로 가득 차 있었다.

현실적인 루돌프가 왕이 된 후 첫 번째 한 일은 선대 황제들이 추진했던 이탈리아 정책부터 과감히 버리는 것이었다. 황제의 권위를 세우려면 이탈리아를 경영해야 한다는 고정관념에서 벗어난 루돌프는 교황과 타협했다. 그는 앞으로 로마를 포함하여 교황령과 시칠리아에 대한 모든 권리를 포기하겠다고 선언했다. 새로운 독일 왕이 또다시 이탈리아에 간섭할까 봐 일말의 불안감을 갖고 있던 교황은 루돌프의 말에 너무 기분이 좋았다. 이에 교황은 앞장서서 루돌프를 정당한 독일 왕으로 인정한 후, 보헤미아 왕 오토카르가 더 이상 항의하지 못하도록 입막음했다. 루돌프는 유명무실한 '황제'의 직위에 연연하지 않았기 때문에 군이 로마에 가서 교황으로부터 대관식을 받으려고도 하지 않았다. 그의 주된 관심사는 어디까지나 합스부르크 가문의 영지 확장이었다. 그런 루돌프가 마음에 든 교황은 기꺼이 선심을 썼다. 교황의 대관식을 치르지 않았지만 루돌프에게 황제 칭호를 사용하도록 허락한 것이다.

이제 교황은 원하던 바를 모두 얻었다. 이탈리아에서 신성로마 제국
의 동업자인 황제를 떼어내고 독점적인 지위를 차지했으니 말이다. 아
마도 교황은 오랫동안 자신을 괴롭혀온 혹을 떼어낸 산뜻한 기분에
쾌재快哉를 불렀으리라. 하지만 문제는 독일이란 혹이 떨어져 나갔다고

해서 또 다른 혹이 생기지 않는다는 보장이 있을까? 이미 그때쯤이면 옛 시칠리아 왕국이었던 남부 이탈리아 지방과 시칠리아섬은 교황이 불러들인 프랑스의 앙주 가문이 차지하고 있었다. 그렇다면 착실하게 왕권을 강화해가는 프랑스가 향후 그 정도로 만족할 수 있을까? 또한 프랑스뿐 아니라 지중해 방면으로 세력을 넓혀오는 아라곤 왕국은 어떻게 될 것인가? 외세는 또 다른 외세를 부를 터인데, 그럴 경우 교황에게 남아 있는 카드는 과연 무엇일까? 이래저래 살아있는 교황은 죽은 프리드리히의 안목을 결코 당할 수 없었다.

한편 합스부르크 가문의 세력 확장이 급선무였던 루돌프가 이탈리아를 포기함으로써 향후의 신성로마 제국은 '독일과 이탈리아의 신성로마 제국'이 아닌 '독일인의 신성로마 제국'으로 그 범위가 축소된다. 이탈리아를 포기한 루돌프의 정책은 교황뿐 아니라 독일 내 유력 제후들의 이해와도 일치했다. 황제의 이탈리아 원정은 제후들에게 원정 비용만 부담시키고 황제의 권력만 강화시켜주는 아무런 이득이 되지 않는 정책이기 때문이었다. 하지만 보헤미아 왕 오타카르를 다뤄야 하는 난제難題는 그리 간단치 않았다. 루돌프가 산전수전 다 겪은 늙은 여우라면, 오타카르는 그야말로 혈기왕성한 젊은 늑대였다. 제후들은 마치 싸움구경 하듯이 루돌프와 오타카르의 관계를 지켜봤다.

4.

지금의 체코 공화국Czech Republic에 해당하는 보헤미아Bohemia는 기원전 4~1세기경 켈트 계의 보이Boii족이 정착하면서 유래된 지명이라 한다. 그 후 보이족을 밀어낸 게르만족이 한동안 보헤미아를 점거했다가, 게르만족이 이동한 후인 6세기부터는 슬라브계의 체코인이 들어와 살았다. 9세기경에 기독교가 전파된 보헤미아는 950년, 오토 대제에 의해 신성로마 제국으로 편입되었다. 이후 보헤미아 공국으로 신성로마 제국의 봉신封臣이었지만, 독일 내에서 호엔슈타우펜 가문과 벨프 가문 사이에 내전이 벌어진 틈을 타서 1212년에는 당시 황제였던 오토 4세로부터 '황금칙서Golden Bill'를 얻어냈다. 이로써 보헤미아 공국은 보헤미아 왕국으로 승격했고, 제국 내에서 유일한 독립 왕국이 되었다. 이후부터 보헤미아는 왕위 계승이나 프라하Praha 주교 임명 시 예전처럼 제국의 승인을 받을 필요가 없었다. 이에 더하여 보헤미아 왕은 황제를 선출하는 일곱 선제후 중 한명이 되었다. 1253년, 보헤미아 왕이 된 오타카르 2세Otakar II(재위: 1253~1278년)는 야심만만한 인물이었다. 그런 오타카르에게 이웃 오스트리아 공국의 불행은 더없이 좋은 기회였다.

보헤미아 남쪽에 위치한 오스트리아는 788년 샤를마뉴가 동부 변경을 수비하기 위해 오스트마르크Ostmark 변경령邊境領을 설치한 데서 기원한다. 그 후 880년에는 마자르족의 침략을 받았지만, 955년 오토 대제가 이들을 격퇴한 후로 제국 안에 뿌리를 내렸다. 오스트리아 공국을 통치한 첫 번째 가문은 바벤베르크Babenberger가家였다. 하지만

976년부터 270년 동안 안정적으로 오스트리아를 통치해오던 이 가문은 1246년 후사 없이 단절되었다. 그러니 욕심 많은 보헤미아 왕이 이런 좋은 기회를 놓칠 리 없었다. 정력적으로 영토 확장에 나선 오타카르는 짧은 시간 내에 보헤미아 왕국의 영토를 크게 확장시켰다. 서쪽으로는 지금의 슬로바키아 지역인 모라바 변경백국을 병합했고, 남쪽

으로는 지금의 오스트리아에 속하는 오스트리아 공국, 슈타이어마르크Steiermark 공국, 케른텐Kärnten 공국, 크라인Krain 공국과 북부 이탈리아의 프리울리Friuli 변경백국까지 손에 넣었다. 또한 북쪽으로는 오타카르의 지원을 받은 튜턴 기사단이 1268년 쾨니히스베르크Königs-berg, 즉 '왕의 도시'를 세워 그를 기렸는데, 오늘날 러시아의 칼리닌그라드가 바로 그 도시였다. 이로써 보헤미아 왕국은 남으로는 아드리아 해에 접하고, 북으로는 발트해까지 확장되었다.

오타카르는 교황과 프리드리히 2세 간의 이전투구에 독일 제후들이 정신이 없는 틈을 타서 순식간에 자신의 제국을 건설했다. 오타카르의 갑작스러운 부상浮上에 놀란 교황과 독일 내 유력 제후들은 그제야 황제 선출에 관심을 가졌다. 오타카르를 견제할 선봉이 필요했기 때문이었다. 제후들은 계륵鷄肋 같은 황위皇位를 경쟁자에게 넘기려니 아까웠다. 그렇다고 직접 나서자니 경쟁 제후들의 견제가 만만치 않았을 뿐만 아니라 오타카르와 충돌할 각오를 해야 했다. 오래전부터 독일 왕위를 넘봤던 그였기에 이번에는 절대로 그냥 물러서지 않을 터이니 말이다. 이런 사유로 제후들은 오타카르의 예봉을 막고 추이推移나 보자는 속셈으로 루돌프를 바람막이로 내세웠던 것이다. 한편 이미 대공위시대 때부터 독일 왕이 되려고 온갖 노력을 다해온 오토카르는 웬 듣도 보도 못한 루돌프를 인정할 수 없었다. 이제 바람막이로 뽑힌 루돌프는 좋든 싫든 해결사로 나서야 했다.

5.

1274년, 뉘른베르크Nürnberg에서 열린 제국의회에 참석한 제후들은 루돌프의 전혀 다른 진면목을 보고 깜짝 놀랐다. 평소에 용감하고 동정심이 있으며 관용적인 인물로만 알려진 루돌프가 과단성까지 갖추었는지는 몰랐던 것이다. 제국의회에서 루돌프는 단호하게 오토카르에 맞섰다. 오토카르는 자신의 부인이 바벤베르크가家의 후손이므로 오스트리아, 슈타이어마르크, 케른텐, 클라인 등 네 개 지방에 대한 권리가 있다고 주장했다. 하지만 루돌프는 오토카르의 주장이 말도 안 된다며 정면으로 반박하고는 네 개 지방을 독일 왕에게 반납하라고 선언했다. 물론 루돌프의 명령에 따를 오토카르가 아니었기에 이제 양자는 무력에 호소할 일만 남게 되었다. 여기서 루돌프는 향후 합스부르크 가문의 트레이드마크Trademark가 되는 현란한 '정략결혼정책'을 들고나온다. 루돌프는 교황과 화해하자마자 재빨리 세속 선제후들에게 화친 정책을 폈다. 1273년, 독일 왕이 되자마자 루돌프는 큰딸을 바이에른 공작에게, 셋째 딸을 작센-비텐베르크 공작에게 시집보냈다. 덕분에 1276년, 루돌프가 오타카르에게 선전포고했을 때 본래 오타카르 편이었던 바이에른을 자기편으로 빼돌릴 수 있었다. 이렇게 만반의 준비를 다 한 후 루돌프가 치고 나오자 고립에 빠진 오토카르는 당할 재간이 없었다. 결국 오타카르가 점유하고 있던 네 개 지방을 탈취한 루돌프는 패배한 오토카르에게까지 정략결혼을 시도했다. 오토카르의 보헤미아 왕위는 계속 인정하되, 여섯째 딸과 오토카르의 아들과의 정략결혼을 추진한 것이다. 참 이럴 때는 자식 많은 것도 큰 재산이었다.

✹ 황제의 도시, 히틀러의 도시, 뉘른베르크Nürnberg에서

도시 이름이 '새로운Nuorin 도시berg'란 뜻의 뉘른베르크Nürnberg는 바이에른주州에서 뮌헨 다음으로 큰 도시다. 그러나 이름만 '신도시'이지, 뉘른베르크는 1040년경 제2장의 주인공 하인리히 4세의 아버지인 하인리히 3세가 성채를 축조하면서 출발한 고도古都다. 일찍이 1219년부터 제국도시가 된 이래 뉘른베르크는 제국의회가 개최되는 도시로 이름을 떨쳤다. 1356년 카를 4세가 발포한 금인칙서金印勅書Golden Bull에 따르면 황제 선출은 프랑크푸르트에서, 대관식 거행은 아헨에서, 매년 개최되는 제국의회의 첫 번째 장소로는 뉘른베르크로 정했다. 그뿐만 아니라 동방교역로가 뉘른베르크를 경유하도록 함으로써 도시의 번영을 약속했다. 현재의 뉘른베르크는 깊은 해자를 두른 환상 성벽

뉘른베르크의 카이저부르크Kaiserburg성城

과 고풍스러운 탑, 아름다운 건물로 중세의 모습을 잘 간직하고 있다.

특히 1361년 완공된 성모교회는 이 도시가 신성로마 제국 황제의 도시였음을 말해준다. 매일 정오가 되면 교회 정면에 붙어있는 시계 아래에서 일곱 선제후가 황제에게 충성을 서약하는 인형극이 펼쳐진다. 황제에 비해 유난히 작은 일곱 선제후 인형들의 모습이 강요된 충성 같아서 웃음을 자아낸다. 도시 북쪽의 높은 암반 위에 쌓아올린 성채는 신성로마 제국 황제들이 순행 차 이곳을 방문할 때 머물렀기에 '카이저부르크Kaiserburg성채'이라 부른다. 성에 올라 뉘른베르크 구시가를 굽어보면 마치 중세로 되돌아온 느낌이 든다.

중세 이래 가장 독일적인 도시로 사랑받던 뉘른베르크는 히틀러의 제3제국의 광풍에 휩쓸려 큰 횡액을 당했다. 제국도시 뉘른베르크에

성모교회의 황제와 일곱 선제후

서 자신의 정통성을 찾고 싶었던 히틀러는 1933년부터 1938년까지 6년을 연속해서 이곳에서 나치 전당대회를 열었다. 대규모 군중을 동원한 뉘른베르크 나치 전당대회는 대내외적으로 정치적인 선전효과를 극대화했다. 그래서였을까, 아니면 부근에 군수공장이 많아서였을까? 뉘른베르크는 제2차 세계대전 당시 연합군의 폭격을 가장 많이 당한 도시란 달갑잖은 기록을 보유하게 되었다. 겨우 3일간의 공습으로 도시의 90%가 파괴당했다니, 지금 보이는 저 중세풍 도시는 사실은 과거의 모습을 완벽하게 재현한 신기루에 다름 아니었다. 거기에다 나치 패망 후에는 전범자를 다룬 국제 군사재판이 이곳에서 열려 '히틀러가 사랑한 도시'란 별명이 붙었다니, 사랑이란 것도 함부로 받을 게 아닌가 보다.

뉘른베르크 전범 재판 기념관Memorium Nürnberger Prozesse은 시내에서 지하철로 세 정거장 거리에 있다. 전범 재판이 열렸던 600호 법정은 그날도 재판이 진행되는 통에 일반인의 출입을 금하고 있었다. 아쉬운 중에 문득 궁금증이 일었다. 그런 세기의 재판을 수도인 베를린을 놔두고 하필이면 왜 이곳에서 했을까? 마침 건물 입구에서 막 자전거를 타려는 청년에게 물어보았다. 그런데 가볍게 던진 내 질문에 청년의 반응은 무척이나 진지했다. 헬멧을 벗고는 잠시 생각에 잠기더니 나에게 잠깐 벤치에 앉잔다. 그리고는 자신도 정확한 이유는 모르지만 내 질문이 상당히 흥미롭다며 같이 생각해보잔다. 간간이 내 동의를 구하면서 그가 내린 추론은 과연 게르만 청년답다는 생각을 절로 들게 만들었다. '아마도 베를린을 택하면 독일인들의 반감이 너무 많을 것이다, 또한 히틀러 시절에 그들이 아끼던 도시에서 그들을 처벌

뉘른베르크 전범 재판 기념관과 바이에른 주기州旗

하는 상징적 의미도 있지 않겠는가?' 귀국 후 여기저기 찾아본 결과
그의 추론이 그리 다르지 않았음을 알게 되었다. 자신은 전형적인 바
이에른 사람이라며 정문에 걸려있는 바이에른 주기州旗의 의미를 설명
해주는 그가 무척이나 싱그러웠다. "푸른색과 하얀색이 반반씩 들어
간 깃발에서 푸른색은 하늘을, 하얀색은 맑은 공기를 상징하지요. 저
도 그렇게 살고 싶어요."

오스트리아 공국의 수도 빈Wien에 입성한 루돌프는 앞으로 합스부
르크가의 근거지가 될 오스트리아, 슈타이어마르크, 케른텐, 클라인
등 네 개 지방에 대한 영향력을 다져나갔다. 하지만 오토카르는 끝까

지 포기하지 않았다. 그는 루돌프에게 네 개 지방의 영지를 양도하기로 한 약속을 폐기하고, 아들의 결혼도 무효화시켰다. 1278년, 헝가리와 동맹을 맺은 루돌프는 마침내 뒤른크루트Dürnkrut 전투에서 오토카르를 패사시켰다. 향후 유럽을 호령할 합스부르크 제국으로 가는 커다란 장애물이 제거되는 순간이었다. 루돌프의 정략결혼정책은 오토카르가 죽은 후에도 계속되었다. 1279년에는 넷째 딸을 브란덴부르크 변경백에게, 1285년에는 오토카르가 무효화시켰던 결혼까지 성사시켰다. 오토카르의 아들로 새로이 보헤미아 왕이 된 바츨라프 2세Václav II에게 여섯째 딸을 시집보낸 것이다. 이로써 루돌프는 작센, 바이에른, 브란덴부르크, 보헤미아로 이어지는 세속 선제후 네 명과 모두 친인척 관계를 맺음으로써 그들과의 우호관계를 공고히 했다. 그런 루돌프의 정략결혼정책 중에서도 백미는 1284년, 자신이 직접 부르고뉴 공작의 딸과 재혼한 일이었다. 이는 독일 서부 접경지역으로 침투해오는 프랑스 세력을 막기 위해서였는데, 예순여섯 살의 왕은 무려 자신보다 쉰두 살이나 어린 열네 살의 소녀와 결혼했다. 물론 새 부인과의 사이엔 자녀가 없었지만, 아무리 그래도 너무 심하지 않나 싶은 대목이었다.

6.

    1282년, 두루두루 유력 제후들을 주물러놓은 루돌프는 오스트리아, 슈타이어마르크, 케른텐, 클라인 등 네 개 지방을 아들에게 봉토로 넘겨주어도 좋다는 제국회의의 승인을 받아냈다. 새로운 합스부르크 왕조가 탄생되는 순간이었다. 이로써 독일 남서부 지역의 미미한 토착 귀족에 불과했던 합스부르크 가문은 가문의 발상지를 떠나 700여 ㎞나 동진東進해서 아무 연고도 없는 오스트리아 땅에 정착하게 되었다. 1273년 독일 왕으로 즉위할 당시 쉰다섯 살이었던 루돌프는 그로부터 무려 18년이나 지난 1291년, 일흔세 살의 나이로 슈파이어 Speyer에서 영면했다.

✦ 슈파이어 대성당Speyer Cathedral에서

슈파이어Speyer는 독일 남서부 라인란트팔츠Rheinland-Pfalz주州에 있는 독일의 대표적인 역사 도시다. 도시의 기원은 고대 로마시대로 거슬러 올라가며, 1990년에는 시市 창설 2000년을 맞기도 했다. 지금도 인구 5만 명밖에 안 되는 이 소도시는 10세기에 건축된 슈파이어 대성당 Speyer Cathedral으로 유명하다. 또한 종교개혁 당시에는 슈파이어 제국회의에서 개신교 제후들이 가톨릭을 옹호하는 신성로마 제국 황제 카를 5세에게 항의했다 해서 그들을 '프로테스탄트Protestant'라 부르기 시작한 곳이기도 하다. 라인강 변을 끼고 있는 슈파이어 구시가지엔 슈파이어 대성당이 우뚝 서 있다. 대성당을 중심으로 막시밀리안Maximilian 대로가 뻗어있고, 대로 양쪽으로 레스토랑과 카페, 각종 상점과 오랜 저택이 늘어선 모습은 중세에도 크게 다르지 않았을 것 같다.

카이저돔으로 불리는 슈파이어 대성당

슈파이어 대성당은 잘리어 왕조를 개창한 콘라트 2세의 명으로 1030년부터 짓기 시작하여 그의 손자인 하인리히 4세 때인 1061년에 1차 완공되었다. 아마도 콘라트 2세는 작센 왕조의 오토 대제가 대관식을 치른 아헨 대성당 대신에 잘리어 왕조의 권위를 상징하는 새로운 대성당을 짓고 싶었나 보다. 여기에 더하여 하인리히 4세는 1082년부터 2차 개축공사를 시작했다. 이때가 '카노사의 굴욕'을 당한 지 5년이 지난 후였으니, 하인리히 4세가 무슨 의도로 2차 공사를 시작했는지 알 수 있다. 개축공사는 교황에게 재차 파문당한 황제가 신민들에게 자신의 신심信心을 보여주어 지지를 이끌어내려는 수단이었다. 이후 콘라트 2세를 비롯한 하인리히3세, 하인리히 4세 등 잘리어 왕조의 황제들이 지하묘실에 영면하면서 슈파이어 대성당은 '카이저돔Kaiserdom'이란 별칭을 얻었다.

이와 같이 잘리어 왕조와 불가분의 관계인 슈파이어 대성당이지만, 막상 성당에 들어서면 잘리어 왕조의 존재감을 지워버리는 강렬한 인물을 만나게 된다. 그는 다름 아닌 합스부르크 왕가의 시조인 루돌프 1세다. 1291년, 임종에 즈음한 루돌프는 선대 황제들 곁에 묻히고 싶은 마음에 자신을 슈파이어로 보내 달라고 유언했다. 그 후 그의 유해는 슈파이어 대성당 지하묘소에 안장되었다. 이렇게 보면 슈파이어 대성당의 주인은 당연히 잘리어 왕조의 황제들이고, 루돌프는 손님에 불과하다. 하지만 지금은 주객이 전도되어 슈파이어 대성당에는 루돌프의 발자취만이 선명하게 남아있다. 대성당 입구엔 여타 석상들을 압도하는 루돌프의 순백색 좌상坐像이 시선을 끈다. 길이 133m에 폭이

성당 입구의 루돌프 1세 좌상   지하묘실의 루돌프 1세 입상

30m에 달하는 웅장한 성당 내부로 들어서면 앞쪽 천정에 커다란 루돌프의 왕관이 달려있다. 지하묘소로 내려가면 영묘 입구 벽면에 루돌프의 입상立像이 걸려있다. 이쯤 되면 루돌프를 위한 대성당 같아서 쓴웃음이 절로 나온다. 살아서는 바람막이 왕이나 하라 했더니 어느 틈에 합스부르크가家를 반석 위에 올려놓더니, 죽어서는 손님으로 들어와서 어느샌가 주인자리를 꿰찬 것이다.

지하묘소에 있는 루돌프의 평면 입상은 상당히 파격적이다. 성당 입구에 있는 그의 좌상은 황제의 위엄이 한껏 느껴지는 근엄한 표정인 반면에, 지하묘소의 입상은 평범한 노인네의 얼굴 그 자체이기 때문이다. 로마 제국의 초대황제 아우구스투스는 자신의 늙은 모습을 보이고 싶지 않아서 젊은 시절의 조상彫像만 남겼다 한다. 대부분의 사람들도 아우구스투스의 선례대로 전성기 때의 조상을 원했지만, 루돌프는 그런 점에 개의치 않았던 모양이다. 매부리코에 주름지어 축 처진 얼굴은 영락없는 촌로村老에 다름 아니다. 하지만 그런 사실적인 얼굴에서 루돌프의 끝 모를 자신감이 읽히는 건 나 혼자만의 생각일까? 그의 입상 앞에서 나이와 상관없이 저렇게 젊게 살다 가고 싶다는 생각이 들었다.

그저 바람막이나 하라고 선출된 루돌프 1세였지만, 18년의 재위기간 동안 그가 남긴 족적은 실로 컸다. 사후 신앙심이 깊고 똑똑했으며, 목표 지향적인 왕으로 평가받는 루돌프가 남긴 족적은 무엇일까? 루돌프는 작센, 프랑켄, 슈바벤 왕조로 대표되는 삼왕조三王朝 시대에 추진했던 전통적인 이탈리아 정책을 버리고 합스부르크 가문의 영지 확장 정책에 주력했다. 루돌프의 이런 정책 변화는 이탈리아와 독일에 새로운 시대를 초래했다. 먼저 독일 왕, 즉 신성로마 제국 황제가 이탈리아 경영에서 손을 뗌으로써 이탈리아, 특히 북부 이탈리아의 여러 도시들은 더 이상 황제의 직접적인 간섭을 받지 않게 되었다. 이로써 황제파와 교황파로 갈리어 치고받던 혼란스러운 시대가 끝나고, 이제는 교황에게 최소한의 예의만 지켜주면 되었다. 때마침 제노바, 피사, 베네치아를 비롯한 북부 이탈리아의 여러 도시들은 십자군 원정 중에 동방

무역을 통하여 엄청난 부富를 축적한 상태였다. 이를 바탕으로 도시의 자치권까지 얻었으니 무언가 새로운 바람이 부는 건 당연한 일일 것이다. 훗날 북부 이탈리아에서부터 시작된 르네상스Renaissance의 싹을 찾다 보면 루돌프의 정책 전환과도 연결된다.

더 중요한 변화는 독일 내에 '새로운 피'가 수혈되었다는 사실이었다. 독일과 프랑스와의 관계는 오토 대제가 서거한 973년부터 루돌프 1세가 즉위한 1273년까지 300년이 지난 시점에서 볼 때 어느 틈엔가 뒤바뀌어 갔다. 오토 대제 때에는 프랑스 왕과 그의 정적인 파리 백작 간의 갈등을 이용하여 프랑스를 적당히 요리했던 독일이었다. 그런 독일이 1214년 부뱅 전투에서 프랑스에 패하더니, 대공위시대 이후 독일 왕 선출과정에서는 프랑스에 '감 놔라 배 놔라'하는 간섭까지 받는 처지가 되었다. 왜 이런 일이 벌어진 것일까? 독일은 300년 전이나 지금이나 변함이 없었던 반면에, 프랑스는 300년 전의 그 프랑스가 아니었기 때문이었다. 다시 말해 독일은 예나 지금이나 변함없이 유력한 제후들에 의해 균점均霑된 연합체였다. 그런데 세월이 흐를수록 상속에 따른 영지 분할이 계속되자 오히려 유력 제후들의 힘이 분산되어 그 세력이 예전만 못해갔다. 하지만 프랑스는 카페 왕조의 교묘한 왕권강화정책에 힘입어 중앙집권화가 진행되고 있었다. 앞에서 본 필리프 2세가 바로 프랑스의 중앙집권화를 추진했던 대표주자였다.

중세는 지금과 같은 '국가'란 개념이 희박한 시대였다. '프랑스 국민', '독일 국민'과 같은 국가개념이 아니라 '카페 왕조의 신민', '작센 공작령의 주민'과 같이 영주를 중심으로 한 통치개념이 국가에 우선한 때였다. 잉글랜드와 신성로마 제국이 연합하여 프랑스 왕국과 싸운 1214년의 부뱅 전투를 예로 들어보자. 부뱅 전투는 근대 이후로 나타난 '국가전쟁國家戰爭'이 아닌 '영주전쟁領主戰爭'이었다. 다시 말해 프랑스의 카페 왕조와 잉글랜드의 플랜테저넷 왕조, 신성로마 제국의 벨프 가문이 각자 동맹 영주들을 모아 벌인 싸움이었다. 중세의 전쟁이 이런 영주들 간의 전쟁이었기 때문에 시간이 흐를수록 독일은 프랑스에 비해 불리해졌다. 카페 왕실은 왕권강화를 통하여 갈수록 강대해지는 반면, 독일의 유력 제후들은 상속이나 가문의 단절로 갈수록 잘게 쪼개지면서 세력이 약화되어갔기 때문이었다. 따라서 이대로 간다면 독일에 대한 프랑스의 영향력은 갈수록 커질 판이었다. 하지만 이런 문제를 알면서도 기득권층은 절대로 이를 해결할 수 있는 주역이 되지 못한다. 기득권층에서 시대가 요구하는 '새로운 피'를 배출한 경우를 저자는 어디에서도 본 적이 없다. 앞으로 비슷한 사례가 계속 나오겠지만, 이런 구조적인 문제를 타파하기 위한 '새로운 피'가 적기에 출현하는 것도 그 나라의 운運이라 할 것이다. 그런 면에서 볼 때 합스부르크 왕가는 당시 독일이 절실히 필요로 했던 '새로운 피'였다. 그리고 그런 합스부르크 왕가를 세운 사람이 다름 아닌 '바람막이 왕' 루돌프였다. '새로운 피'는 꼭 나이가 젊은 사람만을 말하는 것은 아니다. 나이와 상관없이 생각이 젊으면 얼마든지 '새로운 피'가 될 수 있음을 루돌프는 보여준다.

제6장

아비뇽 유수幽囚Avignon Papacy,
프랑스 왕과 교황의 충돌

필리프 4세|Philippe IV와 보니파시오 8세|Bonifacio VIII

공개석상에서 필리프 4세Philippe IV는 사적인 감정이나 기분에
좌우되지 않고 언제나 한결같은 표정으로 상대방을 대했다. "그
는 사람도, 짐승도 아니다. 그는 조각상이다Ce n'est ni un homme
ni une bête. C'est une statue."

-프랑스 왕 필리프 4세에 대한 어느 정적政敵의 평가 중에서

"들어보아라, 아들아, 네 위에 우월한 사람이 없다거나 네가 성직
자의 백성이 아니라는 꾐에 빠져들지 말거라."

-교황 보니파시오 8세의 교서 『아들아, 내 말을 들어라Ausculta Fili』 중에서

1.

　합스부르크 왕가를 개창開創한 루돌프 1세Rudolf I는 아들에게 새로운 영지를 물려줄 수는 있었지만, 독일 왕위까지 승계承繼시킬 수는 없었다. 그동안 루돌프의 행태에 경계심을 품은 제후들이 합스부르크가家의 왕위계승을 반대했기 때문이었다. 루돌프가 죽자 유력 가문들은 루돌프 때와는 달리 서로 독일 왕을 차지하려고 치열한 경합을 벌였다. 루돌프의 선례를 봐왔던 이들은 자기네들도 독일 왕이란 지위를 이용해 가문의 세력을 불리려 했다. 왕위 쟁탈전에 뛰어든 유력 가문들은 나사우Nassau, 합스부르크Habsburg, 룩셈부르크Luxemburg, 비텔스바흐Wittelsbach가家 등이었다. 그중에서도 보헤미아 왕국을 차지한 룩셈부르크 가문과 바이에른 공국을 계승한 비텔스바흐 가문 간의 경쟁이 더욱 치열했다. 이 때문에 루돌프 1세가 죽은 1291년부터 합스부르크 가문이 독일 왕 자리를 되찾는 1438년까지 150여 년 동안 독일 왕위는 여러 가문 사이를 떠돌았다. 이렇게 독일이 유력 가문들 간에 왕위를 주고받고 했을 때 프랑스의 사정은 어땠을까?

　11세기 말부터 13세기 말에 걸쳐 감행되었던 십자군 전쟁은 제8차 십자군 원정마저 실패하면서 그 종말을 고했다. '신의 이름으로 치른 전쟁'이 패전으로 끝나자 유럽 사회는 종교에 대한 회의가 널리 퍼졌고, 십자군 전쟁을 주도해온 교황의 권위는 크게 손상되었다. 그 결과 시대적 상황이 바뀌어 종교의 힘으로 사람들을 움직이던 시대는 끝나가고 있었다. 영지를 매개로 한 봉건제는 힘을 잃고, 더 이상 교황의 눈치를 볼 필요가 없어진 유력 영주들은 자신의 부와 권력을 키우기 위해 이웃 영지를 탐했고 전쟁을 일삼았다. 그 와중에 봉건제의 최고 정점에 있던 왕도 변화를 모색해야 했다. 구시대의 산물이 되어가는 봉건제를 고집해서는 살아남기 힘들게 된 이들은 적극적으로 왕 중심의 독립적인 국가체계를 구축해 갔다. 그리고 그 선두에 프랑스 왕국이 있었다. 필리프 2세Philippe II(재위: 1180~1223년)의 뒤를 이은 프랑스 왕들은 이러한 시대적 배경하에서 봉건제를 타파하고 왕권을 강화하려 했다.

그런데 초기 프랑스 역사를 살펴보면 프랑스의 주적主敵은 동쪽의 독일이 아닌 서쪽의 잉글랜드임을 알 수 있다. 그리고 그 뿌리는 결국 911년 프랑스 왕국과 노르만족 사이에 체결된 생 클레르 조약Traité de Saint-Clair으로 거슬러 올라간다. 이 조약으로 인해 프랑스 왕국 내에 독립적인 노르만 공국이 출현했고, 노르만 공국이 독자적으로 잉글랜드를 정복하면서 프랑스와 잉글랜드 관계가 실타래처럼 얽혀버린 사실은 앞장에서 보았다. 이러한 양국관계는 필리프 2세대에 이르러 잉글랜드 왕의 프랑스 내 영지를 회수함으로써 어느 정도 정리되었지만 완전치는 못했다. 아직도 프랑스 내에 잉글랜드 왕의 영지가 남아있었기 때문이었다. 따라서 왕권강화를 꾀하는 프랑스 왕들의 눈길은 당연히 잉글랜드 왕의 프랑스 내 영지인 아키텐Aquitaine과 가스코뉴Gascogne 지방으로 향했다. 그중에서도 가스코뉴 지방은 당시 유럽 최대의 포도주 생산지였기에 프랑스 왕들이 탐내는 지역이었다. 하지만 잉글랜드 왕 역시 가스코뉴의 포도주 무역 세금이 잉글랜드 전체 세금에 맞먹었기에 이곳을 포기할 수 없었다. 두 나라의 이해관계는 지금의 벨기에에 해당하는 플랑드르Flandre 지방에서도 날카롭게 충돌했다. 플랑드르는 정치적으로는 프랑스의 영향력이 강했지만, 경제적으로는 잉글랜드와 밀접한 관계에 있었다. 당시 북유럽 상권의 중심지인 플랑드르는 모직물 제조업이 번창했는데, 원료가 되는 양모를 잉글랜드에서 수입해야 했기 때문이었다. 이런 영토적 경제적인 갈등에 더하여 프랑스와 잉글랜드의 왕실 또한 오래전부터 얽히고설킨 관계였기 때문에 언젠가 한 번은 풀고 넘어가야 될 문제였다.

2.

필리프 2세의 4대손孫인 '미남왕le Bel' 필리프 4세Philippe IV(재위: 1285~1314년)는 프랑스 카페왕조의 제11대 왕이다. 훤칠한 키에 금발의 미남이었지만, 필리프 4세는 그런 외모와는 달리 자제력이 강하고 냉정한 사람이었다. 어린 시절 그의 삶은 평탄치 않았다. 필리프가 세 살도 되기 전에 십자군 원정에 따라갔던 모후는 세상을 떴고, 그가 여섯 살이 되던 해에 새로 맞은 계모는 의붓아들에게 좋은 어머니가 아니었다. 필리프의 형은 계모가 들어온 지 2년 만에 죽었는데, 그의 죽음을 둘러싼 독살설이 파다했다. 형의 죽음으로 왕위계승권자가 되긴 했지만, 어린 시절 필리프는 항상 불안에 떨어야 했다. 왕위에 오른 후에 가끔씩 나타나는 정서적 불안과 가혹한 행위는 아마도 그때의 영향이 아닌가 싶었다. 계모와 이복형제들의 위협을 이겨내고 열일곱 살의 나이로 왕위에 오른 필리프는 일찌감치 자신의 감정을 다스리는 방법을 알고 있었다. 왕이 된 후에도 자신의 속내를 얼마나 드러내 보이지 않았던지 그의 정적政敵들은 그를 가리켜 "그는 사람도, 짐승도 아니다. 그는 조각상이다."라며 혀를 내둘렀다.

십자군 전쟁이 끝나고 종교가 절대적인 영향력을 잃어버리는 시대가 오게 되자, 필리프는 이를 왕권강화를 위한 절호의 기회로 삼았다. 개인적으로는 독실한 가톨릭 신자였지만, 그는 종교와 정치를 확실히 구분할 줄 아는 그야말로 전형적인 프랑스 왕이었다. 그런 필리프의 꿈은 당연히 봉건제를 타파하고 왕권을 강화하는 것이었다. 이를 위하여 그는 프랑스를 통합하는 데 결정적인 장애가 되는 잉글랜드와의 충돌을 피할 수 없었다. 또한 잉글랜드와 동맹관계인 플랑드르도 필리프의 적이었다. 결국 1294년부터 1303년까지 잉글랜드와 1302년부터 1304년까지는 플랑드르와 전쟁을 벌이다 보니 프랑스의 재정은 궁핍해졌다. 이에 막대한 전비를 마련하기 위해서 필리프는 선대왕들이 무색할 정도로 수단방법을 가리지 않게 되었다.

프랑스 왕들의 공통점은 지나칠 정도로 현실적이며 타산적이라는 것이다. 이는 필리프의 경우도 예외가 아니었다. 아니, 더 심하면 심했지 덜 하지 않았다. 선대왕들이 그랬듯이 필리프도 왕실 재정이 궁핍해지자 온갖 방법을 동원했다. 대부업자에게 거액을 빌린 뒤에는 무식하게 그들을 내쫓고 떼어먹었다. 멀쩡하게 살아가던 유대인들을 어느 날 갑자기 "유대교가 기독교의 관습과 명예를 손상시킨다."라며 내쫓고는 그들의 재산을 가로채기도 했다. 그러고도 더 이상 뜯을 데가 없어지자 교회 재산에 눈독을 들이면서 문제가 심각해졌다. 십일조와 헌납금으로 배가 두둑한 교회를 대상으로 지금까지 없던 세금을 부과하자 교황이 들고일어난 것이다.

3.

교황 보니파시오 8세Bonifacio VIII(재위: 1294~1303년)는 1235년경 로마의 남동쪽 근교인 아나니Anagni에서 태어났다. 귀족 출신인 그는 스폴레토Spoleto와 볼로냐Bologna에서 법을 공부한 엘리트였다. 1264년, 로마 교황청의 교회 법률가로 출발한 보니파시오는 그 후 교회법의 권위자로 명성을 얻었다. 평소 거침없는 태도로 자신의 지적능력을 과신했던 그는 1294년 교황이 된 후부터 '전 세계 중재자로서의 교황'이 되겠다는 시대착오적인 신념에 빠져들었다. 정치적인 성향이 강했던 보니파시오는 시칠리아를 놓고 대립하던 아라곤Aragón과 앙주 가문 사이를 중재하는가 하면, 오랜 경쟁자인 베네치아와 제노바 사이를 오가기도 했고, 잉글랜드에 대항한 스코틀랜드의 독립을 지지하기도 했다. 그는 십자군 실패와 교황청의 타락으로 교황의 권위가 몰락해가는 현실을 외면하고, 다시 한번 기독교 세계에서 태양이 되고자 했다. 하지만 그때는 이미 200년 전의 카노사 시대도 아니었고, 상대 또한 신성로마 제국 황제가 아닌 프랑스 국왕이었다는 데에 보니파시오의 비극이 있었다.

보니파시오가 교황이 된 지 2년 후인 1296년, 프랑스와 잉글랜드 사이에 가스코뉴를 두고 봉토 분쟁이 발발하자 두 나라 모두 전비 마련을 위해서 교황의 동의 없이 성직자들에게 세금을 부과했다. 교황은 이를 단순한 세금 문제가 아닌, 성직자의 전통적인 권리를 침해했다고 생각하여 강경한 입장을 취했다. 그는 '성직자는 국가의 법을 따를 의무가 없으며, 왕이 아닌 교황만을 두려워해야 한다.'는 내용의 교서『성직자와 평신도Clericis laicos』를 공표했다. 하지만 '전쟁과 같은 국가의 중대사에는 교회 재산도 쓸 수 있다.'며 국가 우위론을 편 필리프 4세가 이런 교황의 조치에 가만히 있을 리 없었다. 프랑스 왕이 교황청으로 가는 모든 물자의 교역을 끊어버리자, 프랑스 교회 수입에 의존하던 교황청은 큰 타격을 받았다. 보니파시오는 '하느님께서는 교황을 왕들보다 더 높은 지위에 놓으셨다.'라며 필리프에게 항의했지만 아무 소용없었다. 엄포가 통하지 않자 교황은 할 수 없이 교회에 대한 과세권을 승인했고, 뒤늦게 필리프의 조부 루이 9세Louis IX를 시성諡聖함으로써 필리프와 화해하려 했다. 십자군 전쟁을 주도했던 한창때의 교황이라면 절대 있을 수 없는 일이 벌어지면서 교황의 권위는 땅에 떨어지고 말았다.

1301년, 잠시 소강상태에 빠졌던 교황과 프랑스 왕의 관계는 필리프가 보니파시오를 도발함으로써 다시 악화되었다. 문제의 발단은 프랑스 남서부에 위치한 파미에르Pamiers의 주교를 둘러싸고 벌어졌다. 당시 파미에르 주교는 프랑스 왕과 상의 없이 교황이 직접 임명한 사람이었다. 필리프는 그런 주교를 이단과 국가 반역죄를 저질렀다며 투옥시키고는 교황에게 그의 성직을 박탈하라고 요구했다. 벌써부터 교황을 만만하게 봐왔던 프랑스 왕이 억지를 쓴 것이다. 물론 교황도 프랑스 왕의 속셈을 모를 리 없었다. 교회 권위에 대한 세속 왕권의 침해에 분노한 보니파시오는 앞뒤 가리지 않고 즉각적인 보복조치를 취했다. 1301년, 교황은 '지상의 모든 왕들보다 더 높은 영적 군주인 그리스도의 대리자의 말에 공손히 귀를 기울이라.'라는 내용의 교서『아들아, 내 말을 들어라Ausculta Fili』를 공표했다. 교황은 이 교서에서 프랑스 왕에게 허용했던 성직자 과세권을 철회했고, 궁정 재판에서 성직자를 판결하는 것은 위법이라고 주장했다. 하지만 교서는 필리프 4세를 비롯한 많은 사람들이 보는 앞에서 공개적으로 소각되었다. 이듬해인 1302년, '교회의 자유를 보호하기 위한 조치'를 취하기 위해 프랑스 고위 성직자들이 참석한 교회회의가 로마에서 열렸다. 회의가 끝난 후 교황은 '사람은 두 가지 면으로 살아간다. 하나는 영적인 면이고 다른 하나는 세속적인 면이다. 세속 권력이 정도正道를 벗어나면 영적 권력의 판단을 받아야 한다.'라는 내용의 교서 『거룩한 하나의 교회Unam sanctam』를 공표했다. 하지만 왕권에 대한 교황권의 우월을 극단적으로 강조한 이 교서를 받아든 필리프 4세는 교황 사절의 손에서 칙서를 잡아챈 후 또다시 불 속에 던져버렸다.

4.

1303년, 교황의 교서를 불태운 후 필리프는 노트르담 대성당에서 대규모 집회를 열었다. 이 모임이 최초의 삼부회三部會였다. 왕위에 오른 후 필리프는 부르주아지와 중소귀족 계급 출신의 법률가를 중용하는 한편, 지금까지 있어왔던 성직자들의 법 집행 참여를 전면 금지시켰다. 또한 국가 평의회를 설치하여 자신의 국정 방향을 설정하는 자문기구로 활용했다. 평소에 그는 선대왕들과는 달리 신하들을 자주 불러 모아 자신의 정책에 대한 지지를 얻으려고 애썼고, 때로는 정책 수립을 도와달라고 부탁하기도 했다. 이런 프랑스 왕이었기에 성직자, 귀족, 도시 대표로 구성된 삼부회는 처음부터 왕권을 지지하고 왕을 중심으로 한 중앙집권화에 기여하게 되었다. 여기서 필리프는 처음으로 도시 대표를 삼부회의 일원으로 초청했다. 이는 십자군 전쟁 이후 급성장한 도시 세력의 실체를 인정한 것으로, 약화된 중세 체제를 대체하여 새로운 시대를 열려는 그의 의지가 담긴 조치였다. 이렇게 프랑스 왕이 국민의 지지를 착실히 끌어 모으고 있을 때 교황은 무엇을 하고 있었을까?

프랑스 왕과의 갈등은 교황의 위기의식을 불러일으켰다. 루돌프 1세 이후로 이탈리아 정책을 포기한 신성로마 제국 황제의 지원도 기대할 수 없었던 교황은 궁지에서 빠져나오기 위해 정치적인 이벤트를 구상했다. 십자군 전쟁 이후 경기 침체가 계속되는 와중에 전염병까지 퍼지자 수많은 순례자들은 1299년 성탄절을 기해 로마로 몰려들었다. 이에 착안한 보니파시오는 이듬해인 1300년에 희년禧年Jubilee을 선포하고 이를 정례화했다. '희년 축제' 기간 중에 순례자들이 자발적으로 헌납한 기금은 교황청의 재정을 풍부하게 했고, 민심을 모을 수 있는 계기까지 마련되었다. 이렇게 '희년 축제'의 성공으로 두 마리 토끼를 한꺼번에 잡은 것까지는 참 좋았는데, 자신감이 넘친 교황은 그만 안 해도 될 말과 행동을 하고 말았다. 역대 교황이 황제를 굴복시킨 선례를 과시나 하려는 듯 교황은 엉뚱하게 황제 복장을 하기 시작하더니, 심지어는 자신을 교황뿐만 아니라 황제로 생각한다고까지 말해버린 것이다. 하지만 그런 허세가 독일 황제라면 몰라도 영악한 프랑스 왕에게 통할 리 있겠는가?

✸ 교황의 도시 로마Roma에서

지금은 바티칸Vatican 시국市國으로 쪼그라들었지만 로마는 여전히 교황의 도시다. 포로 로마노Foro Romano 북쪽의 트라야누스 포럼에 서 있는 트라야누스 원주Colonna Traianus를 예로 들어보자. 113년에 완성된 이 원주는 지금의 루마니아 근방인 다키아Dacia를 정복한 트라야누스 Traianus 황제의 전승을 기념하는 부조로 유명하다. 높이 30m, 지름 3.7m의 거대한 원주엔 밑에서부터 나선형으로 돌아가며 155개의 전투 장면이 부조되어있다. 부조된 인물만 2,662명에 트라야누스 황제가 58 번이나 나온다는 이 원주는 이름 그대로 트라야누스를 위한 전승기념비다. 그런데도 불구하고 원주 위에는 트라야누스 황제 대신에 생뚱맞

트라야누스 황제의 전승 기념탑인 트라야누스 원주

게도 베드로 성인St. Peter의 동상이 서 있다. 이는 콜론나 광장 안에 있는 마르쿠스 아우렐리우스 원주Colonna Marcus Aurelius도 마찬가지다. 트라야누스 원주를 본뜬 마르쿠스 아우렐리우스 원주 위에는 황제를 대신하여 바울로 성인St. Paul의 동상이 서 있다. 로마 제국의 이미지를 가톨릭교회가 얼마나 잘 차용하고 있는지를 보여주는 대목이다.

　로마 황제가 남긴 유적을 로마 교황이 자신의 기념비로 바꾼 가장 대표적인 명소는 테베레Tevere강 변에 서 있는 산탄젤로성Castel Sant' Angelo이다. 성 꼭대기에 대천사 미카엘의 청동상像이 우뚝 서 있는 원통 모양의 산탄젤로성은 특이한 외관으로 눈길을 끈다. 하지만 이 기독교 성채는 로마 황제 하드리아누스Hadrianus의 영묘靈廟를 개조한 것이다. 135년부터 하드리아누스 황제의 명으로 조성된 영묘Mausoleum

하드리아누스 황제의 영묘였던 산탄젤로성城Castel Sant'Angelo

of Hadrian는 지름 64m, 높이 21m의 원형 드럼cylindrical 모양의 봉분이었다. 본래 봉분 꼭대기에는 황제의 동상과 4두 이륜전차의 청동상이 우뚝 서 있었다고 한다. 그런 황제의 영묘가 교황의 성채로 바뀐 때는 590년이었다. 당시 유행했던 흑사병이 물러나기를 기도하던 그레고리오 대교황이 영묘의 상공에서 칼집에 칼을 넣고 있는 대천사 미카엘의 환시를 보았다고 한다. 그때부터 영묘는 지금의 산탄젤로Sant'Angelo라는 이름의 성채로 바뀌었다. 교황이 진짜 환시를 보았는지, 아니면 교황청의 의도된 프로파간다propaganda인지는 모르겠지만, 아무튼 중세 교황들은 교황청에서 지척인 이 성을 비상시의 도피처로 이용했다.

산탄젤로의 원형은 테베레강 건너편에 있는 '마우솔레움 아우구스티Mausoleum Augusti'에서 볼 수 있다. 초대 로마 황제 아우구스투스Augustus의 영묘인 '마우솔레움'은 지름 90m, 높이 42m로 산탄젤로보다 훨씬 거대한 축조물이었다. 지금은 둥그런 원형의 2단 돌 석축만 남은 폐허지만, 축조 당시에는 3단으로 각 단마다 심어놓은 노송나무들이 일 년 내내 무덤을 푸르게 장식했다고 한다. 대리석으로 치장된 마우솔레움의 하얀 벽은 노송나무의 푸른색과 어울려 장관이었을 것이다. 로마의 어느 곳에서도 보기 힘든 원형 드럼 모양의 봉분 양식은 로마의 선주민인 에트루리아인Etruscan들의 봉분 양식에서 본뜬 것이리 한다. 이 무렇게니 지리고 있는 니무와 잡초들로 가득한 마우솔레움 봉분을 보며 문득 역사의 아이러니를 느낀다. 아마도 이 마우솔레움이 산탄젤로처럼 교황청에서 가까운 곳에 있었다면 교황의 또 다른 성채가 되었을 것이다. 로마 제국을 '악의 제국'으로 매도했던 교황이었지만, 로마 제국이 멸망한 후에는 오히려 로마 황제의 위광을 차용하

마우솔레움 아우구스티 조감도/ 자료 출처: WIKIPEDIA

아우구스투스 황제의 영묘인 마우솔레움 아우구스티

여 중세 유럽을 호령하지 않았던가? 그렇게도 증오했던 로마 제국이었
지만, 지금도 가톨릭교회에는 고대 로마의 군대 조직을 본뜬 단체가
있다. 평신도 신앙 공동체인 '레지오 마리애Legio Mariae', 즉 '마리아의

군단'이 바로 그렇다. 그나저나 '악의 제국'을 대신한 중세의 '교황령 국가'에서 살았던 사람들이 다른 세속 영주 밑에서 살았던 사람들보다 더 행복했다는 기록을 나는 어디에서도 본 적이 없다. 결국 중세시대의 교황이란 교회를 등에 업은 유력한 영주였을 뿐이었다.

사실 교황과 프랑스 왕의 생각은 처음부터 달랐다. 애당초 보니파시오는 필리프의 중앙집권정책이 마음에 들지 않았다. 교황은 왕권을 강화한다며 같은 기독교도인 영주나 잉글랜드 왕과 싸우는 프랑스 왕이 좋아 보이지 않았다. 교황은 차라리 그런 힘을 모아 프랑스 왕이 다시 십자군 전쟁에 나서기를 원했다. 하지만 필리프는 '교황을 위한 싸움'이 아닌 '국왕을 위한 싸움'을 원했다. 필리프가 보기에 보니파시오는 시대착오적인 존재로 한 번은 넘어야 할 장애물에 불과했다. 그런 프랑스 왕을 도와준 사람은 다름 아닌 교황 자신이었다. 필리프가 신민들의 지지를 착실히 다져가고 있을 때, 보니파시오는 로마의 명문 귀족인 콜론나Colonna가家와 이전투구를 벌이고 있었다. 이들은 상대방을 제압하기 위해서 외부세력까지 끌어들이는 통에 교황권의 약화를 꾀하던 필리프에게는 둘도 없는 좋은 기회가 되었다.

5.

프랑스 신민들의 지지를 등에 업은 필리프는 새삼스럽게 보니파시오의 교황 선출과정에 문제가 있다며 퇴임을 요구했다. 이는 보니파시오의 조언으로 물러난 전임 교황이 퇴위 후 암살당한 사건을 물고 늘어진 것이다. 이에 맞서 보니파시오는 프랑스 왕국 신민들에 대한 필리프의 통치권을 중단시키는 한편, 필리프를 파문하는 칙서를 준비하고 있었다. 이제 곧 프랑스판 '카노사의 굴욕'이 재현될 판이었다. 하지만 필리프는 하인리히 4세와는 달리 국내에 단단한 기반이 있었고, 교황이 무소불위의 권력을 휘두르던 시절 또한 지나간 터였다. 프랑스 왕은 자기 방식대로 이 문제를 돌파해나갔다.

1303년 9월 7일, 교황의 반대파인 콜론나Colonna가家를 앞장세워 프랑스 왕이 보낸 용병대가 아나니에 있는 교황의 별장을 급습했다. 교황 응접실로 몰려든 용병대는 사임을 거부하는 교황의 뺨에 따귀를 날렸다. 예순여덟 살 고령의 교황이 무뢰배들에게 형용할 수 없는 치욕을 당한 것이다. 교황은 "여기 나의 목이 있고, 나의 머리가 있다."라며 사흘 동안 버텼다. 보다 못한 아나니 시민들의 봉기로 겨우 풀려났지만, 충격을 이기지 못한 교황은 얼마 후 죽고 말았다. 역사는 이를 '아나니 사건Schiaffo di Anagni'이라 부른다. 보니파시오에 대한 후세의 평은 그리 좋지 않다. 그의 비판자들은 보니파시오가 자신의 동상 세우기를 즐겨 하는 통에 우상 숭배를 조장한다고 비난했다. 비범한 능력은 오만으로 빛을 잃었고, 가문을 위한 욕심은 그의 눈을 가렸다. 평소에 주위 사람들을 비정하리만큼 무시했기에 그에 대한 두려움과

미움으로 친구가 없었다고 한다. '카노사의 굴욕'과 대척점對蹠點에 있는 '아나니 사건'은 교황권의 추락을 알리는 조종弔鐘이었다.

보니파시오 교황에 뒤이어 새로운 교황이 취임했지만, 그 또한 취임 1년 만에 서거했다. 필리프는 이번에는 기다렸다는 듯이 가스코뉴 출신의 추기경인 클레멘스 5세Clemens V(재위: 1305~1314년)를 교황으로 세웠다. 신임 교황은 프랑스 왕이 지켜보는 가운데 로마가 아닌 리옹에서 교황에 올랐다. 신임 교황은 프랑스 왕의 요청에 따라 1309년 교황청을 아비뇽Avignon으로 옮겼다. 당시 아비뇽은 프랑스 왕국의 영내가 아니라 교황의 봉신인 프로방스 백작의 영지였지만, 프랑스 왕의 영향력에서 벗어날 수 없는 곳이었다. 교황청은 그 후 1377년까지 70여 년 동안 로마를 떠나 아비뇽에 자리했는데, 역사에서는 이를 '아비뇽 유수幽囚Avignon Papacy'라 부른다. 아비뇽 유수기간 동안 교황청에 대한 프랑스의 영향력은 절대적이었다. 프랑스 출신 추기경들이 대거 등용되었으며, 클레멘스 5세를 비롯한 일곱 명의 교황 모두 프랑스 출신이었다.

✱ 아비뇽Avignon의 교황청Palais des Papes에서

　프랑스 남부 프로방스 지방의 작은 도시인 아비뇽Avignon은 중세시대의 모습을 고스란히 간직하고 있다. 견고한 성벽으로 둘러싸여 있는 시가지로 들어가는 길에는 양쪽으로 방어탑Tower이 서있다. 양쪽 방어탑 사이에 있었을 성문을 뜯어내고 그 자리에 낸 길을 따라가면 시가지 전체가 유네스코 세계문화유산으로 지정된 도시답게 홀연 중세로 돌아간 착각이 든다. 어렵지 않게 예약된 호텔을 찾았지만 객실에 문제가 있어서 투숙이 어렵단다. 대신 길 건너 더 좋은 호텔로 바꿔주겠다며 생색을 낸다. 독일에서라면 도저히 있을 수 없는 일이 프랑스에서는 이렇게 가끔 한 번씩 일어나고 있다. 눈치를 보니 단체 손님을 받으려고 내 예약을 취소시킨 모양인데, 새로운 호텔을 보고는 그리 기분이 나쁘지 않았다. 약속을 지키지 않은 대신 더 좋은 대안

중세를 고스란히 간직하고 있는 아비뇽 성벽

을 마련해준 이들의 융통성이 돋보였기 때문이다.

론Rhône강이 내려다보이는 시가지 북쪽 암반 위에 자리 잡은 아비뇽 교황청은 구舊궁전Palais Vieux과 신新궁전Palais Neuf으로 나뉜다. 건축 당시 교황의 모든 수입을 쏟아부어 지었다는 궁전 앞에 서면 중세 어느 시인의 말이 떠오른다. '세상에서 가장 아름답고 튼튼하지만 쓸모는 없는 궁전'이 바로 이 요새 궁전인 것이다. 하긴 고깔 모양의 두 탑이 위압적으로 서 있는 궁전 정문 앞에 서면 누가 이곳을 세속군주가 아닌 성직자의 처소로 보겠는가? 지금은 박물관으로 사용되는 궁전 안으로 들어서면 그 규모에 다시 한번 놀라게 된다. 궁전 안에는 웬만한 교회 한 채는 족히 들어갈 수 있는 거대한 방이 세 개씩이나 있다. 콘클라베Conclave가 열렸던 연회장 그랜드 티넬The Grand Tinel, 법정法廷이었던 그레이트 오디언스 챔버The Great Audience Chamber, 예배당인 그랜드 채플The Grand Chapel이 그들인데, 하나 같이 길이 50여m에 폭이 10~15m나 되는 대형 홀이다. 이들은 당시 교황청이 얼마나 부유했

아비뇽 교황청, 세상에서 가장 아름답고 튼튼하지만 쓸모는 없는 궁전

는지 말해주는 듯하다.

론강 건너편에서 생 베네제Saint-Bénézet 다리 너머로 보이는 교황청 건물은 아비뇽의 스카이라인을 대표한다. 하지만 저렇게 아름다운 건물의 내력을 생각하면 그 아름다움은 금방 안쓰러움으로 뒤바뀐다. 저 건물을 지을 당시의 교황은 툭하면 황제를 파문했던 서슬 퍼런 교황이 아니라, 프랑스 왕의 꼭두각시로 아비뇽에 유폐되다시피 한 교황이었다. 그런 교황이 추락한 위신을 만회해보려고 무리를 해서 지은 교황청이었으니, 저 건물은 황혼 길로 접어든 교황의 모습을 연상시킨다. 60여 년 전에 교황은 이탈리아에서 페데리코만 몰아내면 만사형통萬事亨通일 줄 알고 프랑스 세력을 끌어들였다. 하지만 페데리코가 죽은 지 얼마 안 되어 이런 나락으로 떨어졌으니, 교황은 외세를 끌어들인 대가를 톡톡히 치르고 있는 셈이었다. 황제도 어쩌지 못했던 교황을 이렇게 몰아붙인 프랑스 왕을 보면 직선보다 빠른 곡선이 있다는 말이 생각난다.

생 베네제 다리와 아비뇽 교황청

6.

교황청을 수중에 넣은 필리프의 다음 목표는 성전기사단聖殿騎士團 Knights Templars이었다. 본래 성전기사단은 십자군 전쟁 중에 성지순례 자들을 보호하기 위해 발족되었지만, 유럽 각지에서 후원자들이 몰려 드는 통에 막대한 재산을 축적하고 있었다. 이를 통해서 성전기사단 은 당시 기독교 금융의 중심기관이 되었으며, 교회에 강력한 영향력을 행사하고 있었다. 그러니 돈에 굶주린 필리프가 이를 그냥 두고 볼 리 없었다. 1307년, 성전기사단에 막대한 빚을 지고 있던 필리프는 기사 단 총장인 자크 드 몰레Jaque de Molay를 포함한 간부들을 긴급체포했 다. 죄목은 당연히 이단異端이었고, 자백은 모진 고문으로 받아냈다. 후에 드 몰레는 재판에서 고문에 의한 거짓 자백임을 주장했지만 아 무 소용 없었다. 1312년 성전기사단이 해산 당했고, 1314년 드 몰레가 화형에 처해졌다. 전설에 의하면 화형대에서 드 몰레는 프랑스 왕과 그 에 협조한 교황에게 저주를 퍼부었다고 한다. "신께서는 누가 틀리고 누가 죄지었는지 아신다. 우리에게 죽음을 언도한 자들에게 횡액이 곧 닥치리라." 그리고 그가 죽은 지 한 달도 안 되어 교황은 위암으로 사 망했고, 필리프는 사냥길에서 풍瘋으로 쓰러졌다.

후세는 필리프에 대해 한 가지만 빼고 모든 점에서 인상적인 통치자였 다는 평가를 내린다. 그가 죽은 지 얼마 안 되어 벌써 사람들은 그의 통 치기를 가렴주구가 없었던 황금시대로 기억하게 되었다. 돌이켜보면 필 리프는 교황과의 싸움을 승리로 이끈 결과 중세 봉건 사회를 무너뜨린 왕이었다. 그는 최초로 삼부회를 소집하여 시민들의 정치권을 인정했으며, 관료제를 확립시켜 중앙집권적 통치제도를 정비했다. 대부분 로마법을 공부한 법률전문가들이었던 필리프의 관료들은 '국왕이 신의 대리자로서 지상에 임명된 통치자'라는 왕권신수설王權神授說을 만들어내었다. 이로써 이들은 교황권의 시대를 밀어내고 절대왕권의 시대를 여는 이정표를 세웠다. 필리프 4세 이후로 프랑스를 필두로 한 서유럽 국가들에서는 중세 봉건사회의 장원제도가 붕괴되고 도시가 번창해졌다. 그리고 이를 기반으로 한 절대왕권의 중앙집권적 통일국가가 출현하게 되었다.

필리프의 평가에서 유보된 딱 한 가지는 역시나 너무 강퍅했던 그의 성격이었다. 앞에서도 말했지만 유년기의 정서적 불안이 낳은 필요 이상의 가혹한 행위로 인해 '자크 드 몰레Jaque de Molay의 저주'를 받은 것이다. 우리는 앞에서 초기 카페 왕조 국왕들의 평균 재위기간이 길었으며, 왕실의 후손들도 번창하여 후계자 문제가 전혀 없었음을 보았다. 그런 카페 왕실이 필리프 4세의 뒤를 이은 왕들부터 이상하게 단명하더니 심지어는 직계가 단절되는 사태를 맞았다. 기사단 총장인 자크 드 몰레를 화형 시킨 후 교황 클레멘스 5세와 프랑스 왕 필리프 4세가 앞서거니 뒤서거니 세상을 뜬 것도 이상했지만, 더 괴이한 일은 필리프 4세의 아들들에게 벌어졌다. 장남 루이 10세(재위: 1314~1316년)는 겨우 2년 만에, 차남 필리프 5세(재위: 1316~1322년)는 6년 만에, 삼남 샤를 4세(재위: 1322~1328년)도 6년 만에 모두 후사 없이 죽으면서 카페 왕조의 직계가 단절되어버린 것이다. 당시 시중에서는 이를 두고 무고한 성전기사단 단원들을 잔혹하게 죽인 것에 대해 복수를 당했다는 말이 돌았는데, 이보다 더 큰 문제는 따로 있었다. 필리프 4세의 외손자인 잉글랜드 국왕이 프랑스 왕위 계승권을 요구하면서 백년전쟁의 단초를 제공한 것이었다.

사진 목록

지도 목록